베이징 컨센서스

필자

황핑(黃平) 중국의 사회학자. 현재 중국사회과학원 교수 겸 미국연구소 소장.
조슈아 쿠퍼 레이모(Joshua Cooper Ramo) 미국의 중국문제전문가. 키신저협회 상임이사.
존 윌리엄슨(John Williamson) 영국 출신의 경제학자. 현재 피터 패터슨 국제경제연구소 선임연구원.
조셉 스티글리츠(Joseph E. Stiglitz) 컬럼비아대학 교수.
추이즈위안(崔之元) 칭화대학 교수, '세계 및 중국 아젠다 연구원' 공동원장.
아리프 딜릭(Arif Dirlik) 터키 출신의 중국현대사학자. 듀크대 명예교수.
위커핑(兪可平) 베이징대학교 정부관리학원 원장.
장쥔쥐(莊俊擧) 『당대 세계와 사회주의』 기자.

역자

김진공(金震共, Kim JinGong) 1967년생. 2001년 서울대 중어중문학과에서 「문화대혁명 시기의 문예연구」로 박사학위를 받았다. 현재 인하대 중국언어문화학과 교수로 재직하고 있다. 『인간 루쉰』(상·하), 『백년의 급진』, 『프티부르주아 사회주의 선언』, 『탈정치 시대의 정치』(공역) 등을 번역 출간했다.

류준필(柳浚弼, Ryu, Jun-pil) 서울대학교 인문대학 국어국문학과 및 동대학원 졸업(문학박사) 현재 인하대학교 한국학연구소 HK교수. 저서로는 『동아시아의 자국학과 자국문학사 인식』, 『한국학의 학술사적 전망 2─근현대편』(공저), 『근대계몽기 지식 개념의 수용과 그 변용』(공저), 『근대어·근대매체·근대문학─근대 매체와 근대 언어질서의 상관성』(공저), 『흔들리는 언어들─언어의 근대와 국민국가』(공저), 『1919년 3월 1일에 묻다』(공저), 『동아시아, 인식지평과 실천공간』(공저), 『아시아라는 사유공간』(공역)과 그 외 많은 논문이 있다.

베이징 컨센서스

초판인쇄 2015년 12월 30일 **초판발행** 2016년 1월 10일
필자 황핑·조슈아 쿠퍼 레이모·존 윌리엄슨·조셉 스티글리츠·아리프 딜릭·위커핑·장쥔쥐
역자 김진공·류준필 **펴낸이** 박성모 **펴낸곳** 소명출판 **출판등록** 제13-522호
주소 06643 서울시 서초구 서초중앙로6길 15, 1층
전화 02-585-7840 **팩스** 02-585-7848 **전자우편** somyong@korea.com **홈페이지** www.somyong.co.kr

값 17,000원 ⓒ 소명출판, 2016

ISBN 979-11-5905-037-4 03320

김진공 · 류준필 역

베이징 컨센서스

황핑
조슈아 쿠퍼 레이모
존 윌리엄슨
조셉 스티글리츠
추이즈위안
아리프 딜릭
위커핑
장쥔쥐

지음

Beijing
Consensus

社会科学文献出版社
SOCIAL SCIENCES ACADEMIC PRESS(CHINA)

소명출판

『中国与全球化：华盛顿共识还是北京共识』黄平 崔之元 主编
『中国模式与"北京共识"——超越"华盛顿共识"』俞可平 黄平 谢曙光 高健 主编
This edition is an authorized translation from the Chinese language edition
Published by arrangement with Social Sciences Academic Press
All rights reserved.

'베이징 컨센서스', 외부의 중국인식과 중국의 자기인식

—역자 해제를 대신하여

2003년 7월 5일 중국 공산당 중앙정치국 상무위원 9인 가운데 한 사람이 해외 방문길에 오른다. 이름은 리창춘(李長春). 쿠바 공산당·아르헨티나 정부·뉴질랜드 정부의 초청을 받아서였다. 7월 6일에 쿠바, 10일에 아르헨티나, 16일에 뉴질랜드에 도착하였고, 7월 21일 베이징으로 돌아왔다.[1] 리창춘은 1944년생으로 랴오닝(遼寧)성과 허난(河南)성 성장을 역임하고 2002년에 정치국 상무위원으로 선출된 인물이다. 당시 리창춘은 중국공산당에서 사상(이데올로기)과 언론 분야의 책임자였다(훗날 '구글 해킹' 사건의 실질적 배후로 지목된 사람이기도 하다).

중국은 오래전부터 중남미 지역의 국가들과 긴밀한 관계를 유지하려고 노력해 왔다. 마오쩌둥 시대 이래로 '제3세계'를 중심으로 하는 외교 정책을 지속한 결과였다. 물론 개혁개방의 초기에는 소련과의

---

1   리창춘의 해외 방문 관련 일정에 대해서는 중국 『인민일보(人民日報)』가 주도적으로 운영하는 인민망(人民網)의 기사(http://politics.people.com.cn/GB/8198/28747/)를 참조.

관계 개선과 더불어 미국 등 유럽 국가들과 협력 관계 증진을 위해 그 비중을 다소 줄이기는 했다. 그렇지만 개혁개방의 성과와 더불어 중남미 국가와의 유대는 여전히 강조되었다.[2] 1990년 국가주석으로는 처음으로 양상쿤(楊尙昆)의 중남미 방문이 있었고, 1993년 11월과 2001년 4월 두 차례에 걸친 장쩌민의 방문이 있었다.[3] 특히 2000년대 들어서면서 중국과 중남미지역 국가들의 협력과 교류는 급속한 신장세를 보이기 시작하였다. 이런 사정을 감안할 때 리창춘의 중남미 방문은 자연스러운 일로 이해된다.

리창춘의 중남미 방문은 이듬해 2004년 11월에 있었던 후진타오(胡錦濤) 국가주석의 중남미 4개국(쿠바·브라질·아르헨티나·칠레) 순방을 예비하는 것이기도 하였다.[4] 후진타오의 방문이 있던 2004년만 하더라도 중국의 대중남미 교역량은 50% 내외 증가한 것으로 나타났고, 중남미에 대한 중국의 직접투자 비중도 커졌다. 다만 이 지역의 특성상 중국의 관심은 농축산물·에너지 자원·원자재 개발 등에 비교적 집중되고 있었다. 경제적 측면뿐만 아니라 2004년 미주개발은행(IDB)과 미주국가기구(OAS)의 상임 옵서버 자격을 얻음으로써 정치·외교적 영향력도 증대되었다. 나아가 아이티 평화유지군 파견 등은 군사적 측면에서 중남미 지역에 대한 영향력 확산으로 이해되었다.[5]

2　중국과 중남미 관계의 전반적 추이에 대해서는, 문흥호·신정호, 「중국의 對중남미 정책과 중·미 관계」, 『중소연구』 11호, 2006, 117~127면 참조.
3　김진오, 「중국의 대중남미 경제협력 강화 배경과 전망」, 『KIEP 세계경제』, 2005. 4, 87~88면.
4　후진타오에 이어, 2005년 1월에 쩡칭훙(曾慶紅)이 중남미 5개국(멕시코·페루·베네수엘라·트리니다토바고·칠레)을, 2005년 5월에는 쟈칭린(賈慶林)이 중남미 4개국(멕시코·쿠바·콜롬비아·우루과이)을 순방하였으며, 2005년 11월에는 후진타오의 멕시코 방문이 이어졌다. 중국 지도부의 연이은 방문만으로도 이 지역에 대한 외교적 비중을 짐작할 수 있다.
5　김진오, 앞의 글, 88~92면; 문흥호·신정호, 앞의 글, 124~125면.

리창춘의 해외 순방 일정이 잡혀 있던 2003년 7월에 중국 사회과학원은 부비서장(副秘書長) 허빙멍[何秉孟]에게 과제를 하나 시달한다. 신자유주의의 성격에 대해 연구해서 보고하라는 내용이었다. 이로 인해 허빙멍을 연구책임자로 하는 '신자유주의연구팀'이 구성되었다. 연구팀은 모두 10명이었다. 3개월 후인 2003년 10월에 이들 연구팀에 의해 연구결과 보고서가 완성되었다. 보고서 제목은 『신자유주의 및 그 본질[新自由主義及其本質]』이었다. 보고서 작성이 마무리되자 이 연구팀은 곧장 2003년 12월부터 3차례에 걸쳐 약 70명의 관련 분야 전문가와 세 차례 토론회를 개최하였다. 그렇게 수합된 25명의 논문과 함께 묶어서 2004년 6월에 보고서가 출판된다. 책 제목은 『신자유주의분석(新自由主義評析)』[6]이었다. 이 책은 신자유주의의 기본 성격에 대한 정리에 이어 라틴 아메리카 지역 국가들과 러시아를 중심으로 신자유주의의 여파가 어떤 결과를 초래하였는지 주로 살피고 있다. 요컨대 신자유주의적 세계 환경 속에서 중국의 진로를 어떻게 설정해야 하는가가 중국 정부의 기본 관심이었다.

사회과학원의 '신자유주의 연구' 과제는 라틴 아메리카의 현실을 직접 목격한 리창춘의 지시에 따른 것이라는 의견이 있다. 중국의 관련 학자와의 인터뷰(2007.1) 내용에 의거한 것이다.[7] 충분한 개연성이 있어 보인다. 리창춘이 사상(이데올로기) 분야를 책임지는 자리에 있는 인물이기 때문이다. 그렇지만 직접적인 인과관계로 이해하기에는 무리가 따른다. 무엇보다 리창춘의 지시가 너무 즉각적으로 진행된 것

---

6   何秉孟 主編, 『新自由主義評析』, 北京 : 社會科學文獻出版社, 2004.
7   전성흥, 「'중국모델'의 부상―배경, 특징 및 의의」, 『중소연구』 116호, 2008, 24면.

처럼 보인다. 그보다는 중국 공산당 지도부의 국정 운영 방향이 '신자유주의'에 대한 비판적 논의와 부합되었다는 데서 원인을 찾는 편이 자연스럽다. 라틴 아메리카 방문 일정도 전체적인 기조 속에서 배치되었을 수 있다. 기본적인 방향 속에서 진행된 절차 혹은 계획으로 이해하는 것이 타당하다.

중국 사회과학원 '신자유주의연구팀'의 공식 보고서가 완성된 시점인 2003년 10월은 제16기 중국공산당 중앙위원회 제3차 전체회의가 베이징에서 열린 시기(10월 11~14일)와 겹친다. 이 회의에 주목하는 이유는, 이른바 '과학적 발전관(科學發展觀)'이 제시된 회의였기 때문이다. 중국공산당은 2002년 11월 15일 제1차 전체회의에서 후진타오를 중앙위원회 총서기로 선출하고, 2003년 2월의 제2차 전체회의에서 조직과 기구 구성을 마친 상태였다. 그 이후에 열리는 제3차 전체회의였기 때문에, 제4세대 지도부인 후진타오 정권의 정국운영 원칙이 제시될 예정이었다.[8] 널리 알려졌듯이 과학적 발전관은 '인본주의(以人爲本)에 기초하여 전면적 · 협조적 · 지속가능한 발전을 견지한다'는 것이 핵심 내용이다.[9] 2003년 4월 15일 후진타오가 광둥성을 시찰하면서 '전면적 발전관'이라는 용어를 처음 사용했고, 이후 이를 더 체계화하여 10월 14일 제3차 전체회의 연설을 통해 '과학적 발전관'을 공식화하였다.[10]

---

8   제16기 중앙위원회 전국회의 주요 내용에 대해서는, 주장환, 『개혁 · 개방기 중국 정치 엘리트』, 풀빛, 2007, 171~178면 참조.

9   '과학적 발전관'의 구체적인 내용에 대해서는 이희옥, 「새로운 중국모델의 대두와 지배 이데올로기의 재구성 ― '과학적 발전관'을 중심으로」, 『중소연구』 116호, 2008, 66~73면 참조.

10 이희옥, 위의 글, 68면에서는 2003년 8월 장시성 시찰에서 최초로 언급하였다고 하였는데, 4월에 최초의 언급이 있었다는 정리도 있다. 장시성에서의 연설내용과 광둥성 연설 내용에 대해서는 각각, 'http://www.people.com.cn/GB/shizheng/1024/2067282.html'과 'http://www.fsa.gov.cn/web_db/sdzg2006/MAP/agc/gcbg2006-048.htm'을 통해 확인할 수 있다.

이렇게 중국이 21세기의 진로를 한창 모색하고 있는 가운데, 2004년 5월『파이낸셜타임즈(Financial Times)』에 '베이징 컨센서스'라는 용어가 제안되었고, 이어서 영국의 외교정책센터(The Foreign Policy Center)를 통해「베이징 컨센서스」라는 제목의 보고서가 발표되었다. 필자의 이름은 조슈아 쿠퍼 레이모(Joshua Cooper Ramo)였다. '베이징 컨센서스'는 중국 내부에서뿐만 아니라 세계적으로도 즉각적인 반향을 불러 일으켰다. 명칭에서 드러나듯이, 신자유주의적 세계 질서를 상징하는 '워싱턴 컨센서스'와 구분되는 발전모델이 중국에서 형성되고 있으며 이러한 중국식 모델은 신자유주의의 폐해에 시달리는 개발도상국들에게 새로운 전망을 환기한다는 의미를 가졌기 때문이다. 레이모의 보고서는 '중국모델'이라는 것이 정말 존재하는가, 존재한다면 그것이 '워싱턴 컨센서스'와 뚜렷하게 대비되는 것인가 등 이 시기를 전후하여 지속적으로 논란이 된 문제들과 밀접하게 연관될 수밖에 없었다.[11]

레이모의 보고서가 발표된 이후 2005년과 2006년에 연이어 '베이징 컨센서스'(중국어 표현으로는 北京共識)를 표제어로 내걸고서 본격적으로 관련 논의들을 수록한 서적이 중국에서 간행되었다.『중국과 글로벌화―워싱턴 컨센서스인가 베이징 컨센서스인가(中國與全球化―華盛頓共識還是北京共識)』(2005)와『중국모델과 베이징 컨센서스―워싱턴 컨센서스를 넘어서(中國模式與北京共識―超越華盛頓共識)』(2006)가 그것들이다. 이 책은

---

[11] 현재 시점에서 보면 이미 꽤 지난 일이지만, 당시 중국은 몇 년 후 중화인민공화국 건국 60주년과 개혁개방 30주년을 맞이해야 하는 상황이어서, 이런 논의가 왕성하게 펼쳐지고 논란이 이어질 수밖에 없었다. 관련 논의들은 전성흥, 앞의 글; 장윤미,「"중국모델"에 관한 담론 연구」,『현대중국연구』13권 1호, 2011; 이경희,「중국모델의 가능성과 한계」,『동북아연구』26권 2호, 2011 등에 자세하게 다루어져 있으므로 참조가 된다.

거의 전적으로 베이징 컨센서스의 유효성과 현실성에 대한 검토 및 홍보에 주력한 결과물들이다. 앞의 책은 중국 사회과학원의 황핑[黃平]과 칭화대[淸華大]의 추이즈위안[崔之元]이 편집자이고 뒤의 책은 중앙편역국(中央編譯局) 비교정치 및 경제 연구센터[比較政治與經濟研究中心] 주임인 위커핑[兪可平]이 책임 편집을 맡았다.

책 제목에서부터 잘 드러나듯이, 첫 번째 책이 '베이징 컨센서스'와 '워싱턴 컨센서스'를 대비시키는 구도에서 문제를 제기했다면, 두 번째 책은 '중국모델'이라는 용어를 전면에 내걸어 중국의 독자적 발전 모델의 가능성을 강조하고 있다. 역자들이 이번에 번역하여 간행하는 이 책은 바로 이 두 권의 서적을 저본으로 삼았다. 두 책에 실린 글이 모두 책의 전체 구성에서 나름의 역할을 하고 있지만, 수준에서 편차가 있고 내용적으로도 다소 난잡한 인상을 주기 때문에, 논의의 핵심에 해당된다고 역자들이 판단한 글 여덟 편을 간추려 번역하여 한 권으로 묶었다.

맨 앞에 수록한 황핑의 「'베이징 컨센서스(consensus)'인가, '중국의 경험'인가?」는 제목에서부터 엿볼 수 있듯이, 다소 유보적인 태도로 중국의 근대화(현대화) 과정이 어떠했는지에 대해 개괄적으로 환기하는 글이다. 그러나 황핑은 개혁개방 이후 중국이 기존의 어떤 모델도 답습하지 않고 독자적인 길을 걸어왔다는 점을 분명히 강조한다. 이는 배타적 우월성이라기보다는 중국적 조건의 예외적 독특함으로 인해 빚어진 불가피한 독자성에 가깝다. 근대화 과정에서 중국에는 많은 모순과 갈등이 생겨났고, 중국은 이 모순과 갈등을 스스로 소화하여 내부적으로 해결하는 길, 즉 중국적 특색의 길을 갈 수밖에 없었다.

내부 모순을 외부로 전가할 수 없는 상황에서, 이런 문제들을 스스로 떠맡는 것 이외에는 달리 방법이 없었기 때문이다. 서구 경제학의 기본적인 해석 틀로 보자면, 중국은 벌써 파산했거나 아니면 다른 나라를 침략하는 제국주의의 길로 가야 했다. 그러나 현실의 중국은 그렇지 않았고, 무수한 갈등과 모순을 안은 채 놀라운 성장을 지속해왔다. 따라서 그 내재적 논리를 발견하고 그 원리를 해석하여 세계적으로 참조·공유 가능한 자원으로 제시하는 것이야말로 중국의 사회과학이 담당해야 할 과제가 된다.

기조 발제에 가까운 황핑의 글에 이어지는 글이 바로 레이모의 「베이징 컨센서스」다. 그런데 이번 번역서에는 레이모의 진술이 시차를 두고 세 번에 걸쳐 드러나 있다. 첫 번째는 2004년에 발표된 「베이징 컨센서스」의 목소리이고, 두 번째는 『중국과 글로벌화』를 출간할 때 「베이징 컨센서스」의 서두에 붙인 간단한 소회이며, 세 번째는 『중국 모델과 베이징 컨센서스』에 수록된 글 「'베이징 컨센서스'를 제기한 이유」에서 말한 내용이다. 이 번역서에는 이 세 부분을 다 만날 수 있도록 번역해서 수록하였다. 이미 10년이 지난 내용이고 학계에서 두루 검토를 거친 상황이라 다시 언급하기 조심스럽지만, '베이징 컨센서스'는 이 책의 핵심 개념이기 때문에 약간의 설명을 덧붙일 필요가 있다. 결론부터 말하자면, '베이징 컨센서스'와 관련된 중국 안팎의 논란은 중국의 '굴기(崛起)'로 인해 초래된 것이었다. 아직도 심심찮게 울려퍼지는 단골 가락이지만, 2000년대에는 중국의 '굴기'를 '위협'으로 볼지 '기회'로 볼지 양자택일 식으로 선택하도록 강요하는 분위기가 훨씬 더 강했다. 그럴 만큼 중국의 '굴기'는 현재는 물론이고 미래에까지 지대한 영향을 주는 변화였다.

레이모가 말하는 '베이징 컨센서스'는 주로 덩샤오핑의 개혁개방 정책(특히 1990년대) 이후의 중국과 관련된 개념이다. 이러한 용어가 문제적으로 보이는 것은, 중국이 스스로를 변화시킬 뿐 아니라 중국 밖에서도 그 이상의 거대한 영향력을 발휘하고 있다는 레이모의 진단 때문이다. 레이모는 이런 현상 전체를 베이징 컨센서스라는 함축적인 개념으로 요약했고, 이것이 이미 강한 의구심을 불러일으키고 있던 이른바 '워싱턴 컨센서스'를 대체하기 시작했다고 주장했다. 사실 당시 베이징 컨센서스는 실체가 모호한 것이었기 때문에 명확한 체계를 파악하거나 이론화의 대상으로 포착하기 어려웠지만, 레이모는 이런 중국발 '베이징 컨센서스'를 혁신과 실험에 대한 단호한 의지, 국경과 국익의 확고한 수호, 비대칭적으로 힘을 표출하는 수단을 신중하게 축적하는 것 등으로 정의했다. 그에 따르면 베이징 컨센서스는 실용의 추구이면서 동시에 이데올로기다.

'베이징 컨센서스'란 무엇인가? 조금 더 부연하자면, 그것은 개발도상국의 자기 발전을 위한 세 가지 원칙이다. 첫째, 혁신의 가치를 재정립해야 한다는 것이다. 이 원칙에 따르면, 개발도상국은 기존 이론처럼 경공업이나 후발기술에서부터 발전을 도모해서는 안 되고, 첨단기술의 혁신을 시도해야 한다. 그렇게 해서 변혁을 일으켜야 하고, 그 변혁이 변혁으로 인해 문제가 파생되는 속도보다도 훨씬 더 빠르게 진행되도록 해야 한다. 둘째, 혼란이 불가피하고 그것을 통제하는 것이 불가능함을 기정사실로 받아들이면서 그런 혼란을 다룰 수 있는 전반적으로 새로운 도구가 필요하다는 것이다. 이 도구는 1인당 GDP 같은 양적 척도에서 삶의 질 쪽으로 초점을 옮기게 하여, 발전과정에서 생겨나는 모순을 관리할 수 있게 하는 유일한 도구다. 따라서 이 원칙은 지속가능성과 평등을 우선적인 고려대상으로 삼으면서 발전모델을 만들어야 한다는 의미로 이해할 수 있다. 셋째, 새로운 안보에 관한 원칙이다. '베이징 컨센서스'는 자기 나라를 위협할지도 모르는 패권적인 강대국을 움직일 수 있는 지렛대의 운용을 강조한다. 즉 대단히 자주적인 이론을 포함하고 있다. 그렇게 보면 베이징 컨센서스는 경제, 사회, 문화 영역을 적극적으로 고려함은 물론이고, 외교와 안보에 관한 확실한 원칙까지 내포한 통합적인 발전론이라 할 만하다.

　이후 상황 전개를 이미 알고 있는 결과론적 입장에서 '베이징 컨센서스'라는 용어의 함의가 썩 유효했다고 보기는 어렵다. 그러나 영향력이 지대했던 '워싱턴 컨센서스'를 의식한 결과물이라는 점을 감안하면, '베이징 컨센서스'라는 용어의 등장을 좀 더 복잡한 맥락과 배경 위에서 이해할 필요가 있다. 그런 점에서, 「워싱턴 컨센서스의 역사」와 「워싱턴 컨센서스 이후의 컨센서스」라는 두 편의 글은 세계 경제적 차원에서 베이징 컨센서스의 위치를 가늠하는 데 큰 도움이 된다. 「워싱턴 컨센서스의 역사」는 1989년에 '워싱턴 컨센서스'라는 용어를 처음 제안한 윌리엄슨이, 그 용어가 지향하는 개발도상국 발전모델에 대한 의혹과 회의가 거의 극도에 이른 시기인 2004년에 발표한 글이다. 그리고 「워싱턴 컨센서스 이후의 컨센서스」는 노벨 경제학상 수상자인 스티글리츠가 2004년에 윌리엄슨이 글을 발표한 바로 그 회의에서 워싱턴 컨센서스에 대해 비판적인 입장으로 발표한 글이다. 이 번역서가 저본으로 삼은 두 권의 책이 중국에서 간행된 것은 이런 맥락과 무관하지 않다.

윌리엄슨이 '워싱턴 컨센서스'라는 개념을 제기한 것은, 1950년대 이래 라틴아메리카의 경제정책을 주도해온 개발경제학을 대체할 방향을 모색하는 과정에서였다. 널리 알려진 대로 워싱턴 컨센서스는 '무역 자유화·금융자유화·사유화(민영화)' 등을 골자로 한다. 그런데 윌리엄슨은 15년이 지난 시점에서 1989년에 워싱턴 컨센서스가 제안한 정책 목록을 대체하는 새로운 구상을 제안하였다. 이는 워싱턴 컨센서스가 라틴아메리카를 포함한 여러 개발도상국의 경제적 실패를 초래한 주요 원인이라는 점을 어느 정도 인정했기 때문으로 보인다. 윌리엄슨이 제시한 새로운 방향은 '안정화 정책·노동시장 중심의 자유화 개혁·제도의 건설 및 강화·평등(형평성)에 대한 경시와의 싸움' 등이었다. 여기서 특히 마지막 항목은 주목할 필요가 있는 변모로 보인다.

한편 "현재 전 세계 빈곤 국가들의 발전을 촉진하기 위한 전략에 관한 컨센서스는 유일하게 한 가지만 존재한다. 워싱턴 컨센서스가 아무런 해답도 제공하지 못했다는 점에 대한 컨센서스가 그것이다"라는 도발적이면서도 유쾌한 표현으로 시작하는 스티글리츠의 논문은 국제금융기구(IFIs)와 미국 재무부(U.S. Treasury)가 1980년대와 1990년대 초에 제안한 정책을 비판하는 것이 주요 목적이었다. 윌리엄슨이 항변하기는 했지만, 스티글리츠는 '워싱턴 컨센서스'가 일반적으로 민영화와 자유화 및 거시적 안정을 주요 내용으로 하는 발전전략, 즉 자유로운 시장에 대한 확고한 신념을 바탕으로 정부의 역할을 축소하거나 또는 최소화하려는 일련의 정책으로 간주된다고 주장했다.

'워싱턴 컨센서스'의 이런 발전전략은 개발도상국 정부들이 적극적인 역할을 담당하여 성공적으로 추진해온 동아시아 지역의 발전전략과 선명하게 대비된다. 스티글리츠는 개발도상국의 경제구조에 대한 워싱턴 컨센서스의 인식에는 심각한 오류가 있다고 주장한다. 발전의 핵심에는 매우 역동적인 과정이 존재하며, 그런 역동적인 과정에는 정부가 중요한 외적 요인으로서 큰 비중을 차지한다는 것이다. 그는 성공적인 발전을 이룬 동아시아 국가들은 이런 정부의 역할을 잘 인식하고 있는 반면에 워싱턴 컨센서스의 정책에서는 이에 대한 진지한 고려를 찾아볼 수 없다고 비판한다. 그리고 워싱턴 컨센서스에 이어 부상하는 새로운 컨센서스가 취하는 기본 입장을 정리한다. 하나는 시장근본주의에 대한 과도한 믿음에 대한 비판이고, 다른 하나는 불공정한 게임의 규칙을 만들어내며 특히 개발도상국들에게 부적절한 정책을 강요하는 국제 경제기구들에 대한 불신이다.

「제도혁신과 제2차 사상해방」은 개혁개방 이래 진행되어온 중국의 제도 혁신이 독자적인 경로와 방향을 가지고 있으므로 이를 이해하기 위한 새로운 인식틀이 필요하다는 내용을 담고 있다. 이 글은 사실 베이징 컨센서스의 논의와 직접 연관된 것은 아니다. 그러나 중국에서 간행된 저본의 편자인 이 글의 필자가 베이징 컨센서스에 관한 논의에 어떤 의미를 부여하는지 짐작하게 해준다는 점에서 중요한 글이다.

한편 한국에도 널리 알려진 학자인 딜릭은 「베이징 컨센서스의 목적」이라는 글에서 '베이징 컨센서스' 논의에 담긴 정치적 맥락에 대해서 비판적 거리를 취한다. 그는 중국의 발전에 기반이 된 역량을 사회주의적 전통 위에서 이해해야 한다고 주장한다. 딜릭의 이런 시각은 핵심적인 쟁점을 제기한다. 사회주의 혁명과 개혁개방의 상호 연관성, 즉 마오쩌둥의 중국과 덩샤오핑의 중국이 어떤 관계인지 해명하는 문제가 그것이다. 충칭을 중심으로 시도되었던 충칭모델이나 보시라이의 실각 같은 권력 갈등도 이러한 맥락과 무관하지 않을 것이다.

「뜨거운 논란 냉철한 사고」라는 대담에는 중국의 독자적 발전모델에 대한 위커핑의 입장이 잘 드러나 있다. 위커핑의 입장은 크게 보아 이 문제에 대한 중국 정부당국의 시각을 은연중에 대변하고 있는 것으로 보인다. 위커핑은 관련 학술회의를 조직하고 다수의 학자를 모아 중국식 발전모델에 대한 다양한 토론을 주도한 당사자이다. 이 대담을 진행할 당시는 중앙편역국 소속이었지만 지금은 베이징대학교 교수로 재직하고 있다.

중국 현지에서 간행된 지 거의 10년이 된 글들을 이제 번역해서 굳이 출판하려는 데에는 역자들 나름의 사정이 있다. 핵심이 되는 글 「베이징 컨센서스」는 이미 2009년에 김진공에 의해 번역·소개되었다. 역자들은 꽤 여러 해 동안 당대 중국 담론들을 읽고 정리하는 작업을 진행하고 있었다. 당시는 중국모델론을 둘러싼 논쟁이 한창이었고, 역자들은 관련 정보와 논의를 정리하기 위해 중국의 주요한 학술담론 관련 인터넷 사이트들을 뒤지고 다녔다. 그 양의 방대함과 분야의 다양함 때문에 속도를 낼 수는 없었지만 그래도 꽤 많은 시각과 목소리를 확인할 수 있었다.

중국의 담론은 1990년대 말에 현대성 논쟁을 중심으로 활성화되었고, 2004년을 전후하여 다양하게 분화된 쟁점이 중국모델론으로 다시 집약되었다. 따라서 역자들은 관련 논의와 맥락을 재구성하는 경로를 통해 중국 학계와 담론장에 대한 이해를 심화할 수 있으리라는 기대를 가졌다. 그래서 번역을 시작했고, 더불어 한국적 상황에서 생산적 소통 가능성이 매우 높은 담론을 더듬어 보았다. '베이징 컨센서스'는 중국모델론에 관한 논의의 시작 지점에 있는 글이기 때문에, 논의 수준이나 문제의식에 공명하지 않더라도 정확하게 번역해서 여러 연구자들과 공유할 필요가 있다고 여겼다.

비록 전공 분야는 다르지만 역자 두 사람은 중국을 인식하는 능력이 한국의 자기 인식 능력과 긴밀하게 연관되어 있다는 생각을 공유하고 있다. 지난 20세기 한국 지성사의 뚜렷한 특징 가운데 하나를 든다면, 중국에 대한 인식 능력의 현저한 감퇴를 첫 번째로 꼽아야 할지 모른다. 그래서 역자들은 망망대해처럼 넓어 보이는 중국 지식계의 상황을 들여다보는 고달픔에 이상한 사명감을 부여했을 수도 있다. 원래 계획대로라면 이 번역서는 한참 전에 나왔어야 하지만, 전적으로 번역자의 역량 부족과 게으름 탓에 이제야 마무리한다. 속을 태우면서 웃으며 기다려준 소명출판 박성모 사장님과 공홍 부장님께는 사과와 감사를 함께 표한다.

2015년 12월
역자 일동

'베이징 컨센서스'인가,
'중국의 경험'인가?

황핑(黃平)[*]

　'베이징 컨센서스'라는 개념은 조슈아 쿠퍼 레이모(Joshua Cooper Ramo)가 제기한 것이다. 중국의 기준으로 볼 때 상당히 젊은 이 인물은, *Time*의 편집장을 역임한 바 있다. 그는 베이징에서 몇 년 동안 거주하면서, 서구 사회가 중국의 발전을 틀에 박힌 시각으로 바라보는 것을 문제라고 여겼고, 그리하여 기존의 '워싱턴 컨센서스'와 차별화되는 이 개념을 제기하기에 이르렀다. 물론 많은 사람들이 '세상에 무슨 베이징 컨센서스라는 것이 있는가?'라고 반문할 수도 있다. 그러나 우리는 지금까지 줄곧 '돌을 더듬어가며 다리를 건너[摸着石頭過河]'[1] 오지 않았던가?

　확실히 우리는 지금 나아갈 길을 모색하는 과정 중에 있고, 적지 않

---

　* 　중국의 사회학자. 현재 중국사회과학원 교수 겸 미국연구소 소장. 런던정치경제대학(LSE)에서 사회학 박사 학위를 받았다. 잡지 『두수(讀書)』의 편집장을 역임했다. (역자 주)

은 의견 대립과 논란을 겪고 있다. 수많은 문제에 관해서 여전히 '컨센서스'라는 것이 만들어진 바가 전혀 없다. 그런데 레이모는 중국에 아무리 많은 문제와 위기와 불확실성이 존재한다고 하더라도, 한 가지는 분명히 높이 평가할 만하다고 주장한다. 그것은 중국이 맹목적으로 '워싱턴 컨센서스'를 추종하지 않았다는 사실이다.

베이징 컨센서스는 구조적으로 볼 때 분명 덩샤오핑[鄧小平] 이후의 발상이다. 하지만 그것은 그의 실용주의적 사상과 밀접한 연관이 있다. 현대화를 추진하는 가장 바람직한 길이 '돌을 더듬어가며 다리를 건너는 것'이지 '쇼크 요법'을 통해서 대약진(大躍進)을 실현하는 게 아니라고 본다는 점에서 그렇다.[2]

사실 이른바 '워싱턴 컨센서스'의 경우도 워싱턴에서조차 아는 사람이 거의 없으니, '컨센서스'라고 하기에는 적절치 않다. 이는 그저 국제통화기금(IMF)과 세계은행(World Bank)의 극히 일부 사람들 사이에 이루어진 '컨센서스'일 뿐이다. 이 책에 수록된 윌리엄슨(John Williamson)의 글은 이에 대해 분명하게 설명하고 있다. "'워싱턴 컨센서스'라는 개념은 1989년에 최초로 제기되었다. 국제경제연구소(Institute for International Economics)가 개최한 한 학회에서 발표한 논문을 통해 나는 이 개념을 처음 사용했다. 경제협력개발기구(OECD)가 타당하다고 여겨온 일련의 관점들이, 1950년대부터 라틴아메리카의 경제정책을 주도해온 개발경제학의 낡은 관점을 얼마나 대체할 수 있을지 따져보기 위해서였다."[3]

레이모가 '베이징 컨센서스'라는 개념을 사용하는 것을 필자가 처음 들은 것은 2004년 5월에 런던에서 열린 한 포럼에서였다. 당시 그가 영문으로 발표한 글은 아직 초고상태였는데, 인상적이었던 것은 그가 발표를 시작하자마자 한 말이다. "'워싱턴 컨센서스'를 무시한 두 나라—인도와 중국—가 괄목상대할 경제적 성과를 이루어내고 있다. 반면 '워싱턴 컨센서스'를 충실하게 추종한 인도네시아와 아르헨티나는 막대한 사회적 및 경제적 대가를 치르고 있다."[4]

2004년 5월부터 현재에 이르기까지 일 년 남짓 동안 「베이징 컨센서스」는 빠른 속도로 전파되었다. 처음에 『참고소식(參考消息)』[5]에 실린 이후, 인터넷을 통해 사방으로 알려졌다. 필자는 여기서 이른바 '베이징 컨센서스'가 실제로 존재하는지 여부를 따질 생각이 없다. 필자의 문제의식은 다음과 같다. 중국의 학자로서, 중국이 지난 30년 동안 겪어온 변화를 설명할 틀을 가지고 있는가? 만약 '컨센서스'가 존재하지 않는다면, '중국의 경험'이나 '중국의 길' 같은 것을 제시할 가능성은 없는가? 그저 모두가 볼 수 있는 표면적인 현상을 나열하는 것이 아니라, 그것을 개괄하고 더 나아가 하나의 '모델'로 제시할 수는 없는가?

우리에게 익숙한 다음과 같은 말이 있다. "중국은 마땅히 인류를 위해 큰 공헌을 해야 한다." 마오쩌둥 주석이 한 말이다. 오랜 세월동안 이 말을 들으며 성장한 우리는 '가슴에는 조국을, 시야는 세계로'라는 구호를 외쳤고, '전 인류의 해방'을 지향했다. 그런데 인류를 위한 공헌이란 무엇인가? 과거에 우리는 이것을 제대로 알지 못했다. 1978년 개혁개방 이후 덩샤오핑은 이에 대해 하나의 해답을 제시했다. 중국의 문제를 잘 해결하는 것이 인류에 대한 최대의 공헌이라는 것이다. 그런데 중국의 문제를 잘 해결한다는 것이 무엇인지는 또 오랫동안 알지 못했다. 그러던 중 1989년에 천안문사건이 벌어지자, 서방세계는 중국을 봉쇄하고 대중국 정책을 바꾸었다. 이전 1978년의 대외개방과 내부개혁을 서방세계는 모두 환영했다. 1980년대 중반에 유럽에 있을 때 필자는, 중국에 관해서는 무엇이든지 좋게 이야기하고 소련에 관해서는 무엇이든지 나쁘게 이야기하는 그곳의 여론을 목도했다. 그러다가 1989년에 이르러서 순식간에 상황이 정반대로 변했다. 소련에 관해서는 무엇이든지 좋게 이야기하는 경향이 주류를 이룬 반면, 중국에 대해서는 부정적인 이야기만이 횡행했다.[6] 1989년 이후 중국의 「정부사업보고(政府工作報告)」[7]는 몇 년째 계속 같은 이야기를 되풀이해서 강조했다. 우리가 중국의 문제를 잘 해결하는 길은 한정된 작은 땅을 이용해서 십여 억 중국인들의 먹고사는 문제를 해결하는 것이고, 이는 인류 역사상 전례가 없는 대단한 일이 되리라는 것이다. 그 무렵 필자는 영국에 체류 중이었는데, 그곳의 사람들은 이 말을 이해하지 못했다. 그래서 늘 필자에게 이런 질문을 던지곤 했다. "당신네 중국인들은 도대체 밥을 얼마나 먹기에 그렇습니까?" 그들은 중국에서 먹고사는 문제를 해결하는 것이 어째서 위대한 일이 되는지를 이해하지 못했던 것이다. 그래서 나는 이렇게 대답하곤 했다. "당신네처럼 '풍족한 사회'에서 배곯는 이들의 심정을 어찌 알 수 있겠습니까."

우리에게는 지난 세월동안, 적어도 청조(淸朝) 중기 이후로는 먹고사는 문제의 해결이 가장 중요한 과제였다. 19세기 후반부터 20세기 전반에 이르기까지 100년 동안 벌어진 수많은 동란과 봉기, 혁명, 전쟁 등은 모두 먹고사는 문제를 제대로 해결하지 못한 것과 밀접한 관련이 있다. 쑨원[孫文]은 '토지는 농민에게'라는 구호를 제기했지만, 그것을 실천으로까지 연결하지는 못했다. 이후 토지혁명을 거친 후에야 그 구호는 견실한 사회적 기초를 얻게 되었다.[8] 1950년대 이후 전개된 '합작화(合作化)'나 '집단화(集體化)'의 노력(대약진을 포함하여)은 수억 명의 농민들을 조직하기 위해 시도된 것으로, 그 궁극적 목적은 한편으로 '인민들이 분열되어 모래알처럼 흩어져있는' 현실을 극복하는 것이었 지만, 다른 한편으로 식량생산 문제 또는 먹고사는 문제를 해결하는 것이었다. 당시에 자급자족 또는 자력갱생의 문제라고 일컬어지던 이 문제를 지금은 '식량안보'의 문제라고 부른다. 방대한 영토를 자랑하 는 중국에서 식량을 전적으로 외부에 의존할 수는 없다. 또한 면적이 크다고 하더라도 1인당 경지면적은 보잘것없고 지역별 격차가 매우 큰 현실에서, 조직화가 제대로 되지 않는다면 수많은 인민들의 먹고 사는 문제를 해결할 수는 없을 것이고, 곳곳에서 발생하는 자연재해 로 인해 난민들이 넘쳐나게 되어 결국 폭동이나 민란으로 이어지게 될 것이다. 따라서 토지개혁이 완료된 이후에 합작사(合作社) 제도를 실 시했던 것이고, '대약진(大躍進)'이 실패한 뒤 '세 가지 소유 형태[9] 가운 데 생산대(生産隊)를 기초로 한다'는 원칙으로 물러선 것도 집단을 기초 로 하여 양 극단으로 분화가 일어나지 않도록 하기 위함이었다. 이후 문화대혁명 기간에 등장한 '전국이 따자이(大寨)를 배우자'[10]는 구호는 듣기에 따라서는 매우 급진적인 것처럼 여겨진다. 수천 년 동안 소농 (小農)으로 살아온 사람들을 고도의 집단화로 이끌고 가는 것이 가능하 다는 말인가? 그러나 실제적인 면으로 볼 때, '농업에서 따자이를 배우 자'는 정책의 구체적인 내용 역시 먹고사는 문제를 해결하는 것이었 다. 당시 남방에서 등장한 '장강을 건너자'는 구호나 북방에서 나온 '황하를 건너자'는 구호 모두 식량생산량 문제를 해결하려는 노력에 따른 것이었다.[11] 1975년에 마오쩌둥은 이미 쇠약할 대로 쇠약해진 몸이었지만 끊임없이 문제를 제기했다. '왜 따자이에서 달성한 식량생산량을 다른 지역에서는 달성하지 못하는가? 1년에 안 되면 3년, 3년에 안 되면 5년, 5년에 안 되면 10년에는 달성할 수 있는가?' 1975년에 당 중앙의 업무를 관장하게 된 덩샤오핑이 군이 따자이에서 전국농업공작회의(全國農業工作會議)를 열고 당 중앙을 대표하여 연설을 한 것도 이런 식량생산 문제를 해결하기 위해서였다. 사실 이 문제는 오랫동안 우리를 곤혹스럽게 만들었다. 1978년의 개혁으로 농민들이 책임청부생산제[聯産承包責任制][12]에 발을 들여놓은 이후에야 비로소 그 실마리가 풀리기 시작했다. "국가에 상납하고, 집단(인민공사)에 납부한 뒤, 나머지는 모두 자기가 갖는다." 오늘날 개혁의 위대한 성과를 꼽으라면 첫 번째로 내세울 수 있는 것이 바로 개혁을 통해 식량 문제, 먹고사는 문제가 기본적으로 해결되었다는 사실이다.

지금은 당면한 문제가 과거와 달라졌다. 근대 이래로 오랜 시간동안 자연재해와 기근 때문에 떠돌아다니는 유랑민이 부지기수였지만, 지금은 최소한 그런 상황은 벌어지지 않고 있다. 닝샤[寧夏], 깐수[甘肅], 산시[山西], 네이멍구[內蒙古], 윈난[雲南], 구이저우[貴州] 등지의 산간벽지 농민들조차 적지 않은 식량을 저장해두고 지낸다. 현재 그들의 고민은 굶주림을 면하는 것이 아니라, 저장한 곡식을 어떻게 하면 쥐들로부터 지켜낼 것인가, 또는 곰팡이가 피고 썩어나가지 않게 할 것인가이다. 이제 굶주림으로 고통 받는 이들을 찾아보기는 어렵다. 네이멍구나 신쟝[新疆] 등의 지역에서 눈이 많이 내려 양들이 몰살하는 재난이 벌어지는 것을 제외하면, 일반적인 경우 대부분의 중국인들에게 먹고 사는 문제는 더 이상 큰 문제가 되지 않는다. 우리는 현재 빈곤상태를 탈피했을 뿐 아니라 온포(溫飽)의 상태에까지 도달했으며, 초보적인 소강(小康)의 단계에 진입했다.[13] '중국은 마땅히 인류를 위해 큰 공헌을 해야 한다'는 마오쩌둥의 말로부터 '중국의 문제를 잘 해결하는 것이 인류에 대한 최대의 공헌'이라는 1980년 덩샤오핑의 말에 이르기까지, 그리고 1989년 이후 몇 년 동안 「정부사업보고」에서 계속해서 등장한 '이렇게 작은 토지로 이렇게 많은 인구를 먹여 살리는 것이 얼마나 대단한 일인가'라는 발언에 이르기까지, 그리고 다시 오늘날에 이르기까지, 20여 년에 걸친 개혁개방의 경험은 우리에게 중국을 발전시키는 길에 관한 문제에 몰두할 것을 요구해왔고, 이후 어떤 길을 갈 것인가에 대해 고민하도록 만들었다. 우리가 걸어온 20여 년에 걸친 발전과 개혁개방의 길은 중국적 특색을 지닌 길이다. 우리는 극히 제한된 토지로 10억이 넘는 인구를 먹여 살리는 문제를 해결했고(우리가 말하는 '중국적 특색'의 의미는 여러 가지를 열거할 수 있지만, 그 첫 번째로 꼽을 수 있는 것이 바로 '인구는 많고 땅은 비좁다'는 사실이다), 많은 영역에서 세계가 인정하는 성과를 이루어냈다. 이제 우리가 직면한 문제는 일방적으로 고도성장을 추구할 것인가(이는 기술적으로 보면 고비용과 에너지 과소비 및 오염의 심화를 대가로 하는 성장이 될 것이고, 구조적으로 보면 도농 간의 격차, 지역 간의 격차, 빈부 간의 격차를 대가로 하는 성장이 될 것이다), 아니면 새로운 발전관을 바탕으로 전면적이고 조화로우며 지속가능한 발전의 길을 추구할 것인가이다. '소강사회를 전면적으로 건설하자!'는 구호나 거기서 한 걸음 더 나아간 '조화로운 사회(和諧社會)를 건설하자!'는 구호는 이런 배경 위에서 제기된 것이다.

'소강사회를 전면적으로 건설하자!'는 구호는 이전에 제기된 '현대화를 실현하자!'는 구호와는 사실상 차이가 있다. 이전 구호의 핵심은 '공업화'였다. 만청(晚淸)시기의 '부국강병'이나 민국(民國) 시기의 '강국부민(强國富民)'은 모두 선진국을 따라잡자는 논리였고, 그러기 위해서 중국이 공업화를 해야 한다는 주장이었다. '오사(五四)' 시기에 등장한 '새선생(賽先生)'[14]과 '덕선생(德先生)'[15]이라는 구호는 경제적으로 어떻게 공업화를 이룩할 것인가라는 문제의식에 그치지 않고, 중국을 현대적인 사회로 건설하려는 의도를 포괄하는 것이었다. 그러나 군벌들의 발호와 일본의 침략으로 이런 길은 중단되었고, 불가피하게 혁명(특히 토지혁명)을 거칠 수밖에 없었다. 공업화는 혁명 이후 다시 추진되었다. 1950년대에 제1차 고조(高潮) 국면이 지나간 후, 1964년에 농업, 공업, 과학기술, 국방의 영역을 포함하는 '네 가지 현대화(四個現代化)'가 제기되었다. 그리고 1975년 제4차 전국인민대표대회에서 저우언라이 총리는 와병 중인 몸을 이끌고 정부사업보고를 하면서, 이 '네 가지 현대화'를 다시 제기했다. 이는 1977~1978년 이후 각 부문 사업의 중심이 되었다. 그 가운데 핵심은 역시 공업화였다.

그런데 문제는 우리가 과거에 강조해온 공업화가 기본적으로 서구의 경험, 특히 영국의 경험을 기초로 한 것이라는 점이다. 서구의 근대 역사에서 공업화는 기술발전 과정 한 가지로 단순화될 수 없다. 그것은 자본주의나 민족-국가 등과 함께 형성되어온, 제도에서 관념에 이르기까지를 포괄하는 일련의 총체이며, 이른바 '현대성'과도 분리할 수 없는 것이다. 그렇다고 그것이 인구비중의 측면에서 본 '도시화'(농촌인구의 도시 유입 또는 도시 인구 비중이 갈수록 늘어나는 현상)의 과정에 국한되는 것도 아니다. 실제 역사 속에서 그것은 대내적으로 임금노동과 착취 관계의 형성, 대외적으로 침략을 통한 영토 확장과 식민지화, 그리고 이 두 과정이 문화와 이데올로기 차원에서 정당화됨으로써 완성된 것이다. 그런데 중국은 공업화를 하려 해도 대외적인 침략을 할 수 없었고, 내부적으로 착취 관계를 형성하는 것에 의존할 수도 없었다. 따라서 집단화나 합작화, 공사합영(公私合營) 등과 같은 사회주의적 방법을 통해 공업화를 추진하는 길을 선택할 수밖에 없었다. 결국 우리의 문제는 어떻게 이론적으로나 실천적으로 자본주의의 전철을 밟지 않고, 어떻게 중국적 특색의 사회주의의 길을 갈 것인가였다.

서구의 공업화가 가지고 있는 또 다른 문제점은 그것이 대규모로 그리고 조직적으로 자연으로부터 이탈하고 자연을 파괴한 최초의 사례라는 것이다. 농업문명은 채집이나 수렵만큼 자연에 밀착되어 있지는 않았지만, 그래도 기본적으로는 자연경제의 형태를 이루고 있었다. 인류가 문명을 이룬 이래 첫 번째 형태는 수렵과 채집이고, 처음으로 정착을 한 것이 농업문명이다. 농업문명은 정착을 하고, 토지의 개간에 의존한다. 우리 중화문명(中華文明)도 비교적 이른 형태의 이런 문명에 속한다. 근세에는 대형 목장을 통한 농업의 산업화 형태도 존재했지만, 우리는 줄곧 소농이 위주였다. 오늘날도 수억의 농민이 가족을 기본 단위로 하여 생산에 종사하고 있는 것이 우리의 실정이다.

공업화의 특징으로는 우선 자연으로부터 이탈, 즉 인간을 비자연적인 상태로 조직하는 것이나, 또는 도시로 집중되어 생산, 유통, 교환, 분배, 소비 등이 진행되는 공간인 공장이나 작업장 같은 것을 만들어낸다는 점을 들 수 있다. 공업화는 자연으로부터 멀리 이탈할 뿐만 아니라, 자연을 끝없는 소모의 원천으로 이용한다. 삼림, 광산, 목재, 수자원 등을 포함한 자연의 모든 것 내지는 동식물에 이르기까지 모두가 싸워서 이기고 정복해야 할 대상이고, 심지어 파괴하고 소멸시켜야 할 대상이다. 따라서 설령 자본주의와 연관을 배제한 채 공업화 그 자체를 이야기한다고 해도, 그 공업화 역시 자연으로부터 이탈이고, 인간과 자연의 대립에서 결국 인간이 최후에 승리한다는 설정을 기본으로 전제하는 것이다. 이 경우도 역시 자연은 싸움의 대상이고 정복의 대상이며 소멸의 대상이다.

그렇다면 중국의 상황을 놓고 이야기해보자. 대내적인 착취, 대외적인 침략이라는 자본주의의 틀을 배제하고 기술적인 의미에서 공업화 그 자체만을 놓고 이야기한다고 해도 큰 문제가 발생한다. 우리(중국뿐만 아니라 인도, 파키스탄, 브라질, 인도네시아 등 방대한 인구의 후발 산업화 국가 포함)에게 과연 정복하고 소멸시킬 만큼 많은 자연자원이 존재하기는 한다는 말인가?

문화-이데올로기적 측면에서 볼 때, 세계가 하루가 다르게 공업화되는 과정은 우리가 세계를 어떻게 인식할 것인지와 밀접한 연관이 있다. 영국에서 산업혁명이 진행된 이래(심지어는 계몽주의 이래로) 가장 기본적인 인식의 모델은 주관 / 객관, 인간 / 자연, 문명 / 야만, 현대 / 전통 등 이원대립적인 구도였고, 그 속에서 후자는 소멸되어야 할 대상이었다. 그리고 이것이 오늘날 우리의 사유를 구성하는 기본적인 틀이 되어 버렸다. 그 요점은 농업사회를 어떻게 산업사회로 바꿀 것인가, 농촌을 어떻게 도시로 바꿀 것인가이다. 그것은 사회학의 기본적인 발상을 구성하는 것이기도 하다. 그러나 이런 발상은 사실 18~19세기 영국의 제한적인 경험을 근거로 한 것일 뿐이다. 영국은 면적이나 인구 면에서 그리 큰 국가가 아니다. 그런데 그들의 경험을 토대로 한 것이 세계적으로 보편성을 갖는 이론이 되어 버렸다. 모든 사회가 자연, 지리, 문화, 역사적으로 어떤 차이가 있는지 상관없이 그런 보편성을 따라야 하는 것처럼 간주된다. 마르크스의 말을 빌리자면, 이것은 영국에게 '과도한 영광을 주는 것이고, 또한 과도한 모욕을 주는 것'이기도 하다.

중국이 현재 걸어가고 있는 길은 최소한 영국의 18세기 이후 공업화 과정과는 다르다. 18세기의 공업화 과정은 아주 작은 지역에서 일어났고 그 연원은 네덜란드와 이태리까지 거슬러 올라갈 수 있지만, 오늘날 우리가 흔히 말하는 공업화는 주로 영국의 공업화를 가리킨다. 이는 내부적으로 고도의 조직화와 자연으로부터 이탈 및 그것에 대한 정복을 수반하고, 대외적으로 영토 확장과 식민지화, 침략 등을 포괄한다. 그런데 중국적 맥락에서 농업문명과 현대인의 관계를 포함한 인간과 자연, 노동과 토지의 관계는 영국에서의 경우와 매우 다르다. 중국의 모든 역사적 맥락과 영국 / 서구의 차이는 상당히 크다. 중국은 '역사적인 기회를 얻지 못했고'(대외적인 식민지화나 침략이 가능해지는 상황은 더 이상 발생하지 않을 것이다), 자연자원의 한계를 안고 있기 때문에(1인당 평균 토지, 삼림, 수자원 등의 측면에서 서구와 비교할 수가 없다) 영국식 공업화의 길을 갈 수 없다. 게다가 중국은 영국과 같은 형태의 현대적인 민족-국가(nation-state)라고 할 수 없다. 중국은 영국 / 서구의 민족국가가 형성된 것보다 훨씬 먼저 만들어졌다. 따라서 '중국의 문제'는 사실상 현대 영국적 의미에서의 '현대성 문제(공업화 또는 도시화를 어떻게 실현할 것인가와 같은)'로 국한시킬 수 없다. 물론 영국에서도 현대성 문제가 공업화나 도시화라는 틀로만 설명되는 것은 아니다. 거기에는 공업화, 자본주의, 민족-국가 등 여러 가지 기본적인 요소들이 포함된다. 하지만 이런 것들을 모두 포괄해서 고려한다고 해도, 여전히 '중국의 문제'는 명확하게 설명되지 않는다.

여기서 언급하는 '중국'은 물론 하나의 민족국가를 가리킨다. 그것은 독립적인 주권과 명확한 국경, 고유한 국민경제와 국가로서의 근본적 이익(경제적 이익뿐 아니라 정치적, 사회적, 문화적, 자원-환경적 이익 등을 포함하는)을 갖는 실체이다. 민족국가로서 '중국'은 나이가 비교적 젊다. 1911년에야 비로소 현대적 민족국가로서 '외형'을 갖추었고, 1949년 이후에야 독립적인 '건국'의 과정이 시작되었으며, 1979년 이후에야 비로소 비교적 '현대적인' 경제의 기초가 마련되었고, 지금까지도 정비되고 완성되어야 할 많은 부분들을 가지고 있다. 금융과 재정, 민주와 법치, 세무와 회계 등 여러 분야의 제도가 만들어지고 보완되는 중이다. 시민의식(권리-의무)이나 기초교육, 공공위생 등의 영역은 더욱 강화되어야 한다. 현재 유행하는 참여니 투명이니 책임이니 권리니 하는 문제들이 국가건설(state-building) 과정 중에 해결되어야 하고, 그래야 중국은 '세계의 여러 민족(국가) 사이에서 자립할 수 있고', 모욕당하지 않고 존경받을 수 있다.

그런데 '중국'은 단순히 하나의 '민족국가'라고 하기도 어렵다. 유럽 대륙 전체만큼 큰 영토를 볼 때, 그것은 그 자체로 하나의 대륙이다. 경제만 놓고 이야기하더라도, 단순히 '국민경제'의 지표를 가지고 분명하게 설명하기 어려운 측면이 있다. 그 안에는 다양한 형태의 경제형태가 오랫동안 병존해 왔다. 일부 가족경제는 '국민경제'의 통계에 잡히지도 않는다. (수많은 농촌의 부녀자들이 사실상 이 영역에서 경제활동에 종사하고 있다.) 산간벽지 농민들의 경제활동은 대부분 통계에 포함되지 않는다. 특정한 성(省)이나 현(縣)의 경제로 분류할 수 없는 지역성 경제 역시 마찬가지이다. 그 대부분은 통계로 포착하기 어렵다. (또는 통계에 중복되게 잡힌다.) 결국 중요한 것은 장부상의 통계가 아니다. '국민경제'를 단위로 하는 시각으로는 중국의 수많은 경제현상을 온전히 이해할 수 없다. '실업'이나 '임금' 같은 것이 대표적인 예이다. 여러 분야의 경제활동이 '취업-실업'의 범주 안에 존재하지 않는다. '임금'이라는 개념으로 수입을 해결하지 않는 사람들이 무수히 많다. 그래서 항상 다음과 같은 곤혹스러움이 존재해 왔다. 서구 '국민경제' 속의 이른바 '실업'이나 '임금'과 같은 기준으로 볼 때, 중국경제는 여러 차례 '경계선'을 넘은 것으로, 그리고 곧 '붕괴'할 조짐을 보이는 것으로 예견되었다. 하지만 결과적으로 그런 예견이 적중한 적은 한 번도 없다. 중요한 것은 통계의 정확성이 아니고, 허위나 과장의 존재 여부도 아니다. 중국은 하나의 대륙이고, 대륙형 경제에는 다양한 경제형태가 병존한다. 그것들은 강력한 상호 보완성을 지니며, 자기조절능력 역시 매우 강하다. 누구든 공식적인 일자리를 잃게 되면 이내 다른 유형의 경제형태 속에서 수입원을 찾을 수 있다. 그것들을 모두 직업(job)이라고 하기 어렵고 그 수입을 모두 '임금(salary)'이라고 하기도 어렵지만, 어쨌든 모종의 일자리(work)를 찾은 것이고 일정한 '수입(income)'을 얻는 것이다. 이런 시스템이 중국의 실업 문제를 상당 부분 완화시켜 주며, 중국의 장기적인 '저소득 현상'을 설명해준다. 요컨대, 대륙형 경제를 작은 규모의 민족-국가적인 '국민경제'와 함께 놓고 이야기해서는 안 된다.

　무엇보다도 중요한 점은 '중국'이 매우 오래된, 그러나 여전히 살아 있는 문명 형태라는 것이다. 이 문명은 서구의 기독교 문명 위주의 문명 형태와는 차이가 크다. 그 속에는 유가(儒家)-법가(法家)-도가(道家)-불가(佛家)로 구성되는 한(漢) 문화가 존재할 뿐 아니라, 현재까지 살아 있는 수많은 '작은 문화'와 '작은 전통'들이 포함되어 있다. 중국은 다민족과 다문화로 구성된 경제-사회-정치-문화의 집합체이기 때문이다. 물론 '현대화'의 물결이 워낙 거세기 때문에 전통적인 것들은 점점 위축되고 있고, 사람들은 일찌감치 '서구화'되어 온 것이 사실이다. 그러나 표면에만 주목하지 않는다면 상황은 다르게 보일 수 있다. 즉 중국에 관심을 갖는 외국인들은 가장 좋아하지만 우리 지식인들은 가장 뼈아프게 생각하는 그런 문물[16]에만 주목하지 않고, 중국인들이 전통의상을 입지 않고 양복을 입으며 고전 문언(文言)을 사용하지 않고 현대적(사실상은 '서구화'된) 백화(白話)를 사용한다는 점에만 주목하지 않으며, 중국의 보통사람들이 어떻게 생각하고 어떻게 교류하는지를 자세히 살펴본다면, 우리 조상들의 전통이 여전히 살아있음을 깨달을 수 있을 것이다. 사람들은 여전히 '예절'을 따지고 '체면'을 소중히 여기며 '인정'을 중시한다. 그리고 '친소관계'와 '장유유서'의 도리에 따라 처신을 하고, 일상생활에서나 정식으로 관계를 형성할 때도 이를 기준으로 삼는다. '중국적 발전의 길'에 내포된 오묘함 가운데 하나가 바로 이것이다. 해외의 수많은 화교들이 자신의 고향과 정서적, 경제적 연계를 밀접하게 지속하는 이유도 이것으로 설명할 수 있고, 수많은 농민공(農民工)들이 형편없이 낮은 임금(그것조차도 종종 밀려서 지급되는)을 받으면서도 매년 수백 억 위안을 고향으로 송금하는 이유 또한 여기서 찾을 수 있다.

'중국'은 시간적으로 현대의 영국보다 훨씬 더 오랜 연원을 가지고 있을 뿐 아니라, 내용적으로도 영국 같은 민족-국가보다 훨씬 더 풍부하다. 그러다보니 18세기 영국에서 만들어진 개념이나 이론, 사례 등을 가지고 중국의 역사와 경험을 설명하려고 하면 끊임없이 모순에 직면하게 된다. 그런데 모순에 부딪치면 우리는 줄곧 우리 자신의 경험에 문제가 있는 것으로 여겼다. 이론이나 개념 그 자체('자본', '노동', '시장', '국가' 등등)에 문제가 있거나 한계가 있다고 생각한 적은 거의 없다. 이런 개념으로 중국을 분석하는 것이 잘못된 일이라는 생각을 하지도 않았다. 이런 개념이나 이념은 사실 부분적이고 특수한 경험으로부터 도출된 것이다. 그런데 우리는 현실을 바꾸어서 이런 이론에 맞추려고 한다. 발을 잘라서 신발에 맞추려고 하는 것이다. 중국과 같은 사회가 왜 영국식 공업화 방식을 따라야 하는지에 대해 문제를 제기해본 적이 있는가? 이런 방식으로 성공한 적이 있다고 할지라도, 그것은 제한된 지역에서 한정된 사람들이 2~300년 동안 적용해본 방식일 뿐이다. 그리고 지금도 아주 제한된 지역에서 한정된 사람들의 '도시화' 문제를 해결하고 있을 뿐이다.[17] 인류사회가 문자를 가지게 된 수천 년 역사 이래로 여러 문명 형태들이 존재하고 사라지기를 거듭했지만, 일부 문명은 그 수천 년 역사를 내려오는 동안 끊임없이 변화하고 발전하면서 지금까지 지속되어 왔다. 장구한 역사를 자랑하고 무수한 인구를 포괄하는 문명은 현실을 설명하는 고유의 풍부한 이론을 제공할 수 있고, 최소한 의미 있는 자신만의 경험을 제시할 수 있다.

중국의 상황을 놓고 이야기해보자. 1949년에 중국의 도시 인구는 불과 수천만 명이었다. 그런데 50여 년이 흐르는 동안 그것이 5억 명으로 늘어났다. 이는 영국, 미국, 캐나다, 오스트레일리아, 뉴질랜드의 인구를 모두 합한 것보다도 많은 수이며, 유럽 도시 인구의 총합을 초과하는 것이다. 서구는 2~300년 동안 무수한 피를 흘리고(침략, 식민지화, 노예 매매, 인디언 학살 등), 특히 전쟁까지 치르고 나서야(대영제국 역사상 가장 수치스러운 전쟁이라고 하는 아편전쟁[18]과 두 차례의 세계대전 포함[19]) 비로소 세계 인구 가운데 아주 일부에 불과한 자신들의 '도시화' 또는 '현대화' 문제를 해결할 수 있었다. 그런데 우리가 유럽이나 북미의 이런 길을 따라가야 한다는 말인가? 유럽이나 북미가 걸어온 길을 그 부도덕함을 따지지 않고 실행가능성만 놓고 이야기한다고 하더라도, 과연 얼마나 세계적 '보편성'을 갖는다고 할 수 있는가? 그들의 제한된 경험에서 만들어진 개념이나 이론을 가지고 우리에게 적용하려고 할 때, 문제가 발생한다면 그것은 우리의 경험이나 실천이 잘못된 것이 아니라 그 이론이나 개념이 잘못된 것이 아니겠는가? 왜 우리는 자기 주변의 수많은 인민대중이 실행해온 위대한 실천을 의심하면서, 남의 이론이나 개념, 모델, 공식, 예견 등을 신주단지처럼 떠받드는가? 과거 혁명시기 마오쩌둥이 「실천론(實踐論)」이나 「우리의 학습을 개조하자(改造我們的學習)」에서 강조했던 '실천이 진리를 검증하는 기준'이나 '교조주의는 이제 그만!'이라는 주장으로 다시 돌아갈 수는 없는 것인가? '모든 이론은 회색이며, 오직 영원한 것은 저 푸른 생명의 나무'라고 했던 괴테의 말처럼, 잘못된 것이 있다면 실천 그 자체가 아니라 도식화된 이론이 아니겠는가? 설령 그 이론 자체의 오류 여부를 따지지 않더라도, 그 이론이 배태된 경험적 기초와 우리 현실의 거리가 멀다면, 우리의 실천으로부터 또 다른 이론, 또 다른 개념, 또 다른 분석의 틀을 만들어낼 수 있지 않은가?

'소강사회'라는 개념은 왜 제기된 것인가? '현대화'만으로도 충분하지 않은가? 인식의 측면에서 볼 때 무척 흥미로운 것은 담론, 개념, 인식의 전환이다. 애초에 우리가 '네 가지 현대화'를 이룩하자고 했을 때, '현대화'야말로 가장 정당한 구호였고, 만청 이후의 뿌리 깊은 혼란을 해결할 묘방이었다. 그런데 지금 우리는 소강사회를 전면적으로 건설하자는 구호를 제기하고 있다. '소강'에 대해서는, 우선 소강사회(이른바 '초급현대화')를 건설하고 그런 초급 단계를 백 년 동안 거치면 현대화 사회('고급현대화')로 진입하게 된다고 설명할 수 있다. 그런데 다른 설명도 가능하다. '소강' 그 자체를 '현대화'의 대안으로 이해하는 것이다. 즉 자연을 파괴하고 타인을 해치는 것을 대가로 '현대화'를 추구하는 서구의 발전 모델을 따르지 않고, 전면적이고 조화로우며 지속가능한 방식으로 '소강'을 이룩한다는 것이다. '소강' 이후에는(시간적으로뿐만 아니라 논리적으로) '현대화'가 아닌 다른 무엇인가가 올 수 있다. 예를 들어, 우리 조상들이 예견한 것처럼 '소강' 이후에 '은실(殷實)', 그리고 마지막으로 '대동(大同)'의 단계가 이어지는 것은 어떤가?

1970년대 후반에 있었던 한 토론을 떠올려 보자. 덩샤오핑은 1975년에 업무를 다시 관장하게 된 이후 '빈곤이 사회주의는 아니다'라고 끊임없이 강조했다. 당연히 빈곤을 통해서 사회주의를 실현할 수는 없다. 그런데 덩샤오핑은 무엇이 사회주의가 아니라고는 이야기했지만, 무엇이 사회주의인지는 언급하지 않았다. 따라서 빈곤이 사회주의가 아니라고 끊임없이 강조하면, 사람들은 그 반대로 부유해지는 것이 사회주의라고 단순히 생각하게 된다. 부유해지는 방식은 여러가지가 있다. 사회주의도 분명 부유해지는 것이다. 그러나 자본주의도 일부 사람들이나 일부 지역은 부유해질 수 있다. 유럽, 북미, 그리고 오스트레일리아, 뉴질랜드, 일본, 한국 등이 모두 그렇게 부유해진 사례이다. 하지만 앞에서도 언급했듯이, 이런 부유함은 자연을 파괴하고 다른 사람들을 희생시킨 대가로 얻어진 것이다. 그러므로 우리가 말하는 사회주의와는 분명 다르다. 덩샤오핑은 여러 차례에 걸쳐 다음과 같이 언급했다. "중국이 만약 자본주의의 길을 걷는다면 특정 지역의 일부 사람들은 훨씬 빨리 부유해질 수 있습니다. 그래서 새로운 부르주아 계급이 만들어질 것이고, 백만장자들이 생겨날 것입니다. 하지만 그래봐야 그들은 인구의 백분의 일도 되지 않습니다. 나머지 대부분의 사람들은 여전히 빈곤을 벗어나지 못할 것이고, 심지어 '온포(溫飽)'의 문제조차도 해결할 수 없을 것입니다."[20]

1989~1991년 이후로 거의 모든 사회주의 국가들이 '시장화(자본주의화)'의 과정을 겪었다. 그런데 중국(그리고 어떤 측면에서는 베트남까지)을 제외한 거의 모든 나라에서 빈곤 인구가 증가했고, 평균 기대수명이 하락하는 고통을 감수해야만 했다. 시야를 좀 더 멀리 두게 되면, 거의 모든 산업화 국가들이 산업화 초기 단계(1인당 평균 GDP 800~1,000달러 시기)에 GDP가 늘어나면서 동시에 빈곤 인구도 증가하는 경험을 했음을 알 수 있다. 중국도 현재 도농 간의 격차가 매우 심각하다. 그중에는

역사적 원인으로 인한 것도 있지만, 최근의 발전이 가져온 결과물인 것도 있다. 자연지리적인 원인에 따른 측면도 있지만, 다른 한편으로 사회경제적 구조의 불합리함이 유발한 결과물인 측면도 있는 것이다. 그러나 빈곤 인구의 절대수가 얼마나 감소했는지를 따져 보거나, 그 것이 인구 전체에서 차지하는 상대적 비율의 감소를 따져 보더라도, 중국의 상황은 가히 독보적이다. 이것이 바로 중국적 특색의 사회주의의 표지이고, '중국의 경험'의 실체이다.

마르크스주의를 대표하는 상징적 언술로 다음과 같은 것을 들 수 있다. '자본주의는 생산력을 고도로 발전시킨다. 하지만 빈부격차와 착취, 전쟁 등을 유발하기 때문에, 조만간 사회주의에 의해 대체될 것이다.' 사회주의는 생산력을 고도로 발전시키는 동시에, 사회적 관계 속에 일종의 '조화'를 형성한다.(3대 차별[21]은 점차 소멸하게 된다) 오늘날 조화로운 사회의 건설이 이야기되고 있는데, 그 출발점은 당연히 '소강'식의 조화일 것이다. 그렇다면 '대동'식의 조화란 무엇인가? 소강식의 조화와 전통적 방식(영국과 서유럽식)의 현대화는 어떤 관계인가? '공업화'(대내적 착취와 대외적 침략, 자연으로부터의 이탈과 자연 파괴를 특징으로 하는)의 방법을 통하지 않고 '소강'과 '조화'를 실현할 수는 없는 것인가? 그것과 중국의 전통적인 조화('따뜻한 집에 처자식이 함께 있는 것'도 일종의 소강이고, '동쪽 울타리 아래서 국화꽃을 따다가 여유롭게 멀리 남산을 바라보는 것[22]'도 일종의 조화이다)는 어떤 관계인가? 우리가 지금 이야기하는 '소강'과 '조화'는 단순하게 도연명식의 이상으로 돌아가자는 것이 아니고, 중국적 특색을 지닌 사회주의를 구현하자는 것이다. 사회주의는 그 자체가 분명 조화로운 성격을 갖는다. 초급 단계 사회주의의 소강이라고 할지라도 최소한 합작을 기초로 하는 것이고, 합작의 기초 위에서 조화로운 사회를 건설하는 것이다. 그 길이 반드시 사회주의여야만 하는 것은 역사적인 필연성 때문이다. 앞에서 언급했듯이 대내적인 착취와 억압, 대외적인 식민지 침략의 길은 이제 더 이상 따라갈 수 없게 되었다. 이것은 단순히 도덕적인 차원의 문제가 아니라, 역사가 우리에게 부여한 '사명(calling)'과 관련이 있다. 서구나 북미의 길을 더 이상 따라갈 수 없게 되었을 뿐만 아니라, 우리 자신의 과거 '황금 시대'로 돌아가는 것 역시 불가능하게 되었다. 『시경(詩經)』의 시대나 당송(唐宋)시대는 사회문화적으로 찬란하게 빛났던 시대지만, 아무리 휘황찬란했다 하더라도 그때로 돌아갈 수는 없다. 따라서 지금은 소강 사회든 조화로운 사회든 모두 미래를 향한 것이어야만 한다.

그렇다면 어떻게 해야 미래를 향할 수 있는가? 천리 길도 한걸음부터이니, 지금 당면한 문제로부터 이야기를 시작해야 한다. 출발은 '초급단계'일 수밖에 없다. '조화'를 이야기한다고 금방 사회 모순이 사라지는 것도 아니고, 도농 간 격차나 동서 간 격차가 해결되지도 않는다. 루쉰[魯迅]이 말했듯이, 아무리 간절히 원한다고 해도 자신의 머리카락을 들어 올린다고 하늘로 날아오르게 되지는 않는 법이다. 지금 우리가 당면한 것은 '날아오르느냐 마느냐'의 문제가 아니다. 다음으로는 자신과 남을 대조해서 보아야 한다. (따라서 대외 개방이 필요하다.) 그런데 대조를 하자면, 기본적으로 누구를 참조할 것인가라는 문제가 생긴다. 영국을 위주로 하여(영미 또는 북미를 포함하여) 그들의 발전의 길을 가장 기본적인 참조의 대상으로 할 것인가, 아니면 다른 사회를 참조할 것인가? 현재 우리의 머릿속에는 '제3세계' 또는 '개발도상국'에 대한 생각이 거의 없다. 그저 '선진국'이 어떻게 성공적으로 발전했는가에 대한 관심만 있을 뿐, 우리 주변의 태국이나 인도 등을 살펴보는 경우가 거의 없고, 아프리카는 더 말할 나위도 없다. 물론 일본이나 '네 마리 용'[23]의 성공에 관해서는 관심을 둔다. 그러나 그들은 사실상 미국이 전쟁 후에 재편한 경제-정치-군사 질서 속에서 성장한 존재이다. 일본과 '네 마리 용'의 성공 이면에는 여러 가지 특별한 원인이 있고, 그 성공은 기본적으로 되풀이될 수 없는 것이다. 예를 들어, 일본은 패전 후 미국의 군사적 통제를 받게 되면서 곧 냉전의 전초기지가 되었고, 침몰하지 않는 '항공모함'으로 변신했다. '네 마리 용'은 그 항공모함에 부속된 배들이다. 중국대륙처럼 큰 존재가 누구에게 부속될 수 있겠는가? 서구가 '적수'로 여긴다고 해서 소련에 부속될 것인가? 어쨌든 한쪽으로 치우쳐서는 안 된다. 스스로 독립과 주권을 확고히 해야 그런 곤경에서 벗어날 수 있다. 전쟁 후의 라틴아메리카나 아프리카, 중동 등을 보면 성공한 사례가 거의 없다. 그리고 대부분이 종속성이라는 새로운 문제를 안게 되었다. 남을 참조의 대상으로 삼는 것은 필요하지만, 결국 각자의 특수한 역사적 맥락에 근거하여 자신만의 발전 모델이나 발전의 길을 찾아야 한다. '중국적 특색'의 길이 바로 그것이다. 기계적으로 '세계를 따라갈 것인가 말 것인가'가 중요한 문제는 아니다.

중국이 지난 20여 년 동안 걸어온 길을 (정치적, 문화적인) 편견을 갖지 않고 본다면, 그것이 자신만의 독자적인 길이었음을 인정하지 않을 수 없을 것이다. '중국적 특색'이라고 해도 좋고, '초급단계'라고 이름 붙여도 무방하다. 어쨌든 기존의 그 어떤 모델도 따라가지 않았다

는 사실만은 분명하다. ('컨센서스'라고 한다면, 이것도 기본적인 컨센서스라고
할 수 있다.)

이 사실을, 또는 좀 더 엄밀히 말하자면 이 실천을 우리의 '사회과
학'은 아직 진지하게 받아들이지 않고 있으며, 그것을 설명하기 위한
개념조차 내놓지 않고 있다. 현재의 '소강사회'나 '조화로운 사회'라는
개념은 학계에서 나온 것이 아니다. 그렇지만 1930년대에 제기된 '구
체적인 실천', '연안(延安)의 길' 등의 개념이나 개혁 이후에 제기된 '중
국적 특색', '초급단계' 등의 개념과 마찬가지로 이 개념들도 일단 제기
된 이상 단순히 정치적인 구호나 수사로 치부해서는 안 된다. 이런 개
념들은 학술적인 측면에서 보더라도 상당히 중요한 의미를 담고 있으
며, 논의할 만한 가치가 있다. 서구의 개념이나 모델을 단순하게 답습
한 것이 아니기 때문이다. 또한 이 개념들은 그저 현실을 서술하는 데
그치지 않고, 우리 현실 속에서 설득력과 생명력을 갖는 분석적 개념
으로 자리 잡게 될 가능성이 크다.

우리 학계가 지난 20여 년 동안 이론적, 사상적, 학술적 측면에서 분
석력과 설명력을 갖춘 물건을 내놓은 적이 있는가? 본래 '소강'이니 '조
화'니 하는 개념은 단지 구호나 목표에 그치지 않고, 그 자체로 현실을
분석하는 힘을 갖추고 있는 개념이다. 그것으로 중국이 당면한 현실을
설명한다면 기존과는 완전히 다른 인식이나 서술이 가능할 것이다. 색
안경을 끼고 꼬투리 잡듯이 중국의 문제점을 들춰내지만 않는다면, 실
제 상황은 완전히 다르게 보일 수 있다. 중국에서 전개된 수많은 생생
한 경험과 독특한 방식 속에는 기존과는 상이한 유형의 발전 가능성이
잠재해 있다. 따라서 '초급단계', '중국적 특색', '소강사회', '조화로운

사회' 등과 같은 개념이 현실을 설명하고 분석하는 개념으로 자리 잡게 된다면, 그리고 그것으로 우리가 실제 경험하는 세계를 바라본다면, '중국'의 상황이 정말로 단순하지 않음을 깨닫게 될 것이다.[24]

우리의 사회과학은 그저 모두가 다 아는 문제들을 단순히 나열하면서 대단한 '발견'이라도 한 듯이 행세하는 것이어서는 안 되고, 이런 문제들을 기존의 개념이나 이론(서구나 북미의 경험을 기초로 한)으로 적당히 포장하면서 '분석'을 했다고 주장하는 것이어서도 안 된다. 극단적으로 말하자면, 그렇게 나열하는 '문제'들은 택시기사들이나 아이스크림을 파는 할머니들도 다 아는 '상식'일 뿐이다. 그런데도 빠르기로 치면 매스컴보다 빠르지 않고, 정확함으로 치면 통계부서보다 정확하지 않으며, 깊이로 치면 일선에서 근무하는 공무원들보다 깊이 있게 이해하지 못하는 '문제'들을 나열한 뒤, 머리를 쥐어짜서 '만병통치약'을 만들어낸다. 경제도 발전시키고, 삼농(三農)문제[25]도 해결하고, 개혁개방도 하고, 도시화도 가속화하겠다는 것이다. 또한 이런 저런 문제들을 볼 때마다(그렇게 모아놓으면 '문제가 산더미'이기는 하다) 이것도 남보다 못하고 저것도 남보다 못하다고 스스로를 비하하니, 선택할 수 있는 길은 오직 한 가지(영국식의 공업화와 도시화) 뿐이다. "그 길을 따르면 흥할 것이요, 그 길을 거스르면 망하리라!" 그 길로 가기 위해서라면 자연을 정복하고 남에게 해를 끼치며 환경을 오염시켜도 합리화되고, 격차가 아무리 벌어져도 합리화되며, 아무리 형편없는 일이라도 모두 합리화된다. 사실 세상에는 절대로 합리화될 수 없는 일이 있다. 침략과 같은 행위가 어떻게 합리화될 수 있는가? 오늘날 침략행위가 벌어진다면 아무리 그럴듯한 명분을 내건다고 하더라도 그 이면에 권력과 이익이 깔려 있음을 모를 사람은 없을 것이다. 게다가 우리의 경우는 침략을 원하든지 원하지 않든지 상관없이, 이미 침략을 할 기회조차 없다. 식민지를 개척하는 것은 말할 것도 없고, 사람들을 강제로 이주시키는 것조차 어렵다. 인권이 중시되는 시대가 아닌가! 거주이전의 자유가 있는 사람들을 어떻게 억지로 움직이겠는가? 10억이 넘는 사람들을 어디로 보낼 수 있는가? 10억은 고사하고 1억 명, 아니 1천만 명을 보내는 것도 불가능하다. '자유시장'을 이야기하지만, 시장의 가장 중요한 요소라고 할 수 있는 노동자들은 자유롭게 유동시킬 수 없다. 따라서 중국은 자신의 길을 갈 수밖에 없다. 각종 모순을 스스로 소화해서 내부적으로 해결하는 길을 가야만 한다. 환경 파괴나 미흡한 복지 등의 문제들도 이런 배경을 전제로 설명해야 한다. 내부 모순을 외부로 전가할 수 없는 상황에서, 이런 문제들을 스스로 떠맡지 않는다면 달리 무슨 방법이 있겠는가? '내향적 정체화(內卷化, involution)'[26]니 '균등하게 나눠먹기(大鍋飯)'[27]니 하는 것도 사실상 이를 스스로 소화하는 불가피한 과정이라고 할 수 있다. 서구 경제학의 기본적인 틀로 살펴보면, 중국이 이렇게 많은 인구를 먹여 살리는 것은 불가능하다. 투입-산출, 효용-원가 등 어떤 측면으로 분석하더라도 현재와 같은 상황이 가능해지지 않는다. 그런 논리에 따르면 중국은 벌써 파산했거나, 아니면 다른 나라를 침략하는 제국주의의 길로 갔을 것이다. 그런데 어떻게 파산하지도 않고, 침략의 길로 가지도 않았을까? 즉 서구사회가 말하는 이러저러한 '위험선'들을 중국에 그대로 적용할 수는 없다.[28]

사람은 많고 땅은 좁은 중국의 상황은 독특한 고유의 문화를 낳았다. 우리가 자랑스럽게 생각하는 강남(江南) 문화[29]는 그 대표적인 예이다. 오랜 시간동안 전개되어 온 중국의 실천은 개인 단위의 '투입-산출, 효용-원가'의 틀로는 온전하게 설명할 수 없다. 인구는 많고 땅은 비좁은 강남 일대가 어떻게 수백 년 동안 고도의 문명 형태를 발전시켜 올 수 있었는가? '하늘에는 천당이 있고 땅에는 쑤저우와 항저우가 있다'는 말이 생길 정도로 사람들이 부러워하는 삶의 방식을 만들어낼 수 있었는가? 과밀화, 좁은 토지에 과잉 인구를 특징으로 하는 그런 생산과 삶의 방식은 개인 단위의 투입, 산출, 효용 등으로 따져보면 매우 비합리적이다. 좁은 토지에 세 명의 형제가 달라붙어서 경작을 하는데, 한 사람이 하면 5백 근, 두 사람이 하면 8백 근, 세 사람이 하면 도합 1천 근이 생산된다. 투입 대비 산출의 논리로 따져보면, 사람이 늘어날수록 1인당 생산량이 줄어드는 것이니 말이 되지 않는다. 그러나 개인을 단위로 하지 않고 가족 전체를 단위로 해서 따져보면 어떻게 되는가? 한 가족 7~8명이 먹고 살기 위해 형제 3명이 달려들어서 경작을 하는데, 혼자 하면 5백 근밖에 생산하지 못하지만, 두 명이 하면 8백 근, 세 명이 하면 1천 근이나 생산할 수 있다. 전체 가족을 단위로 해서 따져보면 말이 되는 것이다. 지역 발전이나 지역 문화도 이런 관점으로 바라보아야 한다. 여러 문명 형태를 포함한 중국 전체의, 땅은 좁고 인구는 과잉인 데 따른 역사적 제약이 상호 협력하는 문화적 기초를 만들어냈다. 상호 협력하는 것이 도덕적으로 바람직하거나 필요해서가 아니었다. 객관적인 사회 여건이 가(家), 족(族), 단(團), 대(隊), 사(社), 군(群) 등을 낳은 것이다. 이를 이전에는 윤리를 근본으로 하고 가정을 본체로 하는 예속사회(禮俗社會)[30]라고 불렀다.

여기서 '소강사회'나 '조화로운 사회'를 이야기하는 것이 듣기 좋은 말을 가지고 수사적 유희를 하자는 것은 아니다. 그런 개념을 분석의 틀에 집어넣을 수 있을지 따져보자는 것이다. 물론 조화로운 사회의 건설을 이야기하기 위해서는 현실적인 근거가 있어야 한다. 새로운 발전관이 제기하는 전면적이고 조화로우며 지속가능한 발전을 위해서는 다섯 가지 총체적인 계획, 즉 경제와 사회, 인간과 자연, 도시와 농촌, 동부와 서부, 중국의 발전과 외부 세계에 관한 총체적인 계획이 필요하다. 그 논리가 세워지지 않으면 조화를 이루기는 어렵다. 조화로운 사회를 건설하려면 정책 입안 측면 및 실행 측면에서 많은 일을 해야 하지만, 그것 못지않게 인지의 측면에서도 해야 할 중요한 일이 많다. '소강사회'도 좋고 '조화로운 사회'도 좋은데, 도대체 '사회'란 무엇인가? 단순히 개인들이 모인 것인가, 아니면 유(類)의 개념 또는 집합의 개념인가? 인간은 무리를 이루는 동물이다. 생물학적이나 경제적으로도 그렇고, 사회적이나 문화적으로도 그렇다. 대부분의 경우 사회를 단순히 개인으로 환원할 수는 없다. 단지 '경제적 인간'으로 환원하는 것도 그렇고, 개인적 이익을 최대화하려는 개인으로 환원하는 것도 말이 안 된다. 이는 동서를 막론하고 가장 기본적인 이치이다. 노자나 공자는 물론이고, 아담 스미스나 마르크스도 당연히 그렇게 생각했다. 따라서 어떤 사회의 상태를 보려면 1인당 평균 수입이나 1인당 평균 GDP, 1인당 평균 이윤뿐만 아니라 그 사회의 신뢰, 친밀도, 안전성, 응집력, 질서 등을 총체적으로 고려해야 한다. 이런 것들은 하나의 총체로서 존재하고 의미를 갖게 되는 문제이다. 즉 서로 관계가 형성되어 하나의 사회(또는 하나의 집단)가 만들어졌을 때 비로소 이런 것들을 이야기할 수 있다. 뒤집어 말하면, 이러한 것들이 있기 때문에 인간은 로

빈슨 크루소가 아니라 함께 모여 사는 사회적 동물이 된다. 마르크스가 이야기했듯이, 인간은 로빈슨 크루소처럼 살 수 없다. 인간과 인간 사이에 상호 관계, 상호 연관이 있어야 비로소 '군(群)', '대(隊)', '사(社)'가 만들어지고, '군'과 '군' 사이에 연관도 생겨나게 된다. 만약 모든 것을 개인으로 환원한다면, 우리 사회의 현실을 곡해할 수밖에 없다.

우리가 지금 '소강'이나 '조화'와 같은 개념을 '사(社)', '군(群)', '단(團)', '대(隊)' 등과 마찬가지로 중국을 새롭게 인식하는 분석의 틀이나 '방법(paradigm)'으로 변화시킨다면, 오염을 되풀이하고 격차를 벌리며 차이를 확대하는 서구의 오류를 반복하지 않을 수 있고, 자신을 해치고 남을 기만하는 일을 되풀이하지 않을 수 있다. 좁은 땅으로 수많은 사람들을 먹여살려온 이 현실을 '중국적 특색'으로 정리하고, 독자적인 개념과 이론으로 그것을 명확히 설명한다면, 이는 정말 대단한 학문이 될 것이다. 그러면 중국은 이래서 안 되고 저래서 안 된다는 식의 자조에서 벗어나, 이곳에서 전개되어 온 수많은 생생한 경험과 독특한 방식을 기존과는 다른 대안적인 발전의 가능성으로 제시할 수 있을 것이다. 그것은 중국의 경험으로 그칠 일이 아니다. 인도나 아프리카 등도 곧 서구나 북미에서 만들어진 이론의 해석력이나 합리성에 얼마나 문제가 많은지 발견하게 될 것이다.[31]

중국이 당면한 문제로 다시 돌아오자. 연구자라면 모름지기 어려움이 있어도 계속 도전해야 한다. 설명이 되지 않는 역설에 직면하더라도, 어떤 것이든 회피하지 않으려는 이론적 용기를 가져야 한다. 황중즈黃宗智가 『중국사회과학(中國社會科學)』과 『독서(讀書)』에 두 부분으로 나누어 실은 글 「역설적인 사회와 현대 논리[悖論社會與現代邏輯]」에서 사용한 '역설(paradox)'이라는 개념은 중국어에는 존재하지 않는 의미이다. 영어에서 'paradoxical'은 '보기에는 말이 되지 않는데, 현실적으로 존재하며 통용된다'는 의미이다. 황중즈는 중국 사회를 'paradoxical'한 사회라고 설명했다. 서구의 논리로는 설명되지 않는 사회라는 뜻이다. 개인과 사회, 투입과 산출, 인간과 자연 같은 서구식 논리로 바라보면 중국은 이미 붕괴되었어야 하지만, 현실은 그렇지 않다. 그는 관건이 되는 요점을 '실천의 논리'라고 보았다. 일반적으로 우리는 이론의 논리를 가지고 있다. 그런데 그 이론의 논리가 실천과 충돌하면 당연히 실천을 존중해야 한다. 이론적으로는 말이 되지 않는데 실천에서 가능한 것으로 확인되었다면, 이론이 틀린 것이니 다른 이론으로 그것을 대체해야 마땅한 일이다. 당대 중국에서 서구의 이론에 문제가 많음을 발견한 이들 가운데 일부는 공자와 유가(儒家)의 전통으로 돌아가려 했다. 비록 유가의 전통으로 단순하게 회귀하는 것은 어려운 일이지만, 전통 속에 가치 있는 것들이 적지 않게 존재함은 분명한 사실이다. 21세기 초 중국에서 성당(盛唐)이나 춘추(春秋) 시기로 돌아가는 것은 당연히 불가능한 일이다. 그런데 만청 이래의, 그리고 혁명 이래의 현대적 전통을 홀시하는 것은 무엇 때문인가? 토지개혁의 전통, 문맹퇴치의 전통, 협력의료의 전통 등은 뛰어난 가치를 지닌 것이 아닌가? 법치제도를 정립하는 과정에서 법정소송에만 매달리지 않고 민사조정의 방식을 활용하는 것은 대부분의 경우 중국의 현실에 훨씬 더 부합하지 않는가? 생각을 바꾸고 당면한 문제들을 바라볼 필요가 있다. 영화 '귀주이야기[秋菊打官司]'[32] 같은 문제가 발생했을 때, 이른바 법치를 단순하게 이해하여 법을 만능적인 것으로 적용해야 하겠는가,

아니면 법률적인 방식을 그 자체로 한계가 있는 것이나 부득이할 때 사용하는 것으로, 그리고 최소한 자연적 및 사회적 조건이 맞아야 비로소 적용할 수 있는 것으로 여겨야겠는가?

인구는 많고 땅은 비좁다는 이 '제약'에 관해 이야기해보자. 사실 우리가 이것을 제약이라고 여기는 것은 '사람은 적어야 하고, 땅은 넓어야 한다'는 것을 전제로 두기 때문이다. 즉 한 사람이 수십 무(畝) 또는 그 이상의 땅을 경작해야 한다는 전제를 인정하기 때문인 것이다.[33] 그런데 인구는 많고 땅은 비좁은 것은 일종의 제약인가 아니면 기회요인인가? 최근에 몇몇 인구학자들과 토론을 할 기회가 있었다. 각각 다른 시대를 연구하는 그들이 공통적으로 발견한 것은 인구가 밀집된 지역이 대부분 경제도 가장 발전했다는 사실이다. 즉 '인구가 많은 것은 부담'이라는 식의 이론이 늘 맞는 것은 아니라는 것이다. 그들이 연구한 바에 따르면, 어느 시대든지 경제가 가장 발전한 곳은 인구가 가장 조밀했다. 고대 그리스 이래로 거의 모든 사례가 그런 사실을 뒷받침한다. 그러니 인구가 많다는 것을 꼭 나쁜 일이라고 하겠는가? 이 토론은 명확하게 이론적인 시각으로 전개한 것이지, 경험적인 수준에서 모두가 아는 몇 가지 현상을 나열한 것이 아니었고, '투입-산출'이나 '원가-효용'이나 이익극대화 따위의 논리를 단순하게 적용하여 구체적인 실천을 트집 잡는 식 또한 아니었다.

이런 시각으로 전면적이고 조화로우며 지속가능한 발전을 바라보고, 소강사회와 조화로운 사회를 이해한다면, 다양한 문명 형태와 다양한 문화를 포괄하고 있는 전체 중국의 경우, 인구가 많고 땅이 비좁다는 현실은 한편으로 역사적 제약이지만 다른 한편으로 상호 협력을 배태하는 토대라고 할 수 있다. 그렇다면 이런 문명의 경우 사회관, 세계관, 천하관은 어떤 것이어야 하는가? 페이샤오퉁(費孝通) 선생이 언급한 '차등적 친소 구조(差序格局)'[34]와 '다원일체(多元一體)'는 서구의 '민족국가-현대화 / 공업화' 개념에 대한 맹목적인 추종도 아니었고, 단순하게 이상을 논하거나 미래를 동경하는 것도 아니었다. 그것은 어떻게 하면 '다원(多元)'을 통해서 '일체(一體)'를 추구할 수 있는가, 그리고 어떻게 하면 '합이부동(合而不同)'에 도달할 것인가를 탐구하는 시도였다. 그것은 분석이자 해석이었다. 진정으로 창조적인 학술은 바로 이런 데서 생겨나는 것이다.

사실 조화로운 사회라고 해도 상관없고 소강사회라고 해도 상관없다. 새로운 발전관이나 다섯 가지 총체적인 계획이라고 해도 역시 상관없다. 모두가 새로운 사고를 포함하고 있는 것이기 때문이다. 우리의 사회학, 우리의 사회과학이 현실의 변화조차 제대로 따라가지 못하는 마비된 상태에 처해 있어서는 안 된다. 현장 업무에 종사하는 사람들은, 과거에는 무조건 고성장이 최고였지만 에너지 과소비와 오염의 심화를 대가로 하는 그런 고성장 모델이나 정부의 투자에 의해서만 움직이는 모델은 결코 지속될 수 없다고 입을 모아 이야기한다. 모두가 그런 위기의식을 가지고 있고 혁신하려는 의식을 가지고 있는데, 우리 학자들만 여전히 공업화, 도시화, 현대화(전통사회를 현대사회로 변화시켜야 하고, 농촌을 도시로 변모시켜야 한다는 식의) 등과 같은 낡은 개념으로 오늘날의 변화를 설명하려고 한다. 우리가 너무 둔감한 것은 아닌가?

중국런민대학출판사(中國人民大學出版社)에서 출판된 『2004년도 학술(2004年度學術)』에 실린 글에서 아리기(Giovanni Arrighi)는 중국의 발전이 사실상 서구의 발전과는 다른 새로운 모델을 제시했다고 주장한다. 그는(다른 사람들과 더불어) 중국의 발전을 '산업혁명(industrial revolution)' 덕분이 아니라 '근면혁명(industrious revolution)' 덕분이라고 여긴다. 중국은 영국과 같은 산업화를 거치지 않았고, 그런 길을 가지도 않았다. 왜 그런 길을 가지 않았는가에 대해서는 객관적으로 여러 가지 설명이 가능하다. 어쨌든 그 결과로 배태된 것은 또 다른 형태의 문명 및 발전한 예술이었다. 성당(盛唐) 이래의 경제와 시장을 만들어낸 것은 인민의 근면이었다. 당시 중국의 경제와 시장의 수준은 세계 최고였다. 당시에만 최고였던 것이 아니라, 19세기 전반기 유럽의 경제와 시장 수준에 비교해도 더 높았다. 그러다가 만청 시기 '대분기점(The Great Divergence)' 이후 영국이 산업혁명을 겪게 되자, 근면혁명의 전통은 끊어진 듯 보였다. 중국 역시 산업혁명의 길을 따라가지 않을 수 없는 상황이었다. 이에 대해 아리기는 이렇게 말한다. "중국의 상황에서 자신의 근면혁명의 전통을 버리고 산업화의 길로 가는 것은 현실적으로 얼마나 가능한 일인가? 또한 제국주의의 길을 따라가고 자본주의의 길을 따라가는 것은 역사적으로 도대체 얼마나 가능한 일인가? 중국의 풍부한 전통과 경험은 지금도 완전히 되살릴 수 있다. 기초가 있기 때문이다. 중국의 문명은 완전히 단절된 것이 아니다." 그가 이 글을 썼을 때는 마침 우리가 새로운 발전관을 제시한 무렵이었다. 그는 끝으로 네 가지 점을 강조했다. 첫째, 중국이 현재 전에 없이 조화로운 발전을 중시하고 있다는 것이다. 그는 우리가 제기한 새로운 발전관, 다섯 가지의 총체적인 계획, 전면적이고 조화로우며 지속가능한 발전을 선대미문의 것으로 여겼다. 또한 설령 실천 과정에서 어떤 문제에 직면하더라도 실천을 통해 충분히 해결할 수 있으리라고 생각했다. 둘째, 중국이 전에 없이 생태환경의 중요성을 인식하고 있다는 것이다. 그런데 자연과 기본적으로 조화를 이루기 위해서는, 다른 한편으로 수억의 농민을 농업이 아닌 다른 부문에 취업하게 해야 한다. 이 과정이 자연을 약탈하고 사회를 파괴하는 과정이 되지 않게 하고, 수억의 농민을 비농업부문으로 전환시키는 것이 단순히 대도시로 유입시키는 일이 되지 않게 하는 것이야말로 중국이 직면하게 될 매우 어려운 시험이라고 그는 생각했다. 셋째, 더욱 중요한 문제는 중국의 부흥이라는 것이다. 이전에 사람들은 이런 문제를 제기했다. "중국처럼 찬란했던 문명이 왜 이렇게 몰락했는가?" 하지만 아리기는 정 반대의 문제를 제기한다. "만청 이래로 몰락한 것처럼 보였던 문명이 어떻게 그 짧은 시간 내에 부흥할 수 있었는가?" 그 이면에는 진지하게 연구해 볼 만한 많은 문제가 내재해 있다. '중국적 특색' 또는 '중국의 길'이 어떤 작용을 했는가와 같은 문제가 그것이다. 넷째, 선진국들이 모두 중국의 부흥을 바란다고 생각해서는 안 된다는 것이다. 그들은 아마 어떤 대가를 치르더라도 중국의 부흥을 가로막으려고 할 것이다. 그런 방해가 어떤 재앙과도 같은 결과를 초래할지 현재로서는 분명히 알기 어렵다. 하지만 중국은 적어도 한 가지 사실만은 확실히 알고 있어야 한다. 자신의 발전이 환경을 파괴하고 조화를 파괴하고 사회적 격차를 확대하면 할수록, 자신의 부흥을 가로막는 행위에 더 많은 명분을 주게 된다는 사실이다.[35]

그렇다면 중국적 특색을 지닌 발전의 길이란 도대체 어떤 것인가? '베이징 컨센서스'가 아니라면 '중국의 경험'인가? 그것에는 무슨 특별한 점이 있는가? 나는 최근 참석한 국제역사학대회(CISH)에서 '동아시아의 또 다른 현대성'이라는 주제를 놓고 토론할 때, 이와 관련하여 한 가지 명제를 제시한 바 있다. 그것은 다음과 같은 몇 가지 층위의 (비교적 'hard(硬)'한) 의미를 포괄한다. 즉 중국은 ① 10억이 훨씬 넘는 인구가 ② 거의 30년 동안 ③ 매년 평균 8% 이상의 GDP 성장률을 기록했으며, 같은 기간에 ④ 거의 3억이 넘는 농촌인구가 절대빈곤에서 벗어났고, ⑤ 2억 명 이상이 (해당 지역이나 또는 다른 지역에서) 비농업부문으로 전환을 실현했으며, ⑥ 파급력이 비교적 큰 내부 혼란(혁명, 봉기, 폭동, 자연재해)이 일어나지 않았고, ⑦ 대규모 해외 이민, 식민지화, 전쟁, 침략 등이 발생하지도 않았으며, 발전이 지속되는 가운데 자기조정을 수행하고 있고, ⑧ 새로운 발전 전략을 제기하여 전면적이고 조화로우며 지속가능한 발전을 추구함으로써, ⑨ 조화로운 사회, 즉 민주와 법치, 평등과 정의가 실현되는, 질서 있고 안정적이며 활력이 충만한, 인간과 자연이 상호 조화를 이루는 사회를 건설하고 있다는 것이다. 이는 영국이 공업화를 이룩한 이래, 더 나아가 유사 이래로 한 번도 전례가 없었던 일이라고 할 수 있다.

물론 여기서 나열한 것은 모두가 외면적으로 드러나는 'hard'한 표지들이다. 더욱 중요한 것은 'soft(軟)'한 역량이다. 그것이 없다면 아무리 'hard'한 것이라 하더라도 실현될 수 없다. 그렇다면 'soft'한 역량이란 무엇을 가리키는가? 현재 가장 많이 언급되는 것으로는 '사회자본', '문화자본' 같은 것을 들 수 있고, '관계'나 '네트워크' 같은 것도 비교적 중시되고 있다. 하지만 이것들은 모두 수입된 개념이다. 우리 자신이 가지고 있는 가장 유력한 것으로는 유형무형의 각종 사회조직을 들수 있다. 가족이나 친족, 종족 같은 전통적인 조직 형태는 물론이고 촌

위원회[村委會], 부녀연맹[婦聯], 당(黨)지부 같은 것들이 거기에 포함된다. 종자협회나 양돈소조(養猪小組) 같은 새로운 협력조직이나 기술조직도 좋은 예로 들 수 있다. 이런 조직의 이면에는 수많은 일체화 및 교류의 가치, 그리고 윤리가 내재해 있다. '중국적 특색'이란 이런 특징을 가지고 있는 제도와 문화를 포괄하는 것이다. 그 가운데 가장 중요한 덕목은 바로 '사람을 근본으로 삼는다[以人爲本]'와 '덕으로써 나라를 다스린다[以德治國]'이다.

거의 30년 동안 고속성장을 지속하여 현재에 이른 상황에서, 우리가 당면한 가장 중요한 문제는 다음과 같다. 첫째, 이런 성장의 추세를 이어가면서, 성장의 방식을 지속가능한 쪽으로 전환시키는 것이다. 둘째, 사회정의의 문제를 해결하고, 더욱 많은 사회계층과 인민대중이 발전의 열매와 개혁의 성과를 누리도록 하는 것이다. 셋째, 새로운 이데올로기의 지도적 지위를 확립하고, 사람들이 가장 기본적인 정치윤리와 질서에 대해 내면으로부터 동의하도록 하며, 스스로 원해서 그것을 준수하게 하는 것이다. 중국이 이런 길로 계속 나아갈 수 있다면, 그래서 30년, 심지어 300년을 전진할 수 있다면, '다원일체, 합이부동(多元一體, 合而不同)'이 단순히 이상(理想)에 그치지는 않을 것이다. 그렇다면 그것을 '중국의 길'이라고 부르든 '중국의 실천'이라고 부르든, 또는 '중국의 경험'이라고 하든지 '중국적 모델'이라고 하든지 무슨 상관이 있겠는가?

2005년 7월 15일

1 미리 정해진 경로나 따를 만한 모델이 없는 상황에서, 현실에 직면하여 나아갈 길을 조심스럽게 개척한다는 뜻. '摸着石頭過河'는 흔히 '돌다리도 두드려보고 건넌다'라고 번역된다. 그러나 이미 있는 다리를 신중하게 건넌다는 의미보다는, 강물에 다리가 없는 상황에서 발밑을 더듬어 길을 만들어가며 건넌다는 의미로 이해해야 한다는 점에서, 단순히 '돌다리도 두드려보고 건넌다'라고 번역하는 것은 적절치 않다. (역자 주)

2 조슈아 쿠퍼 레이모, 「베이징 컨센서스」, 이 책의 61쪽.

3 이런 점에서 볼 때, '워싱턴 컨센서스'는 '신고전경제학'에 비해서는 말할 것도 없고, '신자유주의'에 비해서도 훨씬 더 새롭고 협소한 개념이다.

4 정식으로 발표되었을 때 이 구절은 글의 중간 부분으로 옮겨졌다.

5 중국의 관영 통신사인 신화사(新華社)가 발간하는 해외소식 전문 신문. (역자 주)

6 이런 상황은 현재에 이르러도 전혀 달라지지 않았다. 심지어 각종 판본의 '중국위협론'이 나오고 있는 실정이다. 레이모의 「베이징 컨센서스」는 이런 문제에 대한 일종의 반론이라고 할 수 있다.

7 중화인민공화국 정부가 매년 초 열리는 양회(兩會, 전국인민대표대회와 중국인민정치협상회의)에서 발표하는 사업보고서. (역자 주)

8 수많은 개발도상국가 가운데 전면적인 토지개혁을 실행에 옮긴 것은 아마도 중국뿐일 것이다. 이 성과는 현재까지도 이어지고 있지만, 그러나 우리는 그것의 의의를 제대로 인식하지 못하고 있다. 만약 토지개혁이 없었더라면 오늘날의 중국에는 땅과 일자리와 집이 없는 유랑민들이 넘쳐났을 것이다.

9 세 가지 소유형태란 인민공사, 생산대대, 생산대를 가리킴. (역자 주)

10 따자이는 본래 산시(山西)성 시양(昔陽)현의 산촌이지만, 여기서는 따자이 인민공사의 한 생산대대를 가리킨다. 농업 합작화 시행 이후 해당 합작사원들이 분발하여 식량 생산량을 일곱 배로 늘리자, 마오쩌둥의 지시에 따라 '공업은 따칭을 배우고 농업은 따자이를 배우재工業學大慶, 農業學大寨]'는 운동이 전국적으로 전개되었다. (역자 주)

11 '황하를 건너자'는 구호는 북방에서 농업생산량을 황하 이남 수준인 1무(畝) 당 200kg 이상으로 늘리자는 내용이고, '장강을 건너자'는 구호는 남방에서 농업생산량을 장강 이남 수준인 1무 당 400kg 이상으로 늘리자는 내용이다. (역자 주)

12 중국의 토지는 1950년대 합작화 시행 이후 인민공사의 집단 소유가 되었고, 인민공사가 해산된 이후에는 향촌공동체의 집단 소유가 되었다. 책임청부생산제는 해당 지역 향촌공동체의 집단 소유인 농지를 각 농민 가구에게 위탁 배분하여 개별적으로 책임 생산하게 한 제도이다. 1978년 중국공산당 제11기 3중전회 이후 전개된 개혁개방의 제도적 시발점이 되었다. (역자 주)

13 개혁개방을 전개하면서 중국공산당은 향후 경제를 온포(溫飽), 소강(小康), 대동(大同)의 세 단계로 발전시키겠다는 목표를 공표했다. 21세기가 되기 전까지 실현하겠다는 온포의 단계는 빈곤을 해소하여 먹고사는 데 지장이 없게 되는 수준을 말한다. 소강은 공자(孔子)가 초급 수준의 이상적 사회라고 말한 단계로서, 모든 인민이 생활의 여유를 누릴 수 있게 되는 정도를 가리킨다. 대동은 문명화가 완성되고 경제적으로도 부유해진 이상적 사회이다.

(역자 주)

14 science, 즉 과학을 뜻함. (역자 주)

15 democracy, 즉 민주를 뜻함. (역자 주)

16 100여 년간의 전쟁과 동란, 그리고 수십 년 동안의 대규모 '현대화' 과정을 겪으면서 무수한 문물들이 사라졌지만, UN의 「인류문화유산 목록」을 자세히 살펴보면 중국은 이미 세계 2위 또는 3위의 (이태리에만 뒤진) 보유국이다. UN의 제한만 없었더라면 아마도 벌써 1위가 되었을 것이다.

17 유럽에서, 적어도 프랑스에서 사람들은 1970년에 베이징을 방문한 퐁피두 대통령이 '프랑스 혁명을 어떻게 생각하는가?'라고 물었을 때 저우언라이 총리가 대답한, 역사의식과 철학적 의미가 풍부한 다음과 같은 답변을 지금까지도 종종 인용하고 있다. "프랑스 혁명이 벌어진 지 채 200년도 되지 않았습니다. 평가를 하기에는 아직 너무 이릅니다."

18 David Piachaud, 「鴉片與煙草」, 『讀書』, 三聯書店, 2005.

19 서구 역사에서 전쟁(warfare)과 복지(welfare)가 갖는 미묘한 관계에 대해 진지하게 탐구하는 이는 별로 없다. 서구가 내부적 모순을 어떻게 전쟁이나 식민지화 등을 통해 외부로 전가하는가, 그리고 그것을 통해 내부적으로 민주와 인권 등을 대폭 확대하는가에 관해서는 G. Arrighi and B. Silver, *The Long Twentieth Century*, verso, 1994 참조. 서구의 산업화, 도시화, 합리화, 민주화는 사실상 매우 중요한 역사적 과정을 은폐하고 있다. 즉 대내적인 합리화, 민주화와 대외적인 확장, 침략은 시간적으로 일치할 뿐 아니라, 논리적으로도 상호 보완관계를 이루고 있다. 물론 역사적으로 전쟁은 어느 시대에나 빈번하게 발생했고 그 양상 역시 피비린내 나는 것이었다. 다만 여타의 전쟁과 근대 산업화 이후의 전쟁은 완전히 차원이 다르다. 그 이유는 간단하다. 산업화 이후라야 폭력 역시 산업화(industrialization of violence)가 되기 때문이다. 대공업과 대기업이 고도로 조직화하여 실시하는 폭력은 역사상 전대미문의 것이었다(A. Giddens, *The Nation-State and Violence*, University of California Press, 1987 참조).

20 덩샤오핑, 「중국은 사회주의의 길로 가야만 한다中國只能走社會主義道路」, 『덩샤오핑문선』 제3권, 런민출판사人民出版社, 1993, 208쪽. 덩샤오핑은 또한 이렇게 말했다. "사회주의가 우월한 가장 큰 이유는 함께 부유해질 수 있다는 것입니다. 이것이 사회주의의 본질을 체현하는 것입니다. 양극화를 방치한다면 상황은 완전히 변하게 됩니다. 민족모순, 지역 간 모순, 계급모순이 격화될 것이고, 그에 상응하여 중앙과 지방 사이의 모순도 커질 것입니다. 그리고 혼란이 벌어질 것입니다."(덩샤오핑, 「때를 잘 이용하여 발전의 문제를 해결하자善于利用時期解決發展問題」, 『덩샤오핑문선』 제3권, 런민출판사人民出版社, 1993, 364쪽).

21 공업과 농업, 도시와 농촌, 정신노동과 육체노동에 대한 차별 (역자 주)

22 '採菊東籬下, 悠然見南山.' 남북조 시대 시인 도연명(陶淵明)의 시에 나오는 구절. (역자 주)

23 한국, 대만, 홍콩, 싱가포르. (역자 주)

24 미조구치 유조溝口雄三는 『방법으로서의 중국』에서, 일본 학술계가 오랫동안 유럽을 기준으로 삼아 세계(아시아와 일본을 포함한)를 보아왔고, 유럽을 기준('방법')으로 삼아 세계 / 아시아를 봄으로써 세계 / 아시아가 하나의 틀로 굳어졌다고 설명하고 있다. 그리고 만약 중국을 '방법'으로 삼아 세계 / 아시아를 바라본다면 세계 / 아시아는 다른 모습이 될 것이라고 주장한다. 최근 천광싱[陳光興]도 『방법으로서의 아시아』라는 책에서, 중국 또한 유럽중심적인 시각을 탈피하여 자주적인 시각으로 아시아와 세계를 바라보아야 한다고 서술하고 있다.

25 농촌, 농업, 농민 문제를 아울러 이르는 개념. 1996년에 경제학자 원톄쥔[溫鐵軍]이 처음 제

기하여, 2000년대 초반부터 중국공산당과 정부의 핵심 의제가 되었다. (역자 주)

26 미국의 인류학자 클리포드 기어츠(Clifford Geertz)가 자신의 저서『농업의 내향적 정체화(*Agricultural Involution*)』에서 처음 제기한 개념. 어떤 사회 또는 문화가 일정 수준의 발전 단계에 도달한 이후 상위의 모델로 더 이상 발전하지 못하고 정체되는 현상을 가리킨다. 중국의 사회학자 황쭝즈[黃宗智]와 미국의 역사학자 프라센지트 두아라(Prasenjit Duara)가 이 개념을 사용하여 중국의 경제발전과 사회변화를 설명하면서 중국 학계에 널리 확산되었다. 중국에서는 '과밀화'로 번역되기도 한다. (역자 주)

27 분배 측면의 평균주의를 형상화한 표현. (역자 주)

28 이른바 '위험선'이라고 하는 것은 대부분 말도 안 되는 것들이다. 얼마를 넘어서면 위험선이고, 얼마에 도달하면 진보라는 식의 설명은 역사적, 문화적, 심리적 요소를 도외시한 발상이다. 서구사회나 기타 지역에서는 아무런 문제도 되지 않는 것이 중국에서는 심각한 문제가 되는 경우가 있다. 노동자들의 실직[下崗]이 대표적인 예이다. 자본주의 사회에서 '실업'은 자연스러운 현상이고 불가피한 구조적 문제이지만, 중국의 경우는 상황이 다르다. 그래서 정부가 대규모의 '재취업계획'을 주도적으로 시행하는 것이다. 구걸 행위 역시 마찬가지이다. 어떤 사회에서 그것은 익숙한 현상이지만, 중국의 경우 최소한 대규모의 구걸 행위는 용납되지 않는다. '체면'을 중시하는 중국문화가 그것을 용납하지 않기 때문이다. 물론 반대의 경우도 있다. 중국에서는 그다지 심각한 일도 아닌 것이 다른 사회-정치-문화적 배경 아래서는 큰 문제가 되기도 한다. 상이한 역사와 문화 속에 있는 사람들에게는 어떤 일이 완전히 다르게 받아들여질 수 있다. 그런데 일률적인 '위험선'이라는 것이 어떻게 존재할 수 있다는 말인가.

29 북방민족의 침입을 피해 장강(長江) 남쪽으로 이주한 한족(漢族) 중심으로 발전한 문화. (역자 주)

30 중국의 사회학자 페이샤오퉁[費孝通]이 자신의 저서『향토중국(鄕土中國)』에서, 기존의 인치(人治)와 법치(法治)를 대립시키는 관점에 문제를 제기하면서, 이른바 '법리사회(法理社會)'에 상대되는 개념으로 제기한 것. (역자 주)

31 3년 전에 보스턴에서 93세 된 원로 경제학자 갤브레이스(John Galbraith)와 대화를 나눈 적이 있다. 그는 인도 주재 미국 대사로 근무했던 경험을 이야기했다. "인도에서 대사로 몇 년을 지낸 후, 나는 내가 가지고 있던 지식의 절반은 틀린 것이고 나머지 절반은 쓸모가 없는 것이라는 사실을 깨닫게 되었습니다."

32 장이머우[張藝謀]가 감독하고 궁리[鞏俐]가 주연하여 1992년에 제작된 영화. 주인공 츄쥐[秋菊]가 자신의 남편을 때려서 다치게 한 촌장에 맞서 끈질기게 소송을 걸어 마침내 이긴다는 내용이다. 원래 제목은 '츄쥐의 소송[秋菊打官司]'이지만, '츄쥐'에 해당하는 중국어 발음 'qiuju'를 영어로 옮겼다가 다시 한국어로 바꾸는 과정에서 '귀주이야기'라는 '해괴한' 한국어판 제목이 나오게 된 것으로 보인다. (역자 주)

33 따라서 대농장 경영, 또는 토지 사유화 같은 주장이 나오는 것이다. 하지만 이러한 주장을 하는 사람들은 대농장을 만들거나 토지를 사유화한 이후 나머지 9억에 해당하는 농민들이 어디로 가야 하는지에 대해서는 대답을 하지 못한다. 어떤 이는 도시로 가면 된다고 말하기도 한다. '도시화'를 가속화하자는 이야기이다. 하지만 이는 앞에서 언급한 내용을 고려하지 않은 발상이다. 중국은 이미 5억이 넘는 사람들이 도시에 살고 있다. 영어권 국가(영국, 미국, 캐나다, 오스트레일리아, 뉴질랜드) 인구를 모두 합한 것보다 많은 수이다. 우리의 도시가 얼마나 더 많은 사람들을 수용할 수 있다는 말인가? 현재 도시에 진입한 농민공이 1억

명이 넘는다. 앞으로 10~20년 동안 1~2억 명이 더 진입한다고 해도 크게 문제가 되지는 않을 것이다. 하지만 중국(그리고 인도 등)의 농촌 인구 문제가 불과 1~2억의 문제는 아니다. 이 많은 인구가 유럽 산업화 초기처럼 외부로 이주를 해나갈 수도 없다. 그렇다면 토지의 규모를 키운 대농장 경영을 한다는 것은 땅이 없는 농민을 무수히 발생시킨다는 이야기가 된다. 이들은 적시에 비농업 부문에서 수용하지 못하면 실업자가 될 것이고, 결국에는 유랑하는 노숙자로 전락하고 말 것이다. 땅도 없고 직업도 없고 집도 없는 이들에게 무슨 희망이 있겠는가? 그렇게 극단으로 몰린 이들이 자포자기식의 행위를 서슴지 않는 것을 우리는 다른 여러 곳에서 목도하지 않았던가!

34 '차등적 친소 구조差序格局'는 페이샤오퉁이 자신의 저서 『향토중국』에서 제기한 개념이다. 그는 중국의 사회구조를 분석하면서, 중국 전통사회를 '차등적 친소 구조'로 특징지었다. 종법에 따르는 중국 향토사회에서 인간과 인간 사이의 관계는, 혈연과 지연 등 각종 요소를 통해 결정되는 친소관계를 주축으로 네트워크를 형성하게 된다는 것이다. 즉 모든 사람이, 물에 돌을 던지면 일어나는 동심원의 파문처럼, 자신을 중심으로 동심원을 그리는 친소관계의 네트워크를 갖게 된다는 것이다. (역자 주)

35 그는 한 가지 매우 흥미로운 점을 언급하고 있다. 이른바 중국의 '시장경제 지위' 문제에 관한 내용이다. 그는 현재 중국의 상품 흐름, 자본 흐름, 정보 흐름, 인력 흐름 등을 실제적으로 고찰한다면, 서방국가로 하여금 중국에게 시장경제 지위를 부여할지 여부를 결정하게 하기보다 중국으로 하여금 서방에 시장경제가 얼마나 형성되어 있는지 판단하게 하는 것이 더 타당하다는 사실을 발견하게 될 것이라고 본다. 서구 각국은 중국의 시장경제 발전이 너무 빠르다는 이유로, 보호무역을 주장하고 중국 상품의 수출을 제한할 것을 주장한다. 참으로 풍자적인 상황이다.

베이징 컨센서스

조슈아 쿠퍼 레이모(Joshua Cooper Ramo)[*]

중국의 독자들에게

18개월 전 「베이징 컨센서스」를 쓰기 시작했을 당시 내 목표는 매우 단순했다. 내가 중국에서 목도한 상황들을 명확한 언어로 서술하는 것, 그리고 역사상 전례가 없이 빠른 속도로 발전하는 중국이라는 이 나라를 이해하는 틀을 제공하는 것이 바로 그 목표였다. 구체적으로 말해서, 나는 중국의 문제를 사고하는 당시의 기존 모델 두 가지를 반박하고 싶었다. 그 하나는 외국인들의 사고 모델이다. 그들의 논의

[*] 미국의 중국문제전문가. 현재 전략자문회사인 키신저협회 상임이사. 시사주간지 *Time*에서 최연소로 부편집장 겸 외교 분야 편집위원을 역임했고, 골드만삭스 고문과 칭화대학교 객원교수로도 재직했다. 2004년에 '베이징 컨센서스'라는 개념을 처음 제기하여 국제적으로 큰 주목을 받았다. (역자 주)

는 중국과 '접촉'할 것인가, 아니면 중국을 '고립'시킬 것인가로 집약된다. 나는 이런 논의가 무척 우스운 것이라 생각했고, 그런 생각은 지금도 변함이 없다. 중국과 같은 나라를 고립시킨다는 발상은, 우리를 일생의 가장 큰 변화라고 할 수 있는 것들(예를 들면 인터넷)로부터 고립시키려는 생각보다도 훨씬 황당한 것이다. 다른 하나의 사고 모델은 수많은 중국인들이 가지고 있는 관점이다. 그들은 중국의 굴기(崛起)[1]가 국제질서에 위협이 되지 않을 것이라고 여긴다. 이런 관점 역시 유지되기 어려운 것이다. 비록 많은 중국인들이 여전히 그렇게 여기고 있지만, 이는 세계의 역학관계가 움직이는 방식에 대한 그들의 무지함을 드러내는 것일 뿐이다. 중국의 굴기는 이미 세계를 변화시키고 있다. 이런 변화에 대해 '좋다 나쁘다'라는 평가를 내리지는 않더라도, 우리는 최소한 이런 거대한 변화가 현존하는 질서에 대한 위협을 의미함을 인정해야 한다. 변화란 언제나 현재에 대한 일종의 위협이기 때문이다. 나는 이런 이견이 발생하는 이유가 일정정도는 '번역' 때문이라고 생각한다. 중국어에서 '위협'이라는 말은 사상가들이나 정책결정자들이 좋아하지 않는 의미를 내포하고 있다. 그들은 중국의 굴기를 '위협'이라고 여기는 관점이 '중국위협론'에 동조하는 것이라고 여긴다. 그러나 이 양자는 사실상 같은 것이 아니다.

「베이징 컨센서스」가 발표된 후 나온 반응은 예상을 완전히 뛰어넘는 것이었다. 중국에서 사람들은 이 글에 대해 진지한 토론과 논쟁을 벌였고, 그 주요 논점은 중국과 그 미래의 발전에 관한 논의에서 중요한 한 자리를 차지하게 되었다. 세계 다른 지역에서도 이 글은 관료들이나 사업가들, 그리고 중국을 이해하려고 시도하는 기타 사람들의

'필독서'가 되었다. 예상을 뛰어넘는 이렇게 많은 독자들에게 감사할 따름이다.

「베이징 컨센서스」에 관한 논쟁은 크게 두 진영으로 나뉘어 진행되는 듯하다. 한쪽 진영은 사실에 중점을 두고 있다. 그들은 실제적으로 존재하며 발전하는 '베이징 모델'이라는 것이 정말 있는지, 그리고 이 모델이 중국과 기타 세계 각 지역에 미치는 영향은 어떤 것인지에 대해 탐구하려고 시도한다. 많은 흥미로운 사실들을 알게 해준 이런 논의들에 대해 매우 감사하게 생각한다. 이런 논의를 통해 나는 오늘날 중국의 사회, 경제, 정치 등에 관한 많은 것들을 배웠다. 또한 수많은 학자들을 만나는 귀중한 기회도 얻었다. 그들은 변화를 가장 큰 특징으로 하는 중국이라는 국가에 사는 것이 어떤 의미를 갖는지에 대해 진지하게 고민하고 있었다. 다른 진영은 감정적인 측면에 치중해 있다. 그들은 중국에 설령 어떤 발전 모델이 있을지라도 이미 발생한 상황에 대해서는 침묵을 지켜야 하며, '베이징 컨센서스'로 '워싱턴 컨센서스'를 대체하려고 시도해서는 안 된다고 주장한다. 이런 생각에는 두 가지 문제가 있다. 첫 번째 문제는, 중국이 '베이징 컨센서스'를 추진해야 한다고 말하는 사람이 세상에 존재하지 않는다는 점이다. '베이징 컨센서스'는 그저 워싱턴 모델과는 다른 또 하나의 선택 가능한 모델일 뿐이다. 중국이 워싱턴의 발전 모델을 따르지 않았다는 것은 하나의 사실이다. 두 번째 문제는, 이런 생각이 덩샤오핑[鄧小平]의 '빛을 감추고 힘을 기른다[韜光養晦]'는 방침에 대한 과잉해석에 따른 것이라는 점이다. 이 문제는 당면한 나의 연구과제이기 때문에 여기서 더 상세하게 논하지는 않겠다. 국제 환경 속에서 중국이 어떻게 역할을 할 것인지에 관한 덩샤오핑의 관점과 그것을 실행한 장쩌민[江澤民]의 정책을 제대로 이해하는 것은 중요한 임무이다.

중국의 문제를 제대로 사고하기 위해서는 많은 일들이 필요하다. 「베이징 컨센서스」를 집필하면서 내가 세운 원칙은 직접적으로 관찰이 가능한 사실에 집중하고, '중국은 어디로 가는가'에 대한 추측은 피하자는 것이었다. 이는 '중국의 최고지도자'들에 대해 추측하는 식의 게임을 하지 말자는 의미이다. 또한 '중국의 붕괴'나 '중국의 흥성(boom)' 따위의 섣부른 시각에 빠지지도 말고, 실사구시적인 방법으로 사실 속에서 진리를 찾으며, 이론과 실제를 연계시키자는 의미이기도 하다. 나는 중국을 이해하기 위해 노력하는 사람들이 진정으로 객관적인 연구를 더욱 쉽게 할 수 있게 되기를 희망한다. 특히, 이런 학술 연구에서 결정적으로 중요한 도움을 얻을 기회가 더 많아지기를 기원한다.

중국 친구들의 도움에 진심으로 감사한다. 그들과의 솔직한 대화가 내 관점을 형성하는 데 큰 도움을 주었다. 중국에 온 많은 사람들은, 내 친구들이 전부 중국인이고 내가 '외국인'을 만나는 것을 거의 보지 못했다고들 말한다. 그것은 아마도 사실일 것이다. 이는 내 중국 친구들이 얼마나 열정적이며 지혜로운지를 말해주는 일이라고 생각한다. 「베이징 컨센서스」는 중국사회과학원 사회과학문헌출판사에서 출간되었다. 매우 영광스러운 일이 아닐 수 없다.

1. 베이징 컨센서스 — 중국의 힘을 설명하는 새로운 역학에 관해 논함

덴마크의 과학자 티코 브라헤(Tycho Brahe, 1546~1601)[2]를 보게 되면 대부분의 사람들은 금속으로 만들어진 그의 콧날을 주목했다. 그것은 결투에서 입은 상처를 가리기 위해 많은 돈을 들여서 만든 것이었다. 진검을 들고 결투를 하는 것은 15세기 독일의 대학에서 흔한 일이었다. 그런데 티코 브라헤의 은제 콧날은 또 다른 상징이기도 했다. 그는 세계가 어떻게 움직이는가에 관한 기존의 이론 속에서 허점을 찾아내는 뛰어난 능력을 가진 사람이었다. 예를 들어, 그는 당시 최고의 과학자들이 특정한 날 행성의 위치에 관해 예측한 것을 연구하여, 그 예측이 정확하지 않음을 여러 차례 밝혀냈다. 그가 관찰한 하늘에는 재미있는 일들이 벌어지고 있었다. 화성이 예측한 궤도에서 더 뒤쪽에 나타났고, 천구에서 행성이 있어야 할 자리를 혜성이 가로질러 지나갔다. 달은 월식이 일어나야 할 시간에 멀쩡한 모습으로 등장했다. 이는 그 시대의 이론이 요원한 천체의 움직임에 대한 불완전하고 우연적인 관찰을 통해 만들어졌기 때문에 벌어진 일이었다. 결국 이 이론들은 며칠 전 밤에 진행된 별들의 움직임을 '예측'하는 데나 유용한 셈이었다. 어제의 날씨 예보와 같은 우스꽝스러운 과학이었던 것이다. 따라서 티코 브라헤는 일생 중 대부분의 시간을 행성의 실제 움직임을 연구하는 데 바쳤다. 그는 매일 밤마다 행성과, 별, 그리고 하늘에 있는 기타 존재들을 관찰했고, 그것의 혼란스런 위치 변화를 유례없이 정확하고 상세하게 기록했다. 그가 1572년과 1577년에 진행한 두 차례의 관찰은 천문학 이론을 뒤바꿔 놓았다. 첫 번째는 새로운 별을 발견한 것이었고, 두 번째는 혜성의 이동 궤적을 발견한 것이었다. 이 두 천체는 지구에서 달보다 훨씬 더 멀리 떨어져 있는 존재였다. 이로써 아리스토텔레스 등의 철학자들이 주장한, 하늘이 지구를 기준으로 영원불변하게 나뉘어져 있다는 생각은 사실이 아님이 입증되었다. 또한 그는 혜성이 대기권 밖의 하늘에 존재한다면 그 하늘에서 어떤 궤도를 따라 움직인다는 결론을 도출했다. 이는 행성이 보이지 않는 천구를 따라 운행한다는 기존의 관념을 깨뜨리는 것이었다. 갈릴레오(Galileo Galilei)나 케플러(Johannes Kepler) 등 후대의 과학자들은 티코 브라헤의 관찰을 바탕으로 완전히 새로운 천문학 이론을 만들어냈다. 티코의 사상은 모든 것을 바꾸어 놓았다. 그의 사상은 다음과 같은 한 마디 말로 요약된다. "만약 하늘이 어떻게 움직이는지 알고 싶다면, 천체의 최종 목적지가 아니라 그것이 어떻게 이동하는지에 관심을 기울여라."

사람들은 종종 중국이 20년 후에 어떤 모습으로 변모할지를 생각한다. 민족주의적인 증오로 가득한 국가가 되어 있을까? 아니면 부유한 초대형의 싱가포르 같은 국가, 회의실에서만 호전성을 드러내는 국가가 되어 있을까? 중국 이외 국가의 대부분 정책 결정자들이 공통적으로 동의하는 바는, 20년 후의 중국이 경제력은 물론이고 군사력 측면에서도 미국에 육박하는 '대등한 위치의' 강국이 되어 있을 것이라는 점이다. 따라서 이런 입장은 향후 20년 동안, 중국이 부상하는 방향에 영향을 미칠 수 있도록 그들과 접촉하는 데 전력을 기울이거나, 아니면 중국이 현재 세계를 이끄는 국가만큼의 힘을 얻지 못하도록 억누르는 데 온 힘을 경주해야 한다는 결론으로 이어지게 된다. 그러나 중국이 20년 후에 어떤 모습으로 변할지는 사실상 아무도 알 수 없는 일이다.

이런 발상은 의미가 전혀 없는 것은 아니지만, 이론적 근거는 희박하다. 그것은 중요한 한 가지 사실을 완전히 홀시하고 있다. 중국의 굴기가 발전과 힘에 관한 새로운 역학을 끌어들임으로써 국제질서를 변화시키고 있다는 사실이다. 정책결정자들이 생각하는, 20년 후 중국을 골칫거리로 부상하게 만들 요인들은 사실 나날이 증대하는 중국의 힘을 구성하는 기본적인 부분들과는 전혀 관련이 없다. 항공모함이 몇 척이나 되며 1인당 GDP가 얼마나 되는지 등의 진부한 기준으로 중국의 힘을 평가하는 것은 매우 잘못된 판단으로 이어질 가능성이 크다.[3] 중국은 세계 역사상 전례가 없는 비대칭적 초강대국, 유사 이래로 힘을 표출하는 전통적인 수단에 가장 적게 의존하는 국가가 되어가고 있다. 그들이 힘을 표출하는 주요 수단은 본보기로서의 강력한 모습, 그리고 위압적인 대국으로서의 이미지이다.

중국에서 현재 벌어지고 있는 상황은 중국만의 모델에 그치지 않고, 경제, 사회, 정치적인 측면에서 국제적 발전의 전체적 면모를 변화시키고 있다. 한편에서는 미국이 자신의 이익을 보호하기 위한 일방적 정책을 펼치고 있는 반면, 다른 한편에서는 중국이 국제적 사무의 주요 영역에서 미국의 영향력을 약화시키기 위한 자원들을 결집시킴으로써 미국이 패권적인 행동을 함부로 할 수 없는 환경을 만들어가고 있다. 따라서 지금은 중국의 굴기가 좋은가 나쁜가를 따질 시점이 아니다. 중국과 접촉할 것인가 아니면 억누를 것인가 하는 식의 관념이 모두 진부한 것이라는 사실을 잠시 후 설명하겠지만, 나는 중국의 굴기에 어떻게 대응할 것인가에 관한 토론을 기본적으로 접촉 / 억제에 관한 치열한 이데올로기적 논쟁의 몫으로 남겨둘 생각이다. 대신 여기서 나는 중국의 새로운 힘의 기초가 어떤 것인지를 개략적으로 서술하려고 한다. 그리고 종합적인 국력의 측면에서 볼 때, 수많은 중요한 영역에서 중국이 이미 미국의 경쟁자가 되었다는 점을 증명하려고 한다. 또한 더 나아가는 것이 허용된다면, 이런 접근방법의 이면에 내재된 함의가 무엇인지를 간단하게 언급하고자 한다. 세계 전체를 지구촌이라는 사회로 놓고 보면, 교통을 원활하게 소통시키고 보안장치를 점검하며 악당들을 붙잡는 역할을 하는 것은 경찰이다. 그리고 그밖에 모든 일을 걱정하는 사람은 시장이라고 할 수 있다.

중국의 발전이 중국 그 자체를 변화시키고 있다는 점은 중요하다. 그런데 더 중요한 것은 중국의 새로운 사고가 중국 바깥에서 거대한 영향력을 발휘하고 있다는 점이다. 중국은 강력한 하나의 무게중심이 지배하는 세계 속에서 어떻게 스스로를 발전시킬 것이며 국제 질서에 조응해갈 것인가, 그리고 진정한 독립을 실현할 것인가를 고민하는 세계의 여타 국가들이 그 고유한 생활방식과 정치적 선택을 지키도록 이끌고 있다. 이런 새로운 힘과 발전에 관한 역학을 나는 '베이징 컨센서스'라고 부른다. 그것은 광범위한 회의를 불러일으키고 있는 워싱턴 컨센서스를 대체하고 있다. 워싱턴 컨센서스는 일종의 경제이론이다. 1990년대에 유행한 이 이론은, 다른 나라들에게 스스로를 관리하는 방법을 가장 잘 전해줄 수 있는 것이 워싱턴이라는 생각에 기초한 것이다. 세계 각지의 경제를 파괴의 길로 이끌어 많은 사람들의 반감을 불러일으킨 이 이론은 역사의 종결을 알리는 오만한 표지였다. 반면 중국의 새로운 발전 방침은 평등하고 평화로운 양질의 성장을 이룩하려는 염원에 따라 추동되었다. 엄밀히 말해서 그것은 사유화와 자유무역 같은 전통적인 사고를 뒤집는 것이다. 워낙 유연한 형태를 띠기 때문에 그것은 이론이라고 하기도 어려울 정도이다. 또한 모든 문제에 대한 통일적인 해결 방법이 존재한다고 믿지도 않는다. 그것은 혁신과 실험에 대한 단호한 의지, 국경과 국익의 확고한 수호, 비대칭적으로 힘을 표출하는 수단을 신중하게 축적하는 것 등으로 정의된다. 그것은 실용의 추구이면서 동시에 이데올로기이다. 그리고 이론과 실천을 구별하지 않는 중국 고대 철학관의 반영이기도 하다. 베이징 컨센서스는 구조적으로 볼 때 분명 덩샤오핑[鄧小平] 이후의 발상이다. 그러나 그것은 그의 실용주의적 사상과 밀접한 연관이 있다. 현대화를 추진하는 가장 바람직한 길이 '돌을 더듬어가며 다리를 건너는 것[摸着石頭過河]'[4]이지 '쇼크 요법'을 통해서 대약진(大躍進)을 실현하는 게 아니라고 본다는 점에서 그렇다. 가장 중요한 점은 그것이 자신의 구성원들조차도 따라갈 수 없을 정도로 빠른 변화를 보이는 사회의 산물이라는 것이다. 이 컨센서스 내에서 힘의 바탕이 되는 핵심적인 개념은 변화, 새로움, 혁신 등이다. 이런 개념들은 신문기사나 일상 대화, 정책 문건 등을 막론하고 어디서나 마치 기도문처럼 빈번하게 등장한다. 이 글에 반영된 대부분의 사고는 아시아 경제위기 이후 중국의 싱크탱크와 정부연구소 등에서 이미 토론된 것이지만, 그 실현은 지난 열두 달 사이에 비로소 시작되었다. 나는 중국의 대학, 싱크탱크, 정부의 저명한 사상가들과 백여 차례에 걸친 비공개 토론을 통해 그 진행 경과를 분석했다.

베이징 컨센서스는 경제적 변화와 관련된 것일 뿐만 아니라 사회적 변화와 관련된 것이기도 하다. 그것은 워싱턴 컨센서스가 주도하던 1990년대에조차 기존의 개발경제학이 도달하지 못했던, 경제학과 거버넌스를 이용해 사회를 발전시킨다는 목표를 구현하려는 시도이다. 물론 중국이 걸어온 발전과 부강의 길을 다른 나라들이 똑같이 반복할 수는 없다. 거기에도 역시 모순과 긴장과 함정이 도처에 깔려있기 때문이다. 그러나 중국을 굴기하게 한 수많은 요인은 개발도상국들의 관심을 집중시켰다. 그들의 관심을 모은 한 측면은 나날이 증대해가는 중국의 (무역 분야의) 상업적 영향력이지만, 다른 한 측면은 중국의 새로운 힘에 관한 역학이 보여주는 흡인력 강한 정신이다. 이는 두 가지 중요한 영향을 미쳤다. 하나는, 중국의 개혁이 성공하든 실패하든 베이징 컨센서스가 이미 워싱턴에서 나온 기존의 사고와는 확연하게 다른 새로운 사고를 성립시켰다는 것이다. 다른 하나는, 발전에 적용되는 베이징 컨센서스의 등장이 중국의 대대적인 변화를 나타내게 되었다는 것이다. 그 변화는 외부 요인의 영향을 받기 쉬운 미성숙한 개혁 과정을 자기실현적인 개혁과정으로 바꾸는 것, 즉 세계무역기구(WTO) 가입이나 핵 확산에 관한 규칙, 바이러스성 전염병의 유행 등과 같은 외부적 요소가 아니라 내적 동력에 의거하여 진행되는 연쇄반응과 같은 변화이다. 중국은 현재 자신의 경험을 통해 자신만의 책을 쓰고 있다. 이 경험은 중국만의 사유와, 다른 지역에서 실패한 세계화로부터 얻은 교훈을 결합한 것이다. 세계 각국은 지금 이 책을 읽기 시작했다.

베이징 컨센서스도 그 이전의 워싱턴 컨센서스와 마찬가지로 경제학 이외 분야의 많은 사고를 포함하고 있다. 정치, 삶의 질, 전 지구적 힘의 균형 등에 관한 내용이 거기에 포함된다. 이 모델은 중국과 그것을 따르는 이들을 필연적으로 현재의 개발 마인드, 패권에 대한 요구와 대립하도록 만들었다. 인도의 경제학자 자얀타 로이(Jayanta Roy)는 중국을 방문한 후 이렇게 말한 바 있다. "개발도상국들이 짧은 시간 내에 강대국을 능가할 수 있는 희망을 보게 된 것 같아 매우 기쁩니다." 또한 중국적 사유를 이렇게 요약한 바 있다. "지금의 세계는 남북 간 격차 확대, 환경 악화, 국제적 테러활동, 국제적 마약 밀거래 등 심각한 문제들에 직면해 있습니다. 이런 상황에서 패권의 정치로부터 도덕의 정치로 서둘러 전환하는 게 필요하다는 것입니다." 만약 미국이 이런 문제들을 제대로 해결해내지 못한다면 베이징 컨센서스의 파급력은 훨씬 더 강해질 것이다. 중국의 지도자들은 향후 20년을 '중요한 전략적 기회의 시기'라고 말하고 있다.[5] 그렇다고 이것을 중국 정부가 미국의 패권적 지위에 도전할 모종의 계획을 세워놓았다는 의미로 해석할 필요는 없고, 이런 이데올로기적 이론으로 국제관계에서 힘의 중심을 교묘하게 옮겨놓으려 한다고 볼 필요도 없다. 사실 중국의 많은 지도자들은 중국에게 가장 필요한 것을 '평화적 굴기[和平崛起]'라고 여긴다. 물론 이것을 위해서도 국제적인 힘의 역학에 변화가 있어야만 한다. 그런 변화는 현재 진행되는 중이다.

2. 중국의 발전에 관한 유용한 원리

1) 하이젠베르크(Heisenberg)의 '불확실성의 원리'와 중국사회

중국에 대한 대부분의 분석이 범하는 오류는 관찰로부터 이론으로, 그리고 사실로부터 희망사항이나 두려움으로의 발전이 지나치게 빠르다는 것이다. '중국은 곧 무너질 것'이라든가 '중국은 미래의 적'이라는 식의 시각이 그 대표적인 예이다. 심지어는 중국인들조차도 이런 함정에 종종 빠지곤 한다. '중국은 절대로 미국에게 위협적인 존재가 되지 않을 것'이라거나 '타이완은 절대로 독립할 수 없다'는 식의 견해가 그것이다. 이런 결론으로부터 추동된 정책적 분석은 필연적으로 잘못된 판단으로 이어진다. 중국의 미래를 아는 사람은 아무도 없다. 따라서 중국에 관한 논쟁의 목소리가 크면 클수록 그 의미는 반대로 줄어들게 된다. 미국은 몇 개월 전에 그랬듯이, 중국무역대표단이 미국에 와서 수십억 달러 어치 상품을 구매할 때는 환영을 하다가 대표단이 떠난 며칠 후 베이징에 대해 제재를 가할지도 모른다. 미국의 국무장관은 한편에서 중미관계를 '기억하는 한 가장 좋은' 상태라고 언급하고, 다른 한편에서는 새로운 군비경쟁을 불러올 수도 있다는 베이징의 경고를 무시하고 미사일방어체제(MD)를 아시아에서 밀어붙일 수도 있다.[6] 미국 의회 의원들은 위안화의 가치를 절상시키기 위해 중국 상품에 대한 관세를 강화하는 법률을 통과시키는데, 그들의 선거구에 있는 기업들은 이윤을 확대하기 위해 일자리를 중국으로 부지런히 이전시키기도 한다. 미국의 선도적인 과학기술 기업들은 자신들의 실험실을 채우기 위해 더 많은 중국의 이공계 인력들에게 비자를 발급해달라고 의회를 향해 로비를 하지만, 나중에 워싱턴은 그 인력들이 아무리 열망하더라도 해당 기술을 본국으로 가지고 돌아가는 것을 필사적으로 막을 것이다. 중국은 매우 복잡하고, 속을 알 수 없는 국가이다. 또한 스스로를 보호하기 위한 거짓이 습관화되어 있다. 따라서 중국에 대한 대부분의 분석들은 아인슈타인(Einstein)이 말한 다음과 같은 곤혹스러움을 피할 수가 없다. "우리의 이론이 우리의 관찰 결과를 규정한다."

1990년대 말에 미국 연방준비제도이사회(FRB) 의장인 앨런 그린스펀(Alan Greenspan)과 사적인 대화를 나눌 기회가 있었다. 그는 밥 루빈(Bob Rubin)과 래리 서머스(Larry Summers)[7]가 만든 정책과 레이건 시대의 경제전문가인 아서 래퍼(Arthur Laffer) 같은 이들이 만든 정책 사이에 어떤 기본적인 차이가 있는지를 설명하면서 이렇게 말했다. "우리의 자존이나 우리가 스스로 느끼는 가치는, 우리가 내리는 결론이 아니라 진행하는 분석의 질에 달려 있습니다."[8] 래퍼는 세수(稅收) 곡선이 대규모의 적자 발생을 예고하는 상황에서도, 감세가 결국 세수의 증가를 가져올 것이라는 어처구니없는 결론을 맹신하고 있었다. 중국에 관한 연구도 분석보다 결론이 선행하는 이런 함정에 종종 빠지곤 한다. 하지만 이것을 모두 나쁜 의도에 따른 오류라고 부정적으로 볼 필요는 없다. 이러한 실수는 역사상 그 어떤 사회보다 빨리 변하는 사회를 연구하는데 따르는 지적(知的)인 어려움을 여실히 보여주는 사례로 이해할 수 있다. 사람들은 자신이 잘 안다고 생각하는 것에 의지하게 마련이다. 다만 중국처럼 하루가 다르게 정신없이 변하는 국가에서는 십 년도 넘은 관점이 존재할 여지가 없을 뿐이다.

중국인 자신도 중국에 대해 혼란스러워한다는 사실을 외국의 관찰 자들은 그나마 위안거리로 삼아야 할 듯하다. 지금 이 순간 중국의 특징을 가장 잘 표현하는 유일한 한 가지 설명은, 현재 벌어지고 있는 일들을 따라가기 벅찰 정도로 빠르게 변화하고 있다는 것이다. 이런 상황은 중국의 힘에 관한 새로운 역학을 이해해야 할 필요가 절실함을 그 무엇보다도 더 설득력 있게 말해준다. 2002년 가을, 중국공산당 제16차 전국대표대회에서 장쩌민은 90분 동안 고별연설을 하면서 '새로운新'이라는 말을 무려 90번이나 사용했다.[9] 중국에서 현재 벌어지고 있는 상황과, 비극의 발생을 막기 위해서 계속되어야 할 일들을 묘사할 한 글자를 찾는다면 이보다 적절한 경우는 없을 것이다. 장쩌민의 요점은, 우리가 중국에 대해서 이해하고 있다고 생각하는 것들은 대부분 오류이거나 또는 지나치게 단순화되어 있고, 실제 상황과는 별 관계가 없으며, '새로운' 것의 충격으로 곧 사라져버리게 되리라는 것이다. 이런 '변화의 안개'는 중국인들을, 농민은 물론이고 지도자에 이르기까지 모두 혼란스럽게 만들었다. 하지만 가장 성공적인 중국인들은 변화에 적응하는 법을 배워가고 있다. 그들은 이런 변화의 형세에 순응한다. 그들은 새로운 규칙을 발명하고, 자신의 새로운 사회적 질서를 주의 깊게 관찰하고 추동하며, 자신이 있어야 할 적절한 위치를 찾아가고 있다. 이런 빠른 변화에 직면하여 중국인들은 끊임없이 변화의 소리에 귀를 기울인다. 그리하여 때로는 아무 소리가 없는 것, 즉 고요함이 사실은 거대한 변화의 전주곡임을 발견한다.

기존에 중국에 관해 토론할 때 쓰이던 언어들은 이제 그 수명을 다했다. 중국에 대해 '접촉'할 것인가 '고립'시킬 것인가라는 식의 논쟁은 10년 전에 벌어진 한 논쟁을 연상시킨다. 우리 삶의 양태를 완전히 뒤바꿔놓은 무어(Moore, 인텔의 설립자)와 멧칼프(Metcalfe, 이더넷의 설립자)의 법칙[10]의 기술적 결과물을 받아들일 것인가 외면할 것인가라는 논쟁이 그것이다. 1999년에 미국에서 발간된 *Foreign Affairs*에는 「중국이 중요한가(Does China Matter)?」라는 글이 실리기도 했다. 이 글은 중국이 전 세계와 별 상관이 없음을 진지하게 주장하는 내용이다.[11] 중국의 부상은 인터넷의 확산과 마찬가지로, 받아들이고 말고를 선택할 수 있는 것이 아니다. 그것은 피할 수 없는 현실이다. 결과가 어떻게 전개될지 알 수 없지만, 어쨌든 중국의 부상은 우리 세계의 모습을 바꾸어놓고 있다.

　현재 중국과의 관계에서 의미 있는 유일한 명제는, 이전에 중국 대륙에 관해 유용하게 쓰였던 사고들이 더 이상은 적용되지 않는다는 것이다. 어떤 경우, 예를 들어 오랫동안 타이완에 대해 전략적으로 모호한 태도를 취해온 상황에서, 그런 낡은 사고들은 '전략적 모호함'을 전략적 부담으로 바꿔놓을 만큼 위험스럽다. 역학의 문제들에 대해 '모호한' 태도를 취하면서 비행기를 만들려고 하는 것이 말이 되는가? 중국으로부터 멀리 떨어질수록 사유는 더욱 단순화될 수밖에 없다. 중국의 지식인들과 정책결정자들은 중국 사회의 면모, 그리고 자신들이 세계와 어떻게 조응할 것인지에 대해 깊이 있는 토론을 펼치고 있는데, 국외의 학자들은 여전히 '접촉 / 억제'라는 식의 낡아빠진 이원론에 매달리고 있다. 미국이 '안전하고 개방적이며 번영하는, 국제사회의 건설적 일원으로서의 중국이 출현하는 것'을 지지해야 한다는 워싱턴의 방침은 정책과 현실 사이의 간극이 얼마나 큰지를 보여주는 단적인 예이다. 중국의 지도자들은(일반 국민들은 말할 것도 없고) '개방'이니 '건설적'이니 하는 형용사가 의미하는 바에 대해 워싱턴의 생각과는 완전히 다른 나름대로의 해석을 가지고 있다. 물론 중국의 경우도 언어적 측면의 문제가 없지 않다. 일상의 삶 속에는 여전히 과거의 중국이 존재하고, 그런 과거와 분명하게 단절하기가 쉽지 않기 때문이다. 워낙 변화가 빠른 까닭에 어색한 과거의 언어를 가지고 새로운 사물을 표현해야 하는 경우가 빈번하게 벌어지고, 이런 상황이 국외자는 물론이고 내부의 사람들까지 곤혹스럽게 만든다.[12] 최근 유럽을 방문한 후진타오[胡錦濤] 주석은 격정적인 어조로 이렇게 말했다. "민주주의가 없다면 사회주의도 없습니다. 반대로 사회주의 없이는 민주주의도 없습니다." 이 1950년대의 구호는 지금에 와서는 초현대적인 의미를 함축하게 되었다.[13] 중국이 어떤 방향으로 나아갈지 아직도 명확한 움직임을 보여주고 있지 않기 때문이다.

현재의 속도를 놓고 보면, 중국은 10년마다 생산(그리고 수입)을 두 배로 늘려가고 있다. 세계은행의 통계에 따르면, 1979년 개혁개방 이래로 중국은 3억 명이 절대빈곤 상태에서 벗어났다. 이는 그야말로 역사적인 성과이다.[14] 이런 변화 속도는 중국을 겉모습으로 판단하는 것이 적절치 못하다는 점을 말해준다. 어제와 오늘이 완전히 다른 중국을 단순하게 일반화하고 유형화해서는 곤란하다. 양자역학의 대가 하이젠베르크의 관점을 응용하자면, 이곳(중국)은 참여가 결과를 본질적으로 변화시키고, 속도가 측량 방법을 간섭하는 곳이다. 그는 1927년에 이렇게 말한 바 있다. "(어떤 전자의) 위치를 정확하게 측정할수록, 그 순간의 운동량 측정은 부정확해질 수밖에 없다. 그 반대도 마찬가지이다." 바꾸어 말하면, 어떤 사물을 정지시켜서 사진을 찍는다면 그것이 어떤 방향으로 움직일지는 알 수 없다는 의미이다. 중국의 경우도 그러하다. 상태를 관찰하기 위해 잠시의 정지동작을 취하더라도, 고개를 드는 순간 분명 중국은 벌써 어떤 방향으로인가 움직여 있을 것이다. 둥베이[東北] 공업지역의 국유기업 개혁 문제에 대해 연구를 한참 하고 나면, 정부의 지도자들은 십중팔구 주요 관심사를 농민 수입 개혁 문제로 옮겨갔을 것이다. 중국에서는 '다른 요인들이 불변이라고 가정'하는 것이 원천적으로 불가능하다. 전통적인 분석방법이 쓸모가 없어지는 이유가 바로 이것이다. 결국 우리는 불확실하게 움직이는 각 부분들이 모여서 이루어진 큰 틀에 만족해야만 한다.[15]

'베이징 컨센서스'란 무엇인가? 그것은 세계 속에서 개발도상국들을 어떻게 조직할 것인가에 관한 단순한 세 가지 원칙이다. 그리고 거기에, 뉴델리나 브라질리아 등지의 학자들이 지금 이 현상에 관심을 갖는 이유와 관련된 몇 가지 공리가 덧붙여진 것이다. 첫 번째 원칙은 혁신의 가치를 재정립해야 한다는 것이다. 개발도상국은 (동케이블 같은) 후발기술로부터 발전을 시작해야 한다는 '기존 역학'의 주장과 달리, 이 원칙은 (광섬유 같은) 첨단기술의 혁신이 반드시 필요하다고 주장한다. 그렇게 해서 변혁을 일으켜야 하고, 그 변혁이 변혁으로 인해 문제가 파생되는 속도보다도 훨씬 더 빠르게 진행되도록 해야 한다고 여긴다. 역학의 용어를 빌려서 설명하면, 혁신을 통해 개혁 중의 마찰 손실을 줄여야 한다는 것이다.

'베이징 컨센서스'의 두 번째 원칙은, 기왕에 혼란이 불가피하고 위로부터 그것을 통제하는 것이 불가능하다면, 그것을 기정사실화하면서 다룰 수 있는 전반적인 새로운 도구가 필요하다는 것이다. 이는 1인당 GDP같은 양적 척도를 넘어서서 중점을 삶의 질 쪽으로 옮기게 하는 도구로서, 중국이 발전하는 과정에서 생겨나는 거대한 모순을 관리할 수 있는 유일한 경로이다. 이 두 번째 원칙은 지속가능성과 평등성을 우선적인 고려 대상으로 삼으며, 수사에 그치는 것이 아닌 발전 모델을 만들기를 요구한다. 희망, 야심, 두려움, 잘못된 정보, 그리고 정치의 불안정한 혼합체인 중국 사회를 의미 있게 조직할 수 있는 것은 이런 혼돈이론밖에 없다. 발전을 바라보는 중국의 새로운 태도는 혼란의 관리에 중점이 두어져 있다. 현재 당 내의 싱크탱크에서 사회학이나 위기관리학 등이 유행하는 이유 가운데 하나도 바로 이것이다.

　끝으로, '베이징 컨센서스'는 우리를 도발할지도 모르는 패권적인 강대국을 움직일 수 있는 지렛대의 운용을 강조하는 자주적인 이론을 포함하고 있다. 이 새로운 안보에 관한 원칙은 매우 중요하므로 뒤에 별도로 논의하도록 하겠다.

　중국의 명실상부한 부상은 국제질서를 다시 구축하고 있다. 중국의 지도자들이 자국의 '평화적 굴기'에 신경을 쓰는 것은, 중국이 강대국으로 발전하는 속도가 너무 빨라서 세계에 큰 충격을 주게 될까 걱정하기 때문이다. 만약 그렇게 되면 성장 동력을 상실할지도 모르고, 국내와 국외의 안정적 균형을 이룰 수 있는 능력을 잃어버릴 수도 있다는 것이다.

　변화가 끌어당기는 힘이 나날이 커짐에 따라, 중국을 하나로 묶어온 모든 전통적 유대관계에는 균열이 생기고, 내부적 균형을 유지하기는 점점 더 어려워지고 있다. 하지만 그렇더라도, 중국의 힘을 바라보는 기존의 시각과 척도는 조정되어야만 한다. 워싱턴은 중국 내에서 발생하는 변화가 곧 중국공산당을 붕괴로 몰아갈 것이라고 전망하고, 그렇게 기대해 왔다. 그러나 사실상 지난 20여 년 동안 중국에서 일어난 변화를 주도해온 것은 중국공산당이었다. 그 내부에서 온갖 불협화음과 파열음이 흘러나오기도 하지만, 그것을 곧 중국공산당의 붕괴 조짐으로 보는 것은 지나친 해석이다. 그런 시끄러운 소리는 오히려 성장을 의미하는 것으로 보아야 한다. 물론 중국공산당이 소련처럼 내부로부터 붕괴해버릴 가능성이 전혀 없는 것은 아니다. 하지만 그런 가정은 중국공산당이 변화에 둔감하고 당면한 심각한 문제에 대해 무지한 식물 상태의 무기력한 조직일 때만 성립한다. 그런데 중국공산당이 현재 앓고 있는 질환은 그런 가정과는 정반대인 주의력결핍 과잉행동장애(ADHD)[16]이다. 그들은 항상 자신의 운명을 고민하고, 어떻게든 그것을 바꿔보려고 애를 쓴다. 줄곧 동분서주해온 원자바오(溫家寶) 총리는 기자와의 대담에서, 자신이 지질학자와 정부 관리로 재직하는 동안 중국의 2,500개 도시 가운데 1,800개를 방문했다고 말한 바 있다. 국무위원인 천즈리(陳至立)는 최근에 발간된 당 기관지 『구시(求是)』에 발표한 글에서, 혁신하지 않는다면 '우리는 실패하고 말 것'이라고 강조했다. 그녀는 과학기술과 인적자원이 중국의 미래를 지탱할 양대 기둥이라고 보았다. 중국의 문제는 낡은 방법으로 해결하기에는 너무 크고 심각해서, 탁월한 발상과 그것을 성공적으로 실천할 대오를 준비하지 않는다면 해결을 기대하기 어렵다는 것이 그녀의 생각이다.[17] 빈 / 부, 농촌 / 도시, 노 / 소 등의 이원적 도전이 중국의 안정성을 침식하고 있는 상황을 고려할 때, 그녀의 이런 생각은 더욱 큰 설득력을 갖는다. 그녀의 걱정은 일리가 있는 것이다. 이것은 (정지된 상태를 탐구하는) 고체(solid-state)역학이 아니다.

2) 밀도의 운용

지식만이 중국을 구할 수 있다. 장쩌민은 고별연설에서 이렇게 말했다. "혁신은 민족을 진보하게 하는 영혼입니다." 이어서 그는 역학의 용어를 사용해서 자신의 말을 이렇게 부연 설명했다. "혁신은 국가를 흥성하게 하는 고갈되지 않는 원동력이고, 당이 영원히 생기를 갖게 하는 원천입니다."[18] 중국이 안고 있는 문제는 워낙 방대하기 때문에, 의료보건이나 경제, 관리 등의 측면에서 가시적인 지표상의 진보가 있어야만 비로소 중국의 단결을 유지할 수 있다. 이것이 개혁의 앞에 놓인 뿌리 깊은 난제이다. 희망이나 성장 등의 미사여구로 말미암아 산산이 조각난 사회에 어떻게 해결방안을 들여올 것인가? 유일한 해답은 혁신이다.[19] 국가발전개혁위원회 주임인 마카이[馬凱]는 최근에 이렇게 언급한 바 있다. "저소득 국가에서 탈피하여 중간 정도 소득 국가를 향해 매진하다보면 다음과 같은 두 가지 경우가 나타날 수 있다. 하나는 경제가 빠른 성장을 구가하는 상황이 비교적 오랫동안 지속되면서, 국민경제가 전반적으로 명확한 질적 도약을 이루고, 산업화와 현대화가 순탄하게 진행되는 이른바 '발전의 황금기'가 전개되는 경우이다. 그리고 다른 하나는 '모순이 부각되는 시기'가 도래하는 경우이다."[20] '모순이 부각되는 시기'는 중국의 엘리트들이 깊은 밤에 모여서 즐기는 '만약에(What-if)' 게임의 단골 주제이다. 물론 중국의 성장 이면에는 붕괴의 가능성도 잠재해 있다. 하지만 그런 상황의 도래는 결코 아름다운 일이 아니다. 지금의 상황에서 중국의 성장이 주는 교훈은, 혁신과 기술만이 일부 영역에서 초고속의 변화를 이끌어낼 수 있고, 그것을 통해서 국가를 빠르게 움직임으로써 개혁으로 인해 생긴 부작용들을 해소할 수 있다는 것이다.

이 점을 더욱 분명하게 할 수 있는 물리학의 문제를 하나 제기해 보자. 세 개의 물체 — 원구, 속이 찬 원통, 속이 빈 원통 — 를 경사면의 꼭대기에 세워둔다. 그것들을 동시에 굴러 내려가게 한다면 어떤 순서로 바닥에 도달할 것인가? 원구가 첫 번째이고, 다음으로는 속이 찬 원통, 그리고 마지막으로 속이 빈 원통이다. 이는 물체의 질량의 밀도가 그 운동 속도에 영향을 준다는 사실을 입증하는 것이다. 혁신은 중국 사회의 밀도를 증가시키는 길이다. 그것은 관계망을 통해서 사람들 사이의 연계를 더욱 긴밀하게 하고, 개혁의 기간을 단축시키며, 소통을 더욱 쉽고 빨라지게 한다. 혁신이 잘 될수록 밀도도 더 커지며, 발전도 더욱 빨라진다. 중국 전역에서 이런 모습을 확인할 수 있다. 반면 신뢰가 결핍되고 부패와 기타 문제들이 존재함으로써 속이 빈 원통처럼 되어버린 일부 문화 영역에서는 이런 논리가 적용되지 않는 것을 볼 수 있다. 여기서 다시금 '베이징 컨센서스'의 첫 번째 원칙을 떠올리게 된다. 변화로 인해 생겨난 문제들을 제거하는 가장 좋은 방법은 더 많은 변화와 더 많은 혁신이다. 밀도의 혁신이 가장 좋은 해결책이다.

지식이 이끄는 변화는 (이데올로기가 이끄는 변화와 비교하여) 이미 개혁
개방 이후 중국의 DNA가 되었다. 그 형태는 경제학자들이 말하는 이
른바 총요소생산성(TFP)의 빠른 증가이다. 총요소생산성이란 노벨상
수상자인 로버트 소로우(Robert Solow)가 1957년에 제기한 개념이다.[21]
그것은 인력자본의 증가와 금융자본의 증가로 도달할 수 있는 발전 수
준을 뛰어넘어 경제를 부양시키는 특별한 요소이다. 그것은 '투입량의
증가에 따라 산출량의 증가가 결정되는 것은 아니다'라는 말로 정의된
다.[22] 자본 투입을 5% 늘리고 인력을 5% 늘렸는데, 15%의 성장이 일어
나는 경우를 그런 예로 들 수 있다. 초과된 5%가 바로 총요소생산성이
다.[23] 현대 경제학에서 총요소생산성이란 물리학에서 중력처럼 많이
연구는 되었지만 여전히 매우 모호한, 영향력이 큰 현상이다.

　혁신이 생산성 제고에 영향을 미칠 것이라는 최초의 조짐은 중국에
서 가장 먼저 시장화된 영역, 즉 농업에서 나왔다. 1980년대에 농업의
성장 속도는 다른 어떤 경제 영역보다도 빨랐다. 애초에 정책결정자들
은 농업 부문에 대해 산출량의 큰 증가를 기대하지 않았기 때문에, 투
입량을 소규모만 늘리는 미세한 자유화 조치를 취했을 뿐이다. 그런데
이런 작은 조정이 가져온 결과는 20~30%의 고속성장이었다. 예를 들
어 1980년대 초반의 불과 5년 동안 밀의 생산량은 60%나 늘었고, 옥수
수의 생산량도 55% 증가했다.[24] 오랜 시간동안 전 세계에서 가장 낙후
되고 보수적인 존재로 간주되어온 중국의 농민들이, 자신이 생산한 농
작물에 대한 제한적인 권리와 혁신적인 이중가격시스템을 이용하여
생산량을 최대한도로 늘리고, 심지어 남는 시간을 활용하여 작은 기업
까지 운영했던 것이다.[25] 그들은 품종 개량과 같은 새로운 기술을 받

아들였고, 농지의 관개시설을 개선했다. 오늘날 중국의 농민들은 세계에서 가장 혁신을 갈망하는 존재가 되었다. 중국의 농민들은 평균적으로 3년마다 기존의 종자를 완전히 도태시키고, 유전자 조작을 통해 향상된 새로운 품종을 받아들인다. 옥수수를 심는 농민들은 33개월마다 종자를 완전히 새로운 품종으로 대체한다.[26]

중국의 농민들이 보여준 이런 일들이 중국의 다른 사람들에게서도 마찬가지로 일어났다. 1990년대 초에 인텔(Intel)이 중국에서 처음 영업을 시작했을 때, 중국 시장은 유행이 지난 재고 메모리칩을 팔아치울 수 있는 최적의 장소로 간주되었다. 하지만 중국인들이 원한 것은 최신의 기술, 최첨단의 상품이었다. 중국에서 무어의 법칙은 위협이 아니라 구원의 길로 받아들여졌다. 중국의 경제 성장은 값싼 노동력이 풀려나옴으로써 이룩된 대표적인 사례라는 것이 그동안의 일반적인 생각이었다. 그러나 사실은 그렇지 않았다. 중국의 경제 성장을 유지시켜온 것은 혁신을 통한 생산성 증대였고, 위험한 내부적 불균형 상태가 초래되는 것을 막아준 것도 역시 그것이었다.

이 무렵 중국 내부에는 독특한 긴장이 존재했기 때문에, 중국은 지식과 창조성을 이용하여 '나쁜 일이 좋은 일로 바뀌도록' 하고, 약점을 강점으로 변모시킬 수 있었다. 심지어 체제 내부에 존재하는 오류나 문제점, 부패 등도 변화를 촉진하는 계기로 간주되었다. 중증급성호흡기증후군(SARS)으로 인한 위기조차도 긍정적인 측면이 있다고 생각하는 중국 각계의 일반적 시각을 통해 이런 점을 잘 확인할 수 있다.[27] 사스 위기는 중국 경제가 외부로부터 가해지는 심각한 충격을 견뎌낼 힘이 있음을 증명해주는 계기가 되었고, 이로부터 수많은 중국인들의 해묵은 두려움이 자연스럽게 해소되었다. (비록 '사스'가 창궐한 8주 동안 중국의 일부 경제 활동이 중단되기도 했지만, 2003년에 중국은 역사상 최고에 근접하는 기록적인 경제 성장을 이룩했다. 그리고 덩샤오핑이 1978년에 제시한 발전의 목표인 1인당 연소득 1천 달러를 확실하게 넘어섰다.)[28] 또한 '사스' 위기는 후진타오와 원자바오의 새 정부에게 그 위상을 확립할 수 있는 기회를 제공했다. 사스로 인해 중국인들은 자신들의 공공위생 시스템의 낙후성을 다시금 돌아보게 되었고, 정부 내 정보 전달 체제를 전면적으로 개혁해야 할 필요성에 공감하게 되었으며, 매체 개혁의 속도를 더욱 빠르게 해야 한다고 여기게 되었다. '사스' 위기는 중국 정부가 향후 불가피하게 직면하게 될 각종 좌절에 적절하게 대응하고 그로부터 교훈을 얻을 수 있음을 입증해준 증거인 셈이다.

새로운 사고가 이렇게 절실하게 요구되는 상황에서, 중국의 정책결정자들이 중국 대륙과 세계 기타 지역 사이의, 그리고 중국 연해 지역과 내륙 사이의 '지식 격차'에 대해 우려스럽게 생각하는 것도 지나친 일은 아니다.[29] 예를 들어, 국유기업의 개혁을 위해서는 대략 3억 명의 노동자들을 재교육해야 한다.[30] 이 문제를 해결하기 위해, 중국은 비자 발급 규정을 완화하여 외국의 전문가들을 유입시킴으로써 도움을 얻으려 한다. 교육정책은 이미 개혁 작업의 핵심이 되었다. 2004년에 중국은 1만 2천 명의 박사를 배출했다. 2010년에는 그 숫자가 미국의 수준인 연 4만 명을 뛰어넘을 것으로 예상된다.[31] 비록 그 학위의 질은 미국의 절반 수준밖에 안 된다고 하지만, 배출되는 학생의 숫자만으로도 혁신의 분위기를 조성하기에는 충분하다. 난징[南京]에서는 정부의 지원 아래 12만 명의 학생들을 포괄하는 대학연합체가 탄생했다. 이런 규모의 대학이 생겨나게 된 것은 중국의 막대한 인구로 인한 절실한 필요 때문이기도 하지만, 주요하게는 인재들을 '집중(clustering)'시키는 것이 실리콘밸리나 루트128[32] 같은 혁신의 허브를 만들어내는 지름길이라는 정부의 인식 때문이다. 왕궈챵王國强[33]이 2003년 초 UN에서 열린 세계인구포럼에서 강조했듯이, 중국의 정책적 목표는 세계에서 인구가 가장 많은 국가라는 부담을 인력자원이 풍부하다는 장점으로 바꾸는 것이다. 많은 인구가 혼란의 근원이 아니라 사회 안정의 기초가 되도록 하는 데는 교육이 유일한 해결책이다.

인텔의 앤디 그로브(Andy Grove)[34]는 그리 멀지 않은 미래에 중국이 세계 어느 나라보다도 많은 소프트웨어 프로그래머를 보유하게 되리라고 예견한 바 있다. 그들은 중국의 경쟁력을 향상시킬 뿐만 아니라 대대적인 혁신을 일으킬 것이라는 게 앤디 그로브의 생각이다.[35] 무려 12만 명의 활동적이면서 호기심 많은 학생들을 한 곳에 집중시키는 것이 어떤 정치적 효과를 일으킬 것인가? 난징은 1989년 운동의 중심지 가운데 하나이다. 중국공산당은 그리 오래 되지 않은 과거에 벌어졌던 사회적 혼란의 최대 발원지 가운데 한 곳에서 혁신을 일으킴으로써, 혁신에 대한 대중들의 열정을 흡수하려 한다. 그리고 1989년의(그리고 현재의) 이슈들에도 불구하고 사회의 안정성이 침식되지 않는, 중국의 새로운 면모를 기대한다.

중국에서 혁신은 전자상거래나 광섬유 같은 것만을 의미하지는 않는다.[36] 지방 지도자들의 교육 수준이 빠른 속도로 향상되고 있는 것도 중요한 혁신이다. 미국 학자 리청[李成, Cheng Li]에 따르면, 1982년에는 중국 성급(省級) 지도자들의 불과 20%만이 고등교육을 받은 상태였다. 그런데 2002년에 그 비율이 98%로 올라갔다. 2001년에는 대학원을 졸업한 이들이 12.9%였지만, 2003년에는 29%로 늘어났다. 54세 이하의 비교적 젊은 '제4세대 지도자' 가운데 3분의 2가 박사학위를 가지고 있다.[37] 이런 국제적인 교육은 중국의 정치 문화에 큰 영향을 준다. 그런데 더욱 의미 있는 것은 해외에서 교육을 받은 지도자들이 가지고 들어온 사고이다. 국유자산관리위원회의 책임자인 리룽룽[李榮融]은 관리자들을 질책할 때 마치 잭 웰치(Jack Welch)처럼 말한다. "여러분이 책임지고 있는 기업을 그 분야에서 3등 안에 들게 하지 못한다면, 다른 곳으로 매각되기를 기다려야 할 것입니다."[38] 변화가 아니면 죽음이라는 자세가 정부는 물론이고 개인이나 기업에게도 필요하다는 것이다. 끊임없는 변화를 요구하는 이런 흐름은 두려운 것이지만, 현대 세계의 불가피한 기본적 특징이 되어버렸다. 중국에 등장한 이런 상황은 중국이 진정으로 현대화의 길에 접어들었음을 의미한다.

'베이징 컨센서스'는 혁신주도형 성장모델이다. 인도의 경제적 각성과도 관련이 깊은 이 모델은 발전에 대한 기존의 관념을 뒤집는 것이다. 즉 기초로부터 순차적인 성장을 이루는 것보다는 급성장하는 경제 허브를 만드는 것이 더 중요하다는 발상이 그 이면에 내재해 있다. 이런 발상에 따르면, 국토 전체에 전선이 매설되기를 기다리지 말고 일부 지역에라도 우선 광케이블을 깔아야 한다. 혁신적인 사회는 반복되는 실험과 실패가 자연스럽게 용인되는 분위기를 가지고 있다. (기업들이 생겨났다가 망하기를 무수히 반복하는 실리콘밸리를 떠올려 보라.) 이런 분위기가 조성되어야, 발전으로 인한 충격에도 불구하고 변화하면서 살아남을 수 있는 생산적 활력이 생긴다. 이 점에서 덩샤오핑의 두 가지 주장은 매우 중요하다. 첫째, 실험과 실패가 용인되어야 한다는 것이다. 둘째, 정책적 행위의 결과가 대부분 예측하기 어렵다는 점을 발전과정을 통해 자명한 이치로서 얻게 되었다는 것이다. 과거의 경우 급속한 변화를 요구하는 집합적 에너지는 종종 중국을 분열시키곤 했다. 따라서 그는 실패한 실험으로 말미암아 과도한 피해가 생기지 않도록 하기 위해서 어느 정도는 국가의 통제가 필요하다고 여겼다.

3) "녹색 고양이, 투명한 고양이"

혁신이 '베이징 컨센서스'의 첫 번째 원칙의 핵심이라면, 두 번째 원칙은 지속가능하고 평등한 발전이 이루어질 수 있는 환경을 창조해야 한다는 것이다. 지난 20년 동안 자본이 중국에서 일으킨 문제들로 말미암아, 중국의 정책결정자들과 지도자들은 새로운 '조화 지향형' 경제 발전을 모색하게 되었다. 2003년의 중국공산당 제16기 3중전회에서 공식적으로 발표된 유일한 문건에는 전례 없이 다음과 같은 제목이 붙어 있다. 「사회주의시장경제체제를 완전하게 만드는 데 따른 몇 가지 문제에 대한 결정[完善社會主義市場經濟體制若干問題的決定]」. 여기서 강조되는 핵심은 '시장'이 아니라 '완전하게 만들기'였다.

최근 몇 달 동안 거의 매주 중국공산당의 관료들은 중국의 발전 모델을 변화시켜야할 필요성을 역설하는 발언을 쏟아냈다. 지속가능한 발전에 관심을 기울여야 하고, 개혁에서 낙오된 이들에게까지 개혁이 파급될 수 있도록 해야 한다는 요지의 발언들이었다. 이전에 『인민일보』의 헤드라인은 줄곧 연해 도시의 공항 개장식에 참석한 최고지도자들의 사진으로 장식되어 있었지만, 지금은 최고지도자들이 낙후된 농촌 지역의 개혁을 성원하는 내용의 기사로 대체되었다. 물론 이것이, 중국공산당이 발전과 현대화에 대한 열정을 접었음을 의미하는 것은 결코 아니다. 2020년까지 GDP를 세 배나 성장시키겠다는 목표는 오직 혁신을 통해서만 실현될 수 있다. 또한 그 과정에는 만만치 않은 도전이 기다린다. 하지만 그럼에도 지금의 핵심적인 문제는 균형적인 발전이다. 10년 전에 베이징의 지식인들은 시장경제학에 관한 책에 심취했다. 그런데 지금 베이징대학의 서점에서 가장 많이 팔리는 세 권의 책은 모두 국가 발전의 질에 관한 것이다. 하나는 빈곤한 중국 서부 지역에 관한 내용, 다른 하나는 빈약한 공공위생의 영향에 관해 조사한 것, 또 다른 하나는 변화하는 사회에서 신뢰의 필요성에 관해 논의한 것이다. 최근 둥베이 지역의 정책 입안자들에게 이런 질문을 던진 적이 있다. "당신들의 발전 계획을 어떻게 생각합니까?" 그 대답은 이러했다. "과거에 비해서 복잡해졌습니다. 이전에는 그저 GDP의 증가에만 관심을 기울였습니다. 그건 참 쉬운 일이지요. 그런데 지금은 관심을 기울이는 문제가 훨씬 더 많아졌습니다."

2003년 가을, 권력의 무대에서 공식적으로 주연을 맡게 된 중국의 제4대 지도자 후진타오와 원자바오는 중국 경제가 과연 시장화의 길을 가야 하는가에 관한 좌우 지식인들의 골치 아픈 논쟁을 종식시켰다. (얼마 전인 1997년에 정부의 정책입안자들은 시장화를 지연시키려는 배후의 보수파들과 싸워서 그들을 밀어낸 바 있다.)[39] 그런데 시장화가 확고한 추세로 자리 잡은 지금은, 중국의 발전 모델의 특징을 변화시키는 것이 긴급한 관심사로 대두되고 있다. 이는 불균형적인 발전으로 인해 사회적 위험이 초래되었기 때문만은 아니다. 지속가능한 성장 모델로의 변화가 이루어지지 않는다면, 중국 경제는 점차 동력을 잃어버릴 것이고, 자원의 부족으로 인해 발전을 멈출 것이며, 부패와 환경오염으로 말미암아 곤경에 빠질 것이기 때문이다. 마카이는 금년 봄에 이렇게 말했다. "우리의 발전 모델을 바꾸지 않는다면, 발전은 계속될 수 없을 것이다."

　이러한 새로운 관점은 중국의 사상가들이 성장을 가늠하는 척도로 사용하기 시작한 방법에서도 명확히 드러난다. 특히 칭화淸華대학의 경제학자인 후안강胡鞍鋼은 워싱턴 컨센서스 역학의 필수불가결한 조건인 GDP 성장을 '검은 GDP 성장(black GDP growth)'이라고 경멸적으로 바라본다. 그는 세계가 주목하는 중국의 검은 GDP 수치에서 막대한 환경 파괴로 인해 발생된 비용을 차감하여 이른바 '녹색 GDP 성장률'을 산출했다. 그리고 이어서 부패로 인한 비용을 뺀 '클린 GDP'를 제시한다. 중국이 얼마나 진보했는지를 측정하기 위해서는 이런 방법이 필요하다는 것이다. 덩샤오핑이 개혁개방 초기에 경제개혁에 관해 언급한 유명한 발언으로 '검은 고양이든 흰 고양이든 쥐만 잘 잡으면 좋은 고양이'라는 말이 있다. 그러나 GDP를 바라보는 후안강 식의 관점은 정부의 믿음이 '고양이의 색깔도 중요하다'는 쪽으로 바뀌고 있음을 알려주는 것이다. 이미 전국 각 지역의 지도자들이 후안강의 방법을 언급하고 있다. 현재의 목표는 녹색 고양이, 투명한 고양이를 찾는 것이다.

이런 현상은 중국이 사회 안정에 대해 강박관념을 가지고 있음을, 그리고 오염과 부패를 사회의 독소로 인식하고 있음을 두드러지게 보여주는 사례이다. 지난 200년 동안의 중국 역사를 5년 간격으로 나누어보면, 5년마다 중대한 사회적 변란이 발생했음을 발견하게 된다.[40] 1980년대 중반에 일군의 경제학자들은 경제 성장에 가장 큰 영향을 미치는 요인들에 대해 대대적인 연구를 시작한 바 있다. 그들은 공산당 지도부에게, 경제 성장에 가장 중요한 영향을 미치는 요인은 사회 안정이라고 강조했다. 여러 사회적 가치들 가운데 사회 안정의 중요도 순위를 어느 정도로 평가하는지에 관한 최근의 조사에서 중국인들은 그것을 2번째 순위로 꼽았다. 다른 국가에서 조사된 수치의 평균은 23위였다.[41]

  중국의 정치 체제가 권력의 독점을 요구하는 이유도 이와 관련이 깊다. 이데올로기에 기초한 체제에서 능력에 기초한 체제로의 전환을 시도하는 개혁에서 가장 중시되는 것은 역시 안정이다.[42] 중국의 가장 영향력 있는 고위 지도자 가운데 한 명은 이렇게 말했다. "우리가 늘 인권과 민주 등의 구실로 비난을 받고 있는 것을 잘 아시겠지요. 하지만 솔직히 말해서, 우리가 만약 13억의 인민들을 빈곤에서 해방시킬 수 있다면 그것은 인류 역사상 가장 위대한 업적이 될 것입니다. 우리는 물론 다른 일들에도 힘을 기울이고 있습니다. 그러나 13억 인민들을 빈곤에서 해방시킬 수 있다면, 내 남은 인생에 해야 할 일은 그것으로 충분하다고 할 것입니다." 사회 안정은 이 모든 것의 전제조건이다. 1989년의 운동 이후로 중국에서 주기적 혼란은 더 이상 벌어지지 않고 있다. 중국 정부는 그 어떤 대가를 치르더라도 사회 안정을 지켜

내려고 한다. 1989년 천안문 사건 때 중국 정부가 내린 결정도 이런 점에서 설명이 된다. 1989년을 기점으로, 공산당과 정부를 분리하려는 덩샤오핑 시대의 실험은 막을 내렸다. 그리고 다양한 사상이 공개적으로 토론되는 시대에 들어서도, 이런 실험은 시대 흐름에 맞지 않는 것으로 간주되어 더 이상 시도되지 않고 있다.[43]

중국의 시장경제 발전은 여러 가지 문제들을 일으켰다. 거시적 측면의 문제들로는 환경오염, 사회 불안정, 부패, 정부에 대한 불신, 실업 등을 들 수 있다. 개인적 차원의 문제는, 가장 젊은 세대를 제외한 대부분의 중국인들이 생활의 빠른 변화로 인해 적어도 어느 정도씩은 방향성을 상실하고 있다는 점을 들 수 있다. 여론조사 결과는 중국인들이 중국 사회에 대해 얼마나 간절한 희망을 품고 있는지, 그러면서 동시에 우려를 하고 있는지를 잘 보여준다. 지난 25년 동안 중국 경제는 분배의 측면에서 볼 때, 세계에서 가장 평등하고 합리적인 경제에서 불평등한 경제로 변모했다.[44] 국무원 개발연구센터[發展硏究中心]의 주임인 왕멍퀘이[王夢奎]는 이렇게 말했다. "10억이 넘는 인민들의 온포 (溫飽) 문제가 이미 해결되었습니다. 이것은 중국이 발전하는데 새로운 기점이 될 것입니다. (…중략…) 어떤 대가를 치르더라도 중국 인민의 온포 문제를 해결하는데 전력을 기울여야 한다는 애초의 입장은 이제 상황에 맞게 조정될 필요가 있습니다."[45]

어떤 점에서 보면, 균형적 발전에 대한 희망은 최근 중국의 거시경제가 안정되고 연 성장률이 10%를 넘어서게 된 상황에 따른 일종의 사치스런 바람이라고 할 수 있다. 그러나 세계화에 대한 회의가 더욱 커지고 있는 시대에, 균형적 발전과 자력갱생을 추구하는 모델에 대한 논의가 많은 나라들의 관심을 끄는 것은 당연한 일이다. 아래에서는 '베이징 컨센서스'가 어떻게 확산되고 있는지에 대해 이야기할 것이다. 그런데 그 전에 먼저 '베이징 컨센서스'의 평등과 혁신의 원칙이 담고 있는 철학적 함의에 관해 언급할 필요가 있다. 왕후이(汪暉)와 같은 중국 신좌파(新左派)의 이론가들은 중국의 이런 새로운 '역학'을 단순히 '낡은 발전 방식'에 대한 반대로 보아서는 안 된다고 강조한다. 심층적 측면으로 볼 때, 그것은 독점적인 통제 방식에 대한 반대라는 것이다. 그들은 지식이나 혁신, 사상 등을 독점적으로 통제하는 것은 해롭고 위험한 일이라고 주장한다. 그런 시각은 불가피하게 권력의 독점적 통제의 미래에 대한 문제 제기로 이어질 수밖에 없다.

3. 중국적 특색을 갖춘 세계화 – 에너지 이동의 문제

얼마 전 필자는 동남아시아 어떤 나라의 개발부서 장관과 대담을 한 일이 있다. 그 나라는 어려운 시기를 겪었지만 의미 있는 발전을 지속하고 있는 곳으로, 작지만 성공적인 성과를 구현하고 있다고 널리 인정받는 국가이다. 대화가 어느 정도 진행되자 그는 찻잔을 내려놓고, 나와 함께 동석한 경험 풍부한 개발경제학자에게 솔직하게 물었다. "우리가 중국보다 못한 이유가 뭡니까? 우리도 그들과 다를 게 없지 않습니까? 우리에게도 값싼 노동력이 있습니다. 또한 우리의 정치

체제 역시 매우 확고합니다. 우리가 도대체 뭘 잘못한 겁니까?" 이런 질문은 사실 무척 익숙한 것이다. 모든 아시아, 심지어 세계 전체에서 중국이 굴기하게 된 이유를 연구하고 그런 기적적인 성공의 일부나마 자신의 땅에서 실현하려고 시도하는 국가를 어렵지 않게 만날 수 있다. 25년 전 중국과 전쟁을 벌였던 베트남에서는, 현재 학자들이 장쩌민의 '세 가지 대표 이론'을 연구하여 그것으로부터 발전에 도움이 되는 실마리를 찾아내려고 노력하고 있다. 하노이에서 최근 강조되는 경제 구호인 '안정, 발전, 개혁'은 덩샤오핑이 1970년대 말에 한 연설에서 모티브를 따온 것이다.[46] 세계은행이 베이징에서 개최한 회의의 주제는 '다른 나라들은 중국으로부터 무엇을 배울 것인가'였다. 브라질의 룰라나 태국의 탁신 등 개발도상국의 카리스마형 지도자들도 조사 연구 활동을 위한 대표단을 중국에 파견하기 전까지는 중국에 대해 매우 우호적인 예찬을 했다. WTO 사무총장인 수파차이 파니치팍디(Supachai Panitchpakdi)는 이렇게 말했다. "중국의 확고한 경제적 성과는 다른 개발도상국들의 영감의 원천이 될 만하다."[47] 1990년대에 중국은 무역을 바탕으로 한 전략으로 각 산업 분야의 세계화를 추구했다. 그런데 이제 그 전략에 더해서 사고의 세계화를 수행해야 할 사명까지 띠게 되었다. 베이징 컨센서스를 세계의 생기발랄한 지성의 시장으로 수출하게 된 것이다.[48] 중국의 한 학자는 최근에 이렇게 언급한 바 있다. "'세계로 나아가자'는 개방전략에는 중요한 경제적 의미만 있는 것이 아니라, 중요한 정치적 의미까지 내재되어 있다. 현재 세계에는 여전히 패권주의와 힘의 정치가 횡행하고 있다. 이런 상황에서 개발도상국들은 패권주의에 반대하고 세계의 평화를 지켜내는 주요한 역량이 된다." 이런 언급은 중국의 굴기로 인해 파급된 에너지가 어째서 필연적으로 국제 질서를 변화시키는지 잘 설명해준다. 물론 중국 내외의 정책 결정자들 가운데는 이런 변화를 달갑지 않게 여기는 이들도 여전히 적지 않다.

중국의 굴기에 어떻게 대응할 것인가를 토론하기 전에 우선 베이징의 발전모델이 왜 다른 나라들에게 매력적으로 받아들여지는지, 즉 베이징 컨센서스가 카리스마를 갖는 이유에 대해 토론할 필요가 있다. 이것은 고등학교 물리학에 나오는 내용('두 물체가 충돌하면 어떤 일이 벌어지는가?')이나 개발경제학에서 말하는 내용('우리는 그들에게 좋은 아이디어를 주었지만, 아무것도 변하지 않았다')과 유사한 발상인 에너지 전환의 문제로 이해할 수도 있다. 우리는 이미 베이징식 발전모델의 일부 핵심적 발상에 대해 알아보았다. 그것은 혁신과 공평함으로부터 생겨나는 고도의 영향력에 근거한 발상이다. 이제 우리는 이런 발상이 어떻게 세계 각지에서 큰 관심의 물결을 일으키는지, 그리고 심지어 중국이 자신들의 발전을 위한 사고를 다른 나라들에 확산시키려 할 때조차, 결과적으로 중국의 영향력을 확대시키게 되는지에 대해 알아볼 것이다. 앞으로 자세히 살펴보겠지만, 중국은 세 가지 방식으로 자신의 에너지를 전파하고 있다. 첫째, 워싱턴식의 낡은 발전 관념에 대한 반발이다. 베이징 컨센서스는 그 자체로 반작용적 운동 에너지를 가지고 있다. 둘째, 지방화에 대한 중국 특유의 관심으로 인해, 중국의 경험을 모범으로 삼는 곳에서는 어디서나 중국의 역학이 고유한(지역별) 성장의 연쇄반응을 일으키게 된다. 끝으로, 무역에 의존하는 여타 국가들의 미래에 막대한 영향을 미칠 중국의 경제적 굴기는, 마치 자석처럼 중국과 여타 국가들의 이익을 긴밀하게 연계시키고 있다. 중국 모델의 마지막 매력, 즉 베이징 컨센서스의 안보에 관한 관념이 갖는 매력은 매우 중요하고 복잡한 내용이기 때문에 다음 장에서 따로 상세히 서술할 것이다. '베이징 컨센서스'는 비대칭적 방위 관념과 '국가의 크기를 막론하고 모든 국가는 애초부터 평등하다'는 철학에 근거하고 있어서, 많은 국가들에게 진정한 독립을 실현할 수 있다는 희망을 주고 있다.[49]

국가적 자긍심과 안보라는 두 가지 이유 때문에 중국은 자신의 모델을 국외로 확산시키고자 한다. 중국의 국가 발전 에너지가 전파되는 것을 그저 우연적인 일로만 볼 수는 없다. 중국의 한 정책입안자는 이렇게 언급했다. "중국이 세계체제로 통합되어 들어가는 것, 그리고 서방 국가들과 협력하는 데 치중하는 것을 그저 서구의 인정을 받으려는 것으로 여겨서는 곤란하다. 사실상 이것은 상호 인정의 과정이다. 우리가 서구와 접촉하는 과정은 그들에게 중국을 이해시키는 과정이고, 어떤 점에서는 그들에게 영향을 미치는 과정이기도 하다."[50] 중국이 자신의 길을 가고자 한다면, 그리고 '평화적 굴기'를 실현하고자 한다면, 자신이 제시한 세계관을 다른 나라들로 하여금 받아들이게 하는 것이 무엇보다 중요한 일이 된다. 중국에 대해 어떻게 대응해야 할지 알기 위해서는 이 점을 이해하는 것이 필수적이다. 이 문제에 관해서는 이후에 다시 논의할 것이다.

1) 반작용적 운동 에너지 – 적합성 테스트

'베이징 컨센서스'에 대해 분석을 하다보면 자연스럽게, 그것이 어느 지점에서 '워싱턴 컨센서스'와 대립하게 되었는지에 주목하게 된다. 그리고 그것의 에너지가 과거 10년의 실패한 정책에 대한 (토인비식으로 말하면) 강렬한 반작용의 산물이라고 단정하게 된다. 경제학자인 존 윌리엄슨(John Williamson)이 1990년에 제기하여 워싱턴 컨센서스의 토대가 된 10가지 주장에는 재정 원칙부터 규제 철폐, 해외 직접 투자 개방, 환율 경쟁력 제고 등에 이르기까지 거의 모든 문제들이 포괄되어 있다. 당시 세계은행에 근무하고 있던 윌리엄슨은 이 정책 목록을 라틴 아메리카의 만성화된 부채 문제를 해결하려는 시도의 일환으로 작성했다. 따라서 그것을 중국에 직접 적용할 수 없는 것은 당연하다.[51] 1990년대에 들어서 이런 정책이 세계 각지에, 심지어는 인도네시아나 카자흐스탄 같은 국가에까지 적용되는 것을 본 윌리엄슨은 크게 놀랐다. 그의 정책은 이내 '워싱턴 컨센서스'라는 명칭으로 일반화되었다. 그의 정책이 당시 매우 매력적이고 유용한 것으로 받아들여진 이유는 외국 자본을 끌어들이는 완벽한 가이드처럼 보였기 때문이다. 사실 그것은 은행들이 그리는 가장 이상적인 개발의 조건이었다. 반면 해당 국가 국민들의 삶을 향상시키는 것과는 별 관련이 없었다. 결국 그 모델은 대부분의 국가에서 기본적인 적합성 테스트를 통과하지 못했다. 적합하지 않은 정책으로 판명된 것이다.

냉전이 끝난 직후, 이전까지 워싱턴과 긴밀한 군사적 동맹 관계를 맺고 있던 나라들은 금방 중심을 경제적 동맹으로 옮겼다. 하지만 결과는 신통치 않았다. 반면 워싱턴 컨센서스를 무시했던 대표적인 두 나라, 즉 인도와 중국은 괄목할 만한 경제 성장을 이루어냈다. 워싱턴 컨센서스를 끝까지 추종한 아르헨티나나 인도네시아는 크나큰 사회적 및 재정적 대가를 치러야 했다. 그런 결과를 통해 확인할 수 있는 것은, 워싱턴 컨센서스가 뉴턴 물리학이 직면했던 가장 기본적인 문제, 즉 '그것이 모든 곳에서 적용되는가?'라는 문제에 대해 답을 제시하는데 실패했다는 사실이다. 베이징 컨센서스가 주목을 끄는 가장 큰 이유는 그것이 '워싱턴 컨센서스'의 가치관으로부터 멀리 떨어져 있기 때문이 아니라, 상이한 각 지역의 고유한 문제들에 대해 구체적인 분석을 시작했다는 점 때문이다. 윌리엄슨의 글은 그저 은행들의 공감을 얻었을 뿐이다. 하지만 베이징의 사고는 최적의 구현 상태를 유지하기만 한다면, 발전의 정체라는 늪에 빠진 세계 각국 민중들의 공감을 얻을 수 있다. 두 가지 접근방법 가운데 어떤 것이 더 유용하고 설득력이 있는지는 자명하다. 또한 이미 희망을 품기 시작한 민중들에게, 권력의 수호와 통제라는 베이징의 또 다른 욕망이 얼마나 해로운 것인지 역시 자명하다.

실험과 실패가 용납되는 환경이 만들어지려면, 민중과 정부가 새로운 암묵적 협약을 맺어야 한다. 반드시 성공적인 상황이 아니더라도, 변화가 너무 빠르다면 그것에 대해 자신의 의견을 말할 수 있도록 각 개인들에게 한층 많은 힘이 부여되어야 하는 것이다. 또한 변화에 대한 책임과 역할 역시 개인들에게 주어져야 한다. 조금 이상하게 들릴 수도 있지만, 현재 중국의 혁명은 개인의 기초 위에 세워지는 혁명이라고 할 수 있다. 아니, 개인보다는 시민권이라고 하는 것이 더 적합

할지도 모르겠다. 중국은 집단적이라는 점에서 둘째가라면 서러워할 사회이다. 개인주의는 중요도 면에서 사회적 의무와 가족의 의무보다 한참 뒤에 위치한다. 하지만 중국의 사고방식 가운데 개인주의도 엄연히 한 자리를 차지하고 있다. 또한 지난 50년 동안 '개인'으로서의 도덕과 지식과 체력에 의지해서 온갖 시련을 견디고 마침내 자수성가한 수많은 엘리트들이 현재 중국의 발전을 어떻게 바라보는지를 설명하는 데 개인주의는 아주 유용한 시각을 제공해 준다.

최근 어떤 아시아 국가의 지도자는 필자에게, 중국의 학자들이 자기 나라의 민주주의 체제에 대해 연구한 끝에 다음과 같은 결론에 도달했다고 말한 바 있다. 집권당이 권력을 유지하려면 반드시 국민들에게 가까이 다가가야 한다는 것이다. 장쩌민의 '세 가지 대표 이론'에 대한 조심스러운 보완으로서 후진타오가 제기한 이른바 '세 가지 다가가기[三個貼近]' 이론, 즉 '실제에 다가가고, 대중에게 다가가고, 생활에 다가가자'에는 이미 이런 생각이 담겨 있다. 시민권과 거버넌스에 관한 이런 새로운 관념(인간을 근본으로 하는 치국 관념─중국어판)의 목표는 수많은 중국인들이 자유롭게 일하고 계획하고 스스로 조직하게 하는 것이며, 방대하면서도 불안정한 중국 사회가 계속해서 단합을 유지하도록 하는 것이다. 그리고 당연히, 중국공산당이 권력을 계속 장악하도록 하는 것이다. 중국공산당의 관료들은 멕시코 제도혁명당(PRI)과 타이완 국민당의 일당 집권이 실패로 돌아간 원인을 조심스럽게 연구했다. 이는 매우 현명하고 실용적인 정치적 행동이라고 할 수 있다. 그러나 더욱 중요한 것은 아래로부터의 상향식 발전이 실현될 수 있는 환경을 조성하겠다는 발상이다. 이런 발상은 시장의 혼란에 대한 민중의 자율적 관리와 진화되고 현명해진 외부적 강제가 결합될 가능성, 그리고 그런 가능성의 토대가 되는 가치관을 보여준다.

2) 지역화라는 논점 – 문화적 연쇄 반응

중국 사회의 특수성을 설명할 때면 흔히 중국 문화의 깊이 있고 흔들림 없는 힘이라는 일종의 불가사의한 실체에 관한 이야기가 상투적으로 등장한다. 중국의 핵심적 가치들이 겪어온 지난 150년 동안의 격동을 생각하면 이런 힘의 실체를 섣불리 부정하기는 쉽지 않다. 중국적 가치들 가운데 일부는 이미 산산조각이 났다. 중국 과학기술의 우월성에 대한 전통적인 자부심 같은 것이 그 대표적인 예이다. 그 결과로 사람들의 생각은 믿을 수 없을 만큼 완전히 뒤바뀌었다. 그러나 다른 중국적 가치들, 즉 심미적 가치에서부터 가족과 친구들을 끈끈하게 엮어주는 복잡한 감정적 가치에 이르기까지 적지 않은 것들은 맹렬한 직접적 공격을 받고서도 살아남았다. 중국은 지금도 여전히 자신의 최근 역사와 투쟁 중이다. 많은 중국인들은 문화대혁명의 가장 큰 잘못이 중국의 전통적인 문화를 뒤집어엎는 혁명을 시도한 데 있다고 여긴다.

아시아의 여타 국가들을 돌아다녀보면 중국 문화의 영향이 그곳 사람들의 식사 습관에서 부모 자식 간 대화 방식에 이르기까지 일상생활 속에 깊이 파고들어 있음을 알 수 있다. 중국 문화는 중국의 역사와 여타 아시아 국가들의 현재 속에서 강력한 힘을 발휘하며 되살아났다. 지금까지 중국은 여러 번에 걸쳐 이민족의 침략을 받아왔다. 그런데 시간이 흐름에 따라 침략자들은 모두 중국 문화에 동화되었다. 중국어를 말하고, 중국 음식을 먹으며, 중국 문화에 젖어들었다. 1215년에 베이징을 침공한 몽고의 군대는 한족의 나태한 풍습을 단호히 거부하겠다고 선언했다. 그들은 베이징에 몽고 전통식의 천막을 치고, 한족과 섞이지 않기 위해 애를 썼다. 자식들에게는 중국어를 가르치지 않았고, 자신들의 전통적인 종교와 관습을 유지했으며, 마치 고향의 초원 지대에서 사는 것처럼 행동했다. 하지만 도리가 없었다. 두 세대도 지나기 전에 그들은 완전히 한족의 생활에 동화되고 말았다. 나중에 베이징을 장악한 만주족 역시 마찬가지의 운명이었다.

중국 문화가 왜 그렇게 강한 힘을 발휘하는지에 대해서는 많은 이론이 존재한다. 그 복잡한 내용을 여기서 논의하기는 어렵다. 그러나 그것들의 핵심적 함의는 어렵지 않게 이해할 수 있다. 한 마디로 그것은 관념, 생산물, 생활 방식 등에서 중국만의 지역적 특색을 유지하는 것으로 요약된다. 지역적 특색을 빼놓고 중국을 이해하는 것은 불가능하다. 마오쩌둥이 자신의 일생 가운데 아주 많은 시간을 들여서 '중국적 특색의 공산주의'가 어떤 것인지 찾기 위해 노력한 것도 바로 이 때문이었다. 정통적인 레닌주의는 마치 나이프나 포크처럼 중국에 어울리지 않았다. 현재도 은행의 현금지급기(중국 노래와 사진이 고객을 환영하는)에서부터 중국의 전통적인 탑처럼 생긴 마천루에 이르기까지 모든 것들에 중국 문화의 특징이 드러나 있다. 이런 현상 역시 중국적 특색에 대한 절대적인 열망이 반영된 것이다. 이런 경향 때문에 중국에서는 국제적인 프로그램을 방송하는 MTV가 중국 가수들의 노래를 주로 방송하는 Channel V를 당해내지 못한다. 중국은 세계 여타 지역을 따라하려 하지 않는다. 덩샤오핑의 말대로 중국은 서구의 지식을 중국의 사상과 결합시키려 하고 있다. 중국이 '미국의 생활 방식'을 따라가기 위해 애쓴다는 리처드 매드슨(Richard Madsen)의 생각은 그런 점에서 무척 위험한 오해이다.[52] 중국은 그저 '중국의 생활 방식'을 만들기 위해 노력할 뿐이다. 그 결과 중국의 발전은 국가적 자신감을 북돋아주는 일종의 자부심 넘치는 내적 에너지를 만들어내고 있다.

중국적 특색에 대한 열망은 전혀 그럴 것 같지 않은 곳에서도 드러난다. 대부분의 국가들은 인간을 우주로 쏘아 올릴 수 있는 기술을 갖게 된 것만으로도 만족한다. 그런데 중국의 과학자들은 중국 최초의 우주 궤도 비행에서도 중국적 특색이 드러나게 하려고 애를 썼다. 비행통제센터의 컴퓨터와 모니터 주변은 중국식 찻잔, 행운을 기원하는 동색과 금색의 상징물들, 그리고 붉은색 띠로 장식해 놓았다. 중국 최초의 우주인인 양리웨이[楊立偉]는 우주 비행을 하는 도중에 자랑스럽게 위샹러우쓰[魚香肉絲, 고기와 야채를 채 썰어서 볶은 중국 요리]를 먹었다. 1990년대에 중국의 지식인들이 '문화가 중요한가?'라는 주제를 놓고 벌인 논쟁은 일반 중국인들에게는 사실 에너지 낭비로밖에 보이지 않았다. 너무도 당연한 이야기였기 때문이다. 때때로 문화에 대한 이런 자부심이 중국 사회를 지나친 협소함 속에 가둬두기도 하지만, 반대로 이런 자부심이 놀랄 만큼 폭넓은 시야와 과감한 용기의 원천이 되기도 한다. 현재 이런 자부심은 세계의 미래를 통제하고 관리하고 그것에 지역적 특색을 부여하고자 하는 중국의 희망을 가능한 것으로 만들어주고 있다. 이로 말미암아 중국은 워싱턴 컨센서스 같은 원격 처방에 본능적으로 반대하게 되었고, 시종일관 제1세계 선진 국가들의 경제적 조언과 거리를 둘 수 있었다. 베이징만의 길을 찾고자 결심하게 되었던 것이다.

그 결과로 생겨난 중국적 발전의 길은 워싱턴 컨센서스와 확연하게 다른 것일 뿐 아니라, 과학기술의 세계화를 통해 어떻게 세상을 바꿀 것인지에 관해 워싱턴이나 제네바보다 훨씬 더 세밀하면서도 유용한 비전을 제공해주는 것이었다. 중국의 경우 가장 주요한 참조 대상은 예나 지금이나 늘 중국 그 자체였다. '미래는 자기 손 안에 있다'는 옛말을 떠올려볼 필요가 있다. 중국인들은 오래 전부터 세계화에 대해 뿌리 깊은 불신을 가지고 있었다. 정치철학자인 왕후이는 1989년 천안문사건을, 그로부터 10년 후에 시애틀에서 세계화의 압력에 저항하여 일어난 시위와 철학적 사촌 관계라고 강력하게 주장했다.

한때 '중국적 특색의 공산주의'를 건설하는 데 전력을 기울였던 중국은 지금 중국적 특색의 세계화를 발전시키는 데 주력하고 있다. 이는 중국의 역학을 세계로 확산시키는 데도 긍정적으로 작용한다. 브라질 대통령인 룰라가 중국 방문 계획을 발표했을 때, 그의 공보실은 관심사가 단지 경제적 관계에 국한되지 않음을 분명히 밝혔다. 대변인 중 한 명은 중국에 대한 룰라의 관심에 관해 이렇게 말했다. "대통령은 국민의 삶을 개선하는 것을 직접적 목표로 삼는 프로젝트 같은 사회적 주제에 대해서도 역시 관심을 가지고 계십니다."[53] 미국과 EU의 무역에 대한 태도에 실망을 느낀 룰라는 세계의 상업적 질서를 변화시키려는 희망을 품게 되었다. 국내에서 개혁을 시작해야 한다고 주장하면서 그는 이렇게 말했다. "우리는 우리 자신을 믿든지, 아니면 농업 보조금을 없애자고 끊임없이 요구해야 합니다."[54] 물론 이것이 1970년대의 자급자족형 경제모델로 돌아가자는 의미는 결코 아니다. 베이징 컨센서스의 호소력은 세계화 추세에 대한 사람들의 보편적인 걱정에 공감하면서 또 다른 대안적 길을 제시한 데 있다. 이 대안적 길은 세계화의 사고가 각 지역의 특수한 상황에 부합하는지를 먼저 엄격히 따지고, 그런 다음 그것들을 통합해 나가는 것이다. 이런 방식이 효과를 발휘하면, 그 지역의 문화가 발전하는데 큰 도움을 주게 된다. 물론 그렇게 되기 위해서는 그 지역 문화의 부패와 불균형과 무기력을 상쇄할 수 있는 강력한 혁신과 공정성의 힘이 필요하다. 창조와 전통 사이의 힘의 균형을 유지하는 것은 원자로 속 원자들 사이의 에너지의 전이를 안정적으로 유지하는 것만큼 어려운 일이다. 그러나 이 과정이 적절하게 통제될 수만 있다면, 이는 자신감을 만들어내는 새로운 에너지원이 된다.[55] 혁신을 보수적인 지역으로 확산시키는 중국의 경제특구 모델은 이미 세계 각 지역에서 복제되고 있다. 이를 통해 새로운 사고가 확산되고 있으며, 무분별한 세계화 추세가 저지되고 있다. 예를 들어 멕시코는 국경 개발계획을 재조정함으로써, 미국 경제에 밀접하게 의존해야만 하는 상황에서도 민중들의 문화와 삶의 가치가 지켜지도록 노력하는 중이다. 이런 방식을 멕시코적 특색의 세계화라고 명명하는 비센테 폭스(Vicente Fox) 대통령의 모습은 덩샤오핑과 매우 흡사하다.

3) '위안화'의 흡인력

브라질이나 칠레 또는 기타 여러 나라의 대통령들은 중국이 없다면 경제적 희망을 가질 수 없었을 것이다. 2003년이 시작된 후 11개월

동안 브라질의 대 중국 수출은 무려 81%나 증가하여 42.3억 달러에 이르렀다. 1999~2002년 사이에 EU는 중국으로의 수출액을 거의 두 배로 늘렸다. 2003년 시작 이후 불과 10개월 만에 독일의 대 중국 수출액은 30% 증가되었다. 그 10개월 중에는 '사스(SARS)'로 인해 경제적 공황 상태가 빚어진 두 달이 포함되어 있다. 2003년에 아시아 기타 국가들의 대 중국 수출액도 50%나 늘어났다. 중국은 이미 라틴아메리카와 아시아 국가들의 상품을 미국에 이어 두 번째로 많이 수입하는 국가가 되었다. 세계의 철강과 석유 및 기타 자원 시장은 중국의 성장에 크게 의지하고 있다. 칠레와 인도네시아는 거리상으로 멀리 떨어져 있고 매우 다르게 보이지만 중요한 공통점을 가지고 있다. 경제적으로 중국에 의존한다는 것이다. 이것은 우연한 상황이 아니다. 중국은 자신의 경제적 힘을 잘 알고 있다. 그러므로 예를 들어 중국이 미주개발은행(Inter-American Development Bank)[56]에 출자하여 회원국이 되고자 하는 것은 경제정책이면서 동시에 외교정책이라고 할 수 있는 것이다.

이런 상황이 갖는 의미는 명확하다. 우선 이런 밀접한 연계로 말미암아, 중국의 성장이 중국인이 아닌 기타 수십억 명의 이익에 부합되는 전 세계적 경제 환경이 조성되었다고 할 수 있다. 밭에서 필요 시간 이상을 노동하는 브라질의 농부들이나(중국의 수요를 충당하기 위해, 브라질은 올해 이스라엘의 면적에 해당되는 넓이만큼의 농지에서 콩을 추가 생산했다) 칠레의 구리 광산 노동자들(칠레 국영 구리광산 업체 코델코(Codelco)의 이윤이 71% 증가한 것도 중국의 수요 덕분이다), 그리고 싱가포르의 소프트웨어 프로그래머들(2003년에 수출이 32% 증가했다)은 모두 '위안화'로 환산되는 급여를 받는 셈이다.[57]

이런 상황은 중국과 기타 개발도상국들의 경제적 이익 사이에도 긴밀한 연관이 생기게 한다. 2003년에 멕시코에서 열린 무역회담이 결렬되었을 때, 브라질 대통령인 룰라와 기타 라틴아메리카의 지도자들은 서둘러 중국에 지원을 요청했다. 미국이 농업정책을 조정하도록 설득해달라고 부탁하기 위해서였다. 베이징은 이 요청을 받아들였다. 이는 베이징 컨센서스의 가치가 다른 나라들의 이익에도 부합된다는 점을 확실히 강조하려는 의지의 표현이었다. 2010년까지 아시아 자유무역지대를 조성하려는 중국의 계획은 아시아의 개발도상국들과 중국 사이의 관계를 더욱 공고하게 만들 것이다. 중국의 한 사상가는, 이런 자유무역지대가 생기면 아시아의 개발도상국들이 더 이상 미국을 최대의 무역파트너로서 의지하지 않게 될 것이라고 지적하기도 했다.[58] 중국의 정책 결정자들은 아시아를 넘어서 심지어 아프리카까지도 영향력을 확산시키려 하고 있다. 최근 아디스아바바(Addis Ababa)에서 열린 한 회의에서, 그들은 향후 3년 안에 대 아프리카 교역량을 현재의 두 배로 늘리려는 계획을 공표했다.[59]

'새로운 길'에 대한 발상은 중국의 발전 경로에 관한 사고에서 핵심적인 위치를 차지하고 있다. 그리고 그것은 지금 다른 나라들의 관심까지도 집중적으로 불러 모으고 있다. 물론 다른 나라들도 줄곧 새로운 길을 찾으려는 시도를 해왔다. 1990년대 말 이래로 말레이시아는 공정성장모델(GEM, Growth with Equity Model)을 추구해 왔고, 한국은 지식기반경제(KBE, Knowledge Based Economy)의 청사진을 그려 왔다. 하지만 거대한 국가인 중국의 성공은 여타 사례와는 비교할 수 없는 두드러진 위상을 갖는다. 그것이 얼마나 큰 의미를 갖는 일인지는 중국인 자신들조차 온전하게 인식하지 못하고 있다. 인도의 사회학자인 람고팔 아가르왈라(Ramgopal Agarwala)는 최근에 이렇게 주장했다. "중국의 성공적인 실험은 인류 역사상 가장 대단한 일입니다. 다른 나라들은 그것을 존중하고 배워야 할 것입니다."[60] 또한 이렇게 덧붙였다. "중국은 한때 서구의 선전을 믿는 듯 보였고 서구의 방식에 의존하여 성공을 거두는 것 같았지만, 실제로는 자신만의 길을 개척했고 이는 연구해 볼 만한 가치가 있는 것입니다." 양국 사이의 긴장 관계를 고려할 때, 인도의 학자가 한 이 발언은 매우 주목할 만한 것이다. 인도와 중국은 많은 공통점을 가지고 있다. 그 가운데 가장 두드러진 것은 베이징 컨센서스라는 퍼즐의 마지막 조각인, 자국의 운명을 스스로 통제하려는 욕망이다. 아래에서는 바로 이 문제를 다룰 것이다.

4) 미국식 모델에 대해 NO라고 말하는 중국

중국은 유사 이래로 가장 큰 비대칭적 초강대국이 되어가는 과정 중에 있다.[61] 대량의 무기를 보유한 채 다른 세계관에 대해서는 결코 용인하지 않는 미국식 초강대국과 달리, 중국은 자신을 본받을 만한 모델로 제시하고, 경제적 위상에 따른 영향력을 발휘하며, 베스트팔렌(Westfalen) 체제[62] 이후 확립된 국가 주권을 확고하게 지지하면서 초강대국으로 등장했다. 이것은 놀라운 발전이다. 워싱턴은 이런 상황이 피부로 느껴지게 나타날 때까지 별다른 경계를 하지 않고 있었다.[63] 결국 중국은 자신의 발전으로 말미암아, 새로 감당해야 할 많은 일들을 떠안게 되었다. 현재 세계 각 지역에서 중국은 미국보다 더 도덕적인 국가로 존경받고 있다.[64] 그러면서 경제나 핵무기확산, 미군의 세계 주둔 등과 같은 중대한 문제에 대한 영향력 행사의 측면에서, 자신의 전략적 역량을 지속적으로 확대하고자 노력하고 있다.[65] 이 과정에서 중국이 다른 나라들에게 전달하고자 하는 메시지는 매우 단순하다. 지렛대 역학의 교훈, 즉 비대칭적 역량을 구축하는 것이 중요하다는 사실이다. 지난 10년의 시간은 우리에게 분명한 교훈을 일깨워준다. 행동의 자유를 원한다면 미국과 관계없는 존재가 되거나, 아니면 미국의 군사적 영향력으로부터 벗어날 수 있는 수단을 확보하라는 것이다. 모든 나라가 초강대국이 될 수는 없다. 또한 모든 나라가 초강대국이 될 필요도 없다. 다자간의 관계를 통한 안보라는 혁명적 발상을 제시한 베이징 컨센서스는 모든 나라가 자신의 힘으로 강대국이 될 수 있다는 희망을 준다. 비록 세계를 지배할 만한 힘을 가질 수는 없을지라도, 최소한 자신의 운명을 스스로 결정할 수는 있으리라는 것이다.

지금 중국의 전략가들은 지속적 발전을 위해서 모종의 전략적 지렛대가 필요하다고 느끼고 있다. 덩샤오핑 시대의 외교정책이 '빛을 감추고 힘을 기른다韜光養晦'는 사상에 근거한 것이었다면, 후진타오 시대의 정책은 세계 속에서 중국의 위상을 분명히 인식하자는 말로 요약된다. 이는 베이징 컨센서스 내에서도 갈수록 많이 토론되고 있는 부분이다. 과거에 마오쩌둥은 '전쟁과 혁명'이라는 전략적 전제 위에서 움직였다. 그런데 덩샤오핑은 발전을 위해 충돌을 회피하려는 경향을 보였다. 그의 외교적 원칙은 '평화와 발전'이었다. 장쩌민은 덩샤오핑의 노선을 발전적으로 계승했다. 그가 제기한 방침은 '신뢰를 늘리고, 갈등을 줄이며, 협력을 발전시키고, 충돌을 피한다增加信任, 减少麻煩, 發展合作, 不搞對抗'는 것이었다. 그런데 중국의 전략가들은 다시 새로운 원칙이 필요하다는 느낌을 확고히 갖게 되었다. 막대한 정치적, 경제적 대가를 지불해야 하는 대규모 군비 증강을 통하지 않고서도 자주적 역량을 확보할 수 있는 원칙이 필요하다는 것이다. 중국의 목표는 충돌이 아니라 충돌의 회피이기 때문이다. 이런 원칙은 중국이 '위협'이 된다는 증거를 찾기 위해 고심하는 미국의 이론가들을 당혹스럽게 만들었다. 하지만 중국인들은 '군사적 충돌은 실패의 표현'이라는 믿음을 확고히 가지고 있었다. 전략적 이슈에서 진정한 성공은 상황을 효과적으로 통제함으로써 궁극적으로 그 결과가 중국의 이익에 부합되도록 하는 것이라고 그들은 생각했다. 이런 생각은 '싸우지 않고 적을 굴복시키는 것이 상책'이라는 손자병법(孫子兵法)의 가르침에 근거한 것이기도 하다.

중국의 비대칭적 전략과 군사적 노력은 충돌을 피할 수 있는 힘을 얻으려는 시도로 보아야 한다. 긴급한 상황이 발생했을 때, 그것을 미국의 비싼 군사 장비와 같은 폭력적 수단에 근거한 힘으로 해결하지 않고 다른 수단으로 해결하는 것은 불가능한 일이 아니다. 중국은 문제가 발생하기 전에 해결하는 것을 목표로 삼고 있다. 중국이 다면적 다자주의(multilateralism)에 기울어지는 것도 그런 측면에서 이해할 수 있다. 중국이 여러 강대국과 좋은 관계를 유지하는 한, 미국은 중국을 적으로 대하기 어렵다. 또한 충돌을 억제할 수 있는 중국의 영향력은 갈수록 커지게 된다. 2004년 가을, 지난 5백 년 동안 벌어진 강대국들의 홍성과 쇠망의 역사를 중국의 어떤 기관에서 중국공산당을 대신하여 연구해서 정리한 바 있다. 그 결론은, 지속적인 번영을 위해서는 평화로운 국제 환경을 유지하는 것이 무엇보다도 필요하다는 것이었다. 그렇다면 비대칭적인 초강대국을 건설하는 것은 이런 결론과 배치되지 않는가? 중국의 가장 중요한 정책분석가 가운데 한 명인 정비젠[鄭必堅]이 중국의 비전으로 제시한 이른바 '평화적 굴기[和平崛起]'만으로는 부족하다는 말인가?[66] 그런데 사실 이런 안전보장책이 확보되지 않는다면, '평화적 굴기'는 매우 어려운 일이 되고 만다. (설령 안전보장책이 확보된다고 하더라도, '평화적 굴기'는 많은 도전에 직면할 것이다.) 중국에게는 성장을 위한 안정적인 환경이 필요하다. 이것은 상황에 대한 적극적인 대응을 통해서만 확보할 수 있다.

중국이 자주적으로 의사결정을 할 수 있는 힘을 갖기를 열망하는 것은 미국의 의도가 무엇인지 불명확하다고 여기기 때문이다. 중국과 미국은 수많은 문제를 놓고 근본적인 차원에서 대립하고 있다. 미국이 중국의 굴기를 용인할 것인지에 대해서는, 중국의 여러 정책 그룹 내에서도 견해가 날카롭게 엇갈린다. 중국 관방의 입장은, 중미 간에 좋은 관계를 유지하기 위해 양자 사이에 존재하는 대립과 갈등을 덮어두어야 한다는 것이다. 그런데 그런 입장의 배후에는 모종의 계산이 깔려있다. 중국의 정책결정자들이 말하듯이, '미-중 관계에는 적절한 거리와 예의를 함께 갖추는 예술을 구사하는 것'[67]이 중요하다는 것이다. 그들은 이렇게 경고한다. "우리는 중국과 미국 사이의 경제적 상호 의존 관계에 지나치게 큰 기대를 걸어서는 안 된다. 방대한 중국 시장이 미국의 정책에 큰 영향력을 발휘할 수 있으리라는 오해가 존재한다. 우리가 경제 협력과 교환을 강조하기만 하면 모든 일이 순조롭게 풀리리라는 것이다. 하지만 중국과 미국 사이의 경제적 상호의존은 사실상 호혜적인 것이 아니다."[68]

중국과 미국의 관계는 매우 복잡하다. 그러나 어쨌든 그것은 장쩌민 시대와는 달리 더 이상 중국 외교관계의 절대적인 중심이 아니다. 이런 현상은 중국의 세계관이 얼마나 빨리 변하고 있는지를 보여주는 또 하나의 사례라고 할 것이다. 어떤 점에서 보면 이는 더욱 '광범위한' 전 세계적 안보 전략을 실현하려는 중국의 염원이 반영된 현상이라고 할 수 있다. 이에 대해 추수룽[楚樹龍][69]은 이렇게 말한다. "중국은 장구한 미래를 위해서 자신의 안보 전략과 아시아—태평양 지역의 안보 질서를 추구한다."[70] 이런 폭넓은 시야의 뿌리에는 미국의 의도를 바라보는 중국 정책결정자들의 갈수록 심화되는 모순적 심리가 자리 잡고 있다.

미국이 벌이고 있는 반테러 전쟁 가운데 일부 지역에서의 행위는 중국을 겨냥한 것으로 간주되기도 한다. 미국의 군사적 역량 구축이 중국의 고전적인 군사 전술에서 말하는 이른바 '성동격서[明修棧道, 暗渡陳倉]'의 일환으로 받아들여지는 것이다.[71] 이런 시각에서 보면, 테러와의 전쟁은 미국이 중국을 포위하고 압박하기 위해 구축한 더욱 광범위하고 더욱 유연하며 더욱 치명적인 군사적 역량을 은폐하기 위한 수단에 불과하다. 반면 테러와의 전쟁이 중국에게 유리하다는 시각도 존재한다. 9·11 이전에 미국의 군사적 담론의 대부분을 차지하던 '반중국(anti-China)'이라는 관심사를 분산시켜 준다는 것이다.

'평화적 굴기'에 대한 중국의 열망이 실현될지 여부는 무엇보다도 미국의 의도에 달려있다. 강력해진 중국이 (특히 그 영향력과 베이징 컨센서스 등을 세계적으로 확산시킴으로써) 현재의 상황에 도전하는 것은 미국의 현실주의적인 사상가들에게 큰 위협으로 받아들여진다. 중국의 정책 입안자들은 이미 새로운 세계질서를 구상하고 있다. 1997년 아세안(ASEAN) 회의에서 처음 제기되고 2002년에 구체화된 중국의 이른바 '신안보개념(New Security Concept)'은 중국과 미국의 차이를 확연하게 드러내 준다.[72] 추수롱은 2004년 4월에 후진타오가 공식적으로 승인한 '신안보개념'의 핵심을 '4가지 NO[四不]'라고 정리한다. 다극주의(multi-polarity) 선언이라고도 할 수 있는 이 '4가지 NO[四不]'의 내용은 'NO 패권주의 · NO 힘의 정치 · NO 동맹 · NO 군비 경쟁'이다. 이것은 중국판 먼로주의(Monroe Doctrine)라고도 할 수 있다.[73] 물론 미국식 모델은 이 4가지 가운데 어떤 것도 이루지 못했다. 중국의 일부 전략가들은 중국의 모델을 미국이 확산시킨 '냉전적 사고'의 대안으로 공공연하게 논의한다. 중국의 모델에 부합되도록 미국의 목적을 수정해야 한다는 제안은 미국의 정책입안자들로서는 무척 어이없는 것이다. 하지만 미국 이외의 나라들에게는 상당히 설득력 있게 들린다. 그렇게 외톨이가 되다보면 미국으로서도 자신의 정책을 수정하지 않을 수 없을 것이다.

5) 쉽지 않은 10년

1990년대에 들어서 이런 안보 이슈는 순수한 발전의 이슈에 밀려 뒷자리로 물러나게 되었다. 그동안 각 국가들을 속박하고 또한 국가들 사이를 갈라놓던 어려운 문제들이 냉전의 종결과 더불어 자연스럽게 해결되리라는 우아한 기대가 지배적이었기 때문이다. 하지만 현실은 그렇지 않았다. 워싱턴 컨센서스에 담겨진 것은 민주적 평화 이론에 관한, 논쟁의 여지가 매우 큰 가치관이었다. 이 가치관은 민주적 자본주의가 보편적으로 확산됨으로써 대립과 충돌이 완화된다고 주장한다. 따라서 국제 안보에 관한 사고의 초점은 개방과 시장화(市場化)쪽으로 옮겨갔다. 그러나 이런 변화로 인해 미얀마 정부나 베이징의 외교정책 전문가들, 오사마 빈 라덴(Osama Bin Laden), 유럽의 우익 반대파들 같은 국제사회의 다양한 '구성원'들은 매우 큰 고민에 빠지게 되었다.

국제 협의를 멸시하는 미국 지배하의 천년왕국에 대해 중국은 거부감을 느꼈다. 제1차 걸프전쟁이 시작되었을 때, 중국의 군부와 여러 국제기구는 중국의 안보 문제에 대해 적지 않은 걱정을 표명했다. 냉전이 끝난 후 중국의 군사적 역량이 미국에 비해 현격하게 뒤쳐졌기 때문이다. 1990년대 초에 CNN을 통해 중계되는, 첨단 과학기술과 무기체계를 결합시킨 전술을 보면서 중국은 놀라움과 우려를 금치 못했다. 미국의 교전 원칙에 포함된 일부 개념은 중국어로 번역하는 것조차 불가능했다. 제1차 걸프전쟁 및 이후 미국이 주도한 발칸전쟁이 전달하는 메시지는 명확했다. 미국이 유일의 초강대국으로 군림하는 한, 다른 나라의 내정에 군사력을 동원해 간섭하는 것은 미국의 당연한 몫으로 간주된다는 것이다. 군사기술의 혁명적 발전에 따라, 힘을 광범위하게 발휘하는 것이 과거보다 훨씬 용이해졌다. 이런 사실은 과학기술과 국력이 밀접한 연관을 가지고 있음을 다시금 확인시켜준다. 제2차 걸프전쟁으로 이런 점은 더욱 분명해졌다. 따라서 베이징은 심각한 고민에 빠졌다. 중국공산당 지도부는 국가안보에 대해 엄청난 걱정을 하게 되었고, 심지어 가장 예민한 민족주의적 기억을 떠올리기에 이르렀다. 외세에 비해 군사력의 열세에 처해 있다가 벌어진 과거 아편전쟁의 기억까지 떠올리게 된 것이다.

　중국의 전략가들과 관료들은 흔히 중국의 전략적 사고의 핵심, 그리고 심지어 발전 목표의 핵심까지도 그 뿌리가 아편전쟁의 치욕에 닿아있다고 말한다. 당시 영국의 함대를 직면한 중국은 아무 것도 할 수 없는 무기력한 자신을 발견했다. 어떤 점에서 아편전쟁은 현대 국가가 겪을 수 있는 군사적 치욕의 전형적인 순간이었다. 김정일이나 무아마르 카다피(Muamar Kadaffhi) 같은 지도자들이 드러내놓고 인정하지는 않겠지만, 그들이 가장 회피하고자 하는 것 역시 아편전쟁과 같은 경험이다. 그런데 베이징은 이 고통스러운 사실을 인정한다. 아편전쟁식의 충돌(일방적이고 대규모이며 엄청난 힘을 동원하여 한쪽의 목적만을 충족시키는)은 하나의 초강대국이 군림하는 세계에서 벌어지는 일종의 테러라는 것이다. 만리장성이 축조되기 이전부터 중국은 국경을 수비하는 것 때문에 고심해왔다. 심지어 최근 중국에서 벌어지고 있는 인터넷을 둘러싼 논쟁 역시 국경 안보의 각도에서 분석되고 토론된다. 1980년대에 소련 연방이 산산조각 나는 것을 보면서, 중국의 안보전략가들은 미국과 오랫동안 대칭적인 군비경쟁을 하는 것이 불가능한 일이며 안보에서 자살행위에 해당한다는 사실을 깨닫게 되었다. 그런데 진정한 국가의 힘이 경제적 부유함뿐만 아니라 자기방어능력에도 달린 것이라면, 중국은 도대체 어떻게 경쟁을 할 수 있는가? 세계의 수많은 나라들이 같은 입장에서 곤혹스러워하는 이 문제에 대해 중국은 해답을 제시하려 하고 있다. 그리고 그것이 바로 중국이 다른 나라들의 모델로서 갈수록 더 큰 힘을 발휘하는 또 다른 이유이다.

6) 안보의 발걸음에 생겨난 변화

서구에는 중국 군대의 현대화를 바라보는 세 개의 관점이 존재해왔다. 안보의 이슈를 논의할 때 가장 주목받는 대상이 군대라는 점을 생각할 때, 이런 관점들은 중국의 전략적 원칙을 이해하는 데 도움이 되는 유용한 여과장치를 제공한다고 할 수 있다.

첫 번째 관점은, 중국의 군사적 현대화가 중국의 지도자들에게 가장 중요한 관심사가 아니라는 것이다. 이 관점에 따르면, 중국은 세계적인 수준의 군사적 현대화를 이룰 능력이 없고, 따라서 중국이 벌이는 일은 그저 상징적인 노력에 불과하다. 이 관점이 그 주장을 뒷받침하기 위해 열거하는 증거 가운데 하나는, 중국이 경제 발전에 온 힘을 다 쏟아 붓고 있는 현실이다. 즉 현재 외세로부터의 대대적이고 심각한 위협이 존재하지 않는 상황에서, 중국의 지도자들은 '비용-효과'의 계산을 통해, 모든 자금을 국내 안정에 투입하는 것이 정권의 보전이라는 궁극적 목표를 달성하는 가장 효과적인 투자라고 여기게 되었다는 것이다. 이런 관점은 현실 속에서 동의를 얻기는 어렵다. 개혁이 진행되던 지난 몇 년 동안만 하더라도 중국의 군사비 지출은 완만하게 늘어났고, 중국 근현대사를 잘 모르는 사람이라 할지라도 중국의 지도자들이 자신의 군사적인 취약함을 얼마나 못 견뎌 하는지 잘 알기 때문이다.[74] 중국의 군대는 현재 대규모의 신속한 현대화를 진행하는 중이다. 다만 그것이 중국의 실제적인 군사적 필요에 부합하는지에 대해서는 많은 논란이 있다. 중국의 전통적인 가치관에서는 군대의 지도자가 존경받지 못한다는 말을 종종 듣는다. 하지만 이는 군대의 역할과 안보의 가치에 대해 중국인들이 얼마나 중요하게 생각하는지를 모르는 데 따른 오해이다. 중국에서 가장 큰 힘을 갖는 자리가 중앙군사위원회 주석이라는 점은 의심의 여지가 없다. 2002~2003년에 장쩌민이 권력을 후진타오에게 이양하면서, 국가 주석과 중국공산당 총서기 직책을 모두 내놓고도 끝까지 내놓지 않고 유지한 자리가 바로 그것이다.

두 번째 관점은, 중국이 현재 군사력의 제한적인 혁명을 진행 중이라는 것이다. 이 관점에 따르면, 중국은 군사적 현대화를 이룩하기 위해 구체적인 목표를 설정하고 있다고 한다. 타이완과 무력 충돌이 벌어질 가능성에 대비한다는 것을 명분으로 인민해방군의 현대화를 추진한다는 것이다. 이 관점을 주장하는 이들은, 중국이 비록 전면적으로 군사적 현대화를 실현할 능력은 없더라도, 제한된 지역의 분쟁에 대응할 수 있는 전술적으로 잘 정비된 군대를 확보할 수는 있다고 본다. 이런 군사적 발전 모델은 타이완이 중국의 권력과 인민들에게 갖는 중요성을 감안하여, 미국의 기동군이 타이완을 방어하기 위해 출동하는 시간보다 빠른 72시간 이내에, 통상적인 무기로 타이완을 장악할 수 있는 군사력을 확보하는 것을 목표로 한다. 중국의 일부 정책 결정자들은, 미국이 개입하기 전에 타이완을 공격해서 통제력을 확보할 수 있는 길을 찾기만 한다면, 미국이 통상적이지 않은 방식, 즉 핵

무기를 사용하여 분쟁에 개입하는 것을 막을 수 있으리라고 여긴다. 그들은 핵무기를 사용하는 일은 절대 벌어지지 않을 것이라고 믿는다. 그런 믿음의 근거는, 중국이 이미 핵 보복 능력과 핵 선제공격 이후 생존능력을 확보했기 때문이라는 것이다.[75] 중국 군부의 한 고위 인사는 1995년에 중국과 타이완 사이에 양안(兩岸) 위기가 발생했을 때 미국 대사인 찰스 프리먼(Charles Freeman)에게 흥분한 어조로 이렇게 말했다. "지금 당신들에게는 50년대에 당신들이 보유하고 있던 전략적 우세가 없습니다. 그때 당신들은 우리에게 핵 공격을 하겠다고 협박을 했지요. 당시 당신들이 그럴 수 있었던 것은 우리에게 반격할 능력이 없었기 때문입니다. 하지만 지금은 당신들이 공격한다면 우리도 반격을 할 수 있습니다. 그러니 더 이상 위협은 통하지 않습니다. 게다가 당신들이 더욱 더 걱정을 해야 할 것은 로스앤젤레스이지 타이베이가 아니지 않습니까."[76]

중국이 보기에 가장 이상적인 것은, 72시간 이내에 타이완을 통상적인 방식으로 장악할 수 있는 우월함을 확보하는 것이다. 그러면 타이완으로 하여금 베이징의 정책에 따르는 것밖에는 다른 선택의 길이 없다고 판단하게 하여, 냉전이든 핵전쟁이든 그 어떤 형태의 전쟁도 일어나지 않게 할 수 있기 때문이다. 이른바 '첨단기술을 통한 국지전'의 진정한 목적은 혁신의 성과를 신속하게 이용하여 중국 주변에서 '전쟁이 일어날 수 없는(War-Proof)' 환경을 조성하는 것이다.[77] (이것은 또한 중국이 실행하고 있는 '목린정책(睦隣政策)'의 목적이기도 하다. 이에 관해서는 뒤에서 다시 서술한다.) 이것은 행동의 독립성을 확보하려는 베이징 컨센서스의 전략적 목표와도 부합된다. 그렇게 되면 양안(兩岸) 사이에는 새로운 힘의 균형이 만들어질 것이다. 상황을 통제할 수만 있다면, 그 결과는 자연스럽게 중국에 유리하게 되리라는 것이 베이징의 생각이다. 이 점에 대해서는 타이완의 정책결정자들도 생각이 크게 다르지 않다. 그들도 2010~2012년경에는 중국이 72시간 내에 타이완을 장악할 수 있는 힘을 갖게 되리라고 예측한다. 어떤 이는 2005년이 되면 중국이 이미 해협과 타이완의 일부를 제한적이지만 확고하게 장악할 수 있는 역량을 확보하게 된다는 증거가 있다고 주장하기도 한다. 어떻게 하면 그렇게 장악되는 것을 피할 수 있을지가 현재 타이완지역 독립파의 가장 큰 고민거리이다. 다만 타이완의 독립파가 그런 날이 올 때까지 무기력하게 기다리고 있으리라는 것은 중국 전략가들의 순진한 기대일 뿐이다.

이렇게 구체적 목표를 정하는 군사적 전략이 베이징에게 매력적인 것은, 타이완과 같은 특정한 목표를 이용해서 인민해방군을 현대화시키는 수단으로 삼을 수 있기 때문이다. 이런 방식은 중국의 발전과정에 흔히 등장하는 책략이기도 하다. 예를 들어 2008년에 개최될 올림픽은 중국에게 국가적 자긍심의 상징일 뿐 아니라, 베이징을 현대화시키는 수단이기도 하다. 현재 진행하는 프로젝트에 문제가 생겨도 그것이 2008년 올림픽을 원만하게 이루어내기 위한 것이라고 하면, 심지어 관료조직 내의 누적된 마찰조차 잠재울 수 있다. 군사적 변혁의 경우에도, 그것을 타이완과의 사이에 존재하는 힘의 불균형 문제를 잘 처리하기 위한 것이라고 하면 마찬가지의 효과가 발생한다. 게다가 72시간 내에 타이완을 장악한다는 목표를 이루기 위해 필요한 모든 것들은, 인민해방군의 다른 영역에도 매우 필요한 것들이다. 인민해방군이 수륙양용의 공격 수단 구비, 공격에 동원 가능한 공군의 편제 증가, 기동부대의 설립 등과 같은 필요 요건들을 갖추어서 72시간 이내에 타이완을 장악할 수 있는 역량을 확보한다면, 미군이 해당 지역에 아무리 영구적인 설비를 갖추더라도 그와 대등하게 맞설 수 있다. 또한 미군의 항공모함 선단을 제어할 추가적인 수단을 확보하는 것은 고도의 우위를 보장하는 투자가 될 것이다. 그렇게 되면 미국도 아시아에서 자신의 군사적 위상을 재검토하지 않을 수 없을 것이다.

타이완을 가상의 목표로 삼는 것의 또 다른 장점은, 일본이나 미국이 직접적인 위협이 되지 않는 상황에서도 끊임없이 군사력을 정비하고 발전시킬 수 있다는 것이다. 사실 일본의 재무장과 미군의 아시아 주둔은 중국에게는 더할 수 없는 큰 걱정거리이다.[78] 어떤 학자는 미국에 관해서 다음과 같이 근심스럽게 언급한 바 있다. "2002년에 미국이 아프가니스탄에서 벌인 반테러전쟁을 중국이 지지했지만, 『미국 국가안보 전략(The National Security Strategy of the United States)』에서는 여전히 중국의 첨단 군사장비 구입이 아시아 태평양 지역의 인근 국가들에게 위협이 된다고 서술하고 있다."[79] 미군의 아시아 주둔에 대한 중국의 우려는 '중국이 미군에 의해 사면으로 포위되어 있다'는 후진타오의 언급을 통해서 잘 드러난다.[80] 중국의 어떤 분석가는, 미국이 벌이는 테러와의 전쟁으로 인해 중앙아시아와 그 인근 지역에 미군의 주둔이 갈수록 늘어나는 것을 중국이 더욱 불안해하게 되는 원인으로 꼽았다. 중국은 이 지역을 자신의 영향권으로 간주해 왔기 때문이다. (그러나 또 다른 전략가는 미군의 주둔이 아프가니스탄과 파키스탄이라는 불안정한 두 주변국을 진정시키는 효과를 발휘한다고 보기도 한다.)

중국의 군사력 혁명을 바라보는 세 번째 관점은 앞의 두 가지와는 판이하게 다르다. 이는 매우 새로운 관점으로, 9·11 사건 이후 등장하여 제2차 걸프전쟁 이후 비로소 확산되기 시작했다.[81] 그 논리는 다음과 같다. 두 차례 걸프전쟁과 코소보 분쟁에 대한 연구를 통해 드러났듯이, 중국에게는 장기적으로(대략 50년) 군사적 역량을 발전시켜 미국과 대칭적으로 경쟁할 능력이 없다. 이는 중국이 현재 진행 중인 더딘 군사력 혁명 스케줄을 뛰어넘는 획기적인 군사력 현대화 프로그램을 어떻게 실현할지를 10년이 넘게 진지하게 연구한 끝에 도출한 결론이다. 그러나 비록 항공모함을 보유할 수 있는 왕도는 없지만, 중국의 정책결정자들은 필요에 따라 병력을 급파할 수 있는 비대칭적인 역량을 충분히 발전시킴으로써 미국이 아시아에서 벌이는 행동을 정치적, 군사적으로 제어하는 것이 가능하다고 점점 더 확신하게 되었다. 그들이 보기에 9·11 사건의 교훈은 중국에게도 해가 되는 테러리스트들에게만 관련된 것이 아니라, 유일한 초강대국을 제어할 비대칭적인 역량과도 관계가 있는 것이었다. 게다가 중국의 일부 이론가들은 중국의 비대칭적 역량을 정비하고 발전시키는 것이 지역과 전 세계의 안정을 실현할 유일한 방법이라고까지 말하고 있다.[82]

중국의 경우, 비대칭적 역량을 발전시키는 것이 그 자신이 속해있는 복잡한 안보 환경에 대처하는 가장 효과적인 방법이다. 또한 이는 강대국이 예산 문제를 고려하여 선택할 수 있는 고전적인 수단이기도 하다. 중국은 현재 기술 발전에 전력을 기울이고 있고, 이는 큰 강점으로 작용한다. 대규모의 산업기지를 보유하고 있던 미국이 제2차 세계대전에서 큰 우위를 점할 수 있었듯이, 뛰어난 기술 인력과 잘 정비된 정보기술을 보유하고 있는 혁신적인 사회는 비대칭적인 전쟁에서 확고한 우위를 점할 수 있다.

중국이 이런 길을 걷는다면, 스타워즈 계획으로 소련을 붕괴시켰듯이 핵미사일 방어 계획으로 중국을 붕괴시킨다는 미국의 구상은 수포로 돌아가게 될 것이다. 중국은 미국의 의도를 무산시키기 위해 가능한 모든 것을(단순히 200기 정도의 다탄두 미사일(MIRV)을 개발하는 것을 포함하여) 할 수 있다.[83] 베이징과 인민해방군의 연구자들은 적의 약점을 정확하게 가격함으로써 강력한 적의 우세를 일거에 꺾어버릴 수 있는 아주 흥미로운 비대칭적 기술을 개발하기 위해 골몰하는 중이다. 중국의 정책입안자들은 이런 것들을 일러 '필살기(殺手鐧, assassin's mace)' 또는 '마비전(針灸戰, acupuncture warfare)'[84]이라고 부른다.[85] 예를 들어, 인민해방군은 동시에 수백 개의 레이더 신호를 보내 적을 교란시키는 기술을 실험하고 있다. 이는 미국의 레이더 파괴 미사일들을 무용지물로 만들 것이다. 이것이 무력화되면, 공군력에서 압도적인 우세를 점하는 것을 특징으로 하는 미국의 전략은 큰 차질을 빚게 된다. 이런 '교란기술'이나 여타의 기술을 개발하는 중국의 행보는 관심을 집중시킨다. 그것이 혁신의 우위와 국방의 필요를 자연스럽게 결합시키는 것이기 때문이기도 하고, 손쉽게 수출로 연결시킬 수 있기 때문이기도 하다. 싱가포르의 연구자인 리난李楠은 공중침투 저지 기술부터 사이버 공격 기술에 이르기까지 중국의 비대칭적 역량 혁신의 예를 열거한 바 있다. 대부분의 경우, 비대칭적 무기 기술을 발전시키는 데는 본래의 무기 체계나 그것을 무력화시키기 위한 기술보다 훨씬 적은 비용이 소요된다.

물론 미국이 전면적으로 공격을 해온다면 이런 시스템들이 제한적인 역할 밖에는 할 수 없으리라는 것을 중국의 전략가들도 잘 알고 있다. 대규모 교전이 벌어진다면 중국은 다시금 마오쩌둥 시대의 전통적인 방식으로 돌아가, 새로운 '전투 공간(battle space)'에서 인민전쟁을 펼칠 수밖에 없을 것이다. 그런데 세계화라는 배경 아래서는 이런 전통적인 방식조차도 새로운 비대칭적 특징을 띠게 된다. 이에 대해 리난은 이렇게 서술한다.

> '비전통적 전투 공간(battle space)'이라는 개념은 크게 두 가지 측면에서 마오쩌둥의 인민전쟁 이념을 떠올리게 한다. 첫째, 이런 전투 공간을 통제하는 것이 군인이 아니라 민간인이라는 것이다. 둘째, 이런 전투 공간은 통상적인 교전 규칙의 제한을 덜 받기 때문에, 기존의 공식적이고 전통적인 형태로부터 상대적으로 자유롭다는 것이다. 그러나 이 새로운 '세계화라는 배경 하의 인민전쟁'은 두 가지 점에서 과거의 인민전쟁과도 다르다. 첫째, 지금의 '인민'은 선동에 고무된 농민이 아니라 컴퓨터 프로그래머, 기자, 금융투자자 등이다. 둘째, 과거의 인민전쟁은 적을 자신이 익숙한 영역으로 유인해 끌어들이는 것이었는데, 새로운 '인민전쟁'은 거꾸로 상대방의 영역으로까지 확장해 들어가야 하는 것이다.[86]

오늘날 세계화와 헤게모니는 불가피하게 조우할 수밖에 없다. 진정으로 세계화된 다변적 세계는 중국에게 확실한 안전을 보장한다. 그런 안전 보장은 갈등이 벌어지면 금방 와해될 느슨한 전략적 동반자 관계를 통해서만이 아니라, 역량을 증폭시켜주는 기술과 네트워크를 통해서 이루어진다. 베이징에 쌓여있는 4천억 달러의 외환보유고는 4천억 달러짜리 항공모함보다 미국에게 더 위협적이다. 이런 '필살기(殺手鐧, assassin's mace)'들은 안보에 관한 새로운 베이징 컨센서스를 구성하는 중요한 부분이다. 베이징은 이런 것들을 통해 영토나 패권에 대한 야망을 추구하지는 않는다. (이 문제에 관해서는 또 다른 토론이 필요하다.) 이것들은 그저 자주적 결정권을 확보할 기회를 제공할 뿐이다. 즉 그들은 환경 조성을 통한 안보를 추구한다. 이점 때문에 많은 국가들이 베이징의 목소리에 귀를 기울이고 있다. 만약 세계의 모든 국가들이 중국의 비대칭적 전술을 모방한다면 미국은 지금까지와는 완전히 다른 상황에 직면하게 된다. 따라서 여러 나라들이 자주적 결정권을 갖는 것이 미국에게 위협이 될 수밖에 없는 한, 베이징 컨센서스와 고리타분한 '중국위협론'은 결국 양립하는 길을 찾게 될 것이다.

7) 공동의 영역에 대한 통제권

베이징 컨센서스에서 제시하고 있는 또 다른 비대칭적 역량 발산 방법은, 미국의 전략가인 배리 포슨(Barry Posen)이 말하는 이른바 '공동의 영역', 즉 바다와 우주공간과 하늘에 대한 미국의 확고한 통제권에 도전하는 것이다. "미군은 현재 전 세계의 공동 영역에 대해 통제권을 행사하고 있다." 포슨은 이렇게 언급했다. "공동의 영역에 대한 통제권은 바다에 대한 통제권, 또는 폴 케네디(Paul Kennedy)[87]가 말하는 '해상 지배권'과 유사한 것이다."[88] 포슨은 이런 통제권이 수십 년 동안은 도전받지 않으리라고 예상한다.

하지만 중국 전략가들의 생각은 다르다. 그들은 전략적인 차원에서, 미국이 공동의 영역에 대한 통제권을 행사하는 대가를 더욱 비싸게 지불하도록 만들고자 한다. 예를 들면, '신안보개념(New Security Concept)'의 핵심적인 요소는 아세안(ASEAN)이나 기타 다변적인 국제조직의 힘을 이용하여, 위기가 발생했을 때 해당 지역 국가 이외의 군대가 그곳에 주둔하지 못하도록 하는 것이다.

그러나 중국은 또한 자신의 경제 발전을 보장할 수 있는 평화로운 지역 환경을 조성하고자 노력하고 있다. 이런 새로운 노선에 따라, 중미관계는 과거보다 훨씬 덜 중시하는 반면, 인근 국가와의 관계에는 더 많은 공을 들이고 있다. 중국 외교부 2003년 보고서의 표현에 따르면, 중국은 처음으로 명확한 아시아 정책을 갖게 된 것이다. 현재 중국은 아시아 지역 및 그 하위 세부 지역 단위의 안보 및 경제 포럼에 40개 이상 가입한 상태이다. 중국 외교부 부부장인 왕이(王毅)는 '먼 친척이 가까운 이웃만 못하다(遠親不如近鄰)'는 중국의 옛 격언으로 이 노선을 표현한다.[89] 중국의 이 노선이 가장 분명하게 발휘된 예는 북한 핵문제 해결에 적극적으로 관여한 것이겠지만, 다른 예들도 적지 않다. 나날이 격화되어가는 캄보디아와 태국 사이의 갈등을 중재하는 데 적극적으로 나선 것도 그 좋은 예 가운데 하나이다. 중국의 2003년 외교를 정리하는 어떤 문건에서는 이렇게 언급하고 있다. "중국은 다른 나라들 사이의 분쟁을 조정하는 데 적극적으로 개입함으로써, 전통적인 패턴에서 벗어나고 있다."[90]

이것이 중국의 '신안보개념'이 전술적으로 발휘된 새로운 '목린정책(睦隣政策)'이다. 왕이와 기타 여러 사람들이 지적하듯이, 중국은 여러 강대국 가운데 가장 복잡한 지리적 환경에 둘러싸여 있다. 주변 국가들은 각양각색의 경제적, 정치적, 안보적 여건을 가지고 있고, 또한 중국과 역사적으로 복잡하게 얽혀 있다. 따라서 안정적인 지역 환경을 유지하는 것은 중국이 계속해서 굴기하기 위한 필수적인 전제가 된다. 작년 가을, 원자바오(溫家寶) 총리는 이 점의 중요성을 집중적으로 강조했다. 그는 중국의 굴기와 아시아의 발전이 깊은 관련이 있음을 지적하면서, 중국은 '함께 번영하는' 아시아를 만들기를 희망한다고 밝혔다.[91] 상하이협력기구(SCO)[92]는 이런 새로운 전략과, 그것을 활성화시킬 수 있는 전술을 제시했다. 상하이협력기구가 제시한 첫 번째 단계는, 최초로 중국이 중심이 되어 다변적인 국제 조직을 만드는 것이다. 두 번째 단계는, 그 토론의 범위를 무역과 경제와 에너지 문제로까지 확대하는 것이다. 세 번째 단계는, 더욱 실질적인 안보 동반자 관계를 바탕으로 대화를 진행하는 것이다. 상하이협력기구는 신장(新疆) 자치구에서 연합 군사훈련을 시행하기까지 했다.[93] 지역 내의 이런 심화된 다변적 협력은 아세안+3(아세안+일본, 한국, 중국)와 같은 다른 기구에서도 이루어질 수 있다.[94] 중국은 주변 국가들과 전방위적인 협력을 시도하는 중이다. 북쪽의 상하이협력기구, 남쪽의 아세안+1 또는 아세안+3, 서남쪽에서 인도, 파키스탄과 관계 개선, 동북쪽에서 북한 핵문제 해결에 관여 등이 그 예이다. 이런 모든 행동의 원칙은 '상호 신뢰와 상호 이익, 평등한 협력(互信互利, 平等協作)'이며, 이는 워싱턴의 입장과 선명하게 대비된다.[95] 또한 이는 불과 10년 전에 베이징이 다변적 국제기구에 대해 가졌던 불신과도 확연하게 대비된다.[96] 중국은 미국보다 훨씬 더 능숙하게 국제적 시스템 내에서 운신하는 법을 터득하고 있다. 이는 무려 150년을 들여서 배운 성과이다. 그리고 지금은 매우 기민하게 그것을 실천하는 중이다.

중국은 이런 행동들을 통해 '중국위협론'을 불식시키고, 그것을 '중국기회론'으로 바꾸어 놓기를 바라고 있다.[97] 중국사회과학원(CASS)의 학자인 왕지씨王緝思는 전 외교부장인 첸치천[錢其琛]과의 인터뷰에서 들었던 다음과 같은 말을 전한다. 중국이 계속 발전하게 되면, 10년 내로 '중국위협론'은 설 자리가 없어지게 되리라는 것이다. 물론 이런 낙관적인 시각에도 불구하고 여전히 일부 지역에서는 중국의 굴기에 대해 깊은 우려의 눈길을 보내고 있다. 미국 국방부 부장관(차관)인 폴 울포위츠(Paul Wolfowitz)는 중국의 굴기가 주는 위협을 제1차 세계대전 이전 독일제국의 부상이 몰고 온 위협에 비교하여, 쉽사리 끝나지 않을 논쟁을 일으켰다. 2000년에 그는 이렇게 언급했다. "중국은 떠오르고 있는 강대국입니다. 하지만 아직은 온전한 강대국이 되지 못했습니다." 그는 자신이 1997년에 쓴 에세이에서 사용했던 비유를 다시 인용하여 자신의 우려를 표현했다. "중국의 경우 (…중략…) 걱정스럽게도 독일제국의 과거 모습과 매우 유사합니다. 만약 '유리한 지위(place in the sun)'를 차지할 수 없다고 판단하거나, 다른 강대국들로부터 부당하게 압력을 받는다고 생각하게 되면, 그들은 단호한 민족주의적 결의를 바탕으로 자신들의 몫이라고 여기는 지위를 되찾기 위해 나설 것입니다."[98] 미국이 좌지우지하는 국제 안보의 틀에서 중국이 굴기하고 있다는 것은 논쟁의 여지가 없는 사실이다. 그러나 제1차 세계대전 이전의 독일제국과 지금의 중국 사이에는 결정적인 차이가 있다. 당시의 독일제국은 현존하는 초강대국인 대영제국에 맞서기 위한 대칭적인 역량을 키우려 했지만, 지금의 중국은 비대칭적 역량을 발전시키고 있다는 것이다. 또한 독일과 달리 중국은 주변 국가들을 적대시하는 것이 아니라, 그들을 친구로 만들고 있다. 중국의 입장에서 '유리한 지위(place in the sun)'라는 것이 무엇을 의미하는가라는 문제를 생각해보더라도, 지금의 중국을 당시의 독일제국에 비유하는 것은 적절치 않다. 하지만 한 가지 점에서는 울포위츠의 시각이 정확하다. 아무리 베이징의 정책입안자들이 그런 상황을 원치 않더라도, 중국과 미국 사이의 현격한 힘의 차이가 갈수록 문제가 될 것이라는 점이다. 워싱턴과 기타 여러 곳에서 많은 사람들이 중국의 굴기를 독일제국의 경우와 유사하다고 여기고 있다. 이것은 물론 해결 가능한 문제이기는 하지만, 그러나 쌍방에서 모두 노력하는 것이 필요하다. 아래에서는 이를 위해 하나의 틀을 제시해보고자 한다.

4. 중국을 다루는 법

서구의 정책결정자들이 동양을 바라볼 때 가장 많이 떠올리는 질문은 아마도 이것일 것이다. "중국을 어떻게 다룰 것인가?" 그런데 이 질문은 기본적인 전제에 결함이 있다. 중국을 마음대로 여기저기에 옮겨놓을 수 있는 생명이 없는 물체처럼 여긴다는 것이다. 그들은 중국을 자신들이 구상한 국제 질서의 장식품처럼 생각한다. 어떤 이는 이렇게 말한다. "그것을 구석에다 갖다놓읍시다." 그러자 다른 이가 이렇게 말한다. "아닙니다. 창가에 놓는 것이 더 좋습니다." 이런 발상의 이면에는 중국과 중국의 정책을 통제하기가 매우 쉽다는 생각이 깔려 있다. 그러나 어떤 나라를 여러 관련 요소들로부터 떼어내서 마음대로 좌지우지할 수 있다는 생각은 참으로 터무니없는 것이다. 우리가 목도하듯이, 중국은 수많은 나라들의 희망과 삶의 중요한 일부로서 국제질서 속에 이미 깊이 뿌리를 내리고 있다. 1990년대 말, 중국이 WTO에 가입하려고 할 때는, 무역의 기회를 박탈하는 등의 다양한 방법을 통해서 중국을 통제하는 것이 가능했다. 하지만 그런 시절은 이미 지나갔다. 중국은 지금 스스로 자신의 앞길을 열어가고 있으며, 국제사회의 일부로서 갈수록 더 확고하게 자리를 잡아가고 있다. 따라서 중국에게 타격을 가할 수 있는 포인트가 어디이고 도움을 줄 수 있는 포인트가 어디인가라는 식의 논의는 거의 의미가 없는 것이 되어버렸다. 오히려 의미가 있는 것은 그런 논의가 무엇을 의미하는가에 관한 사고이다.

이 글에서 내가 말하고자 한 것은 두 가지 점이다. 앞에서 이미 논의한 첫 번째 내용은, 중국이 혁신, 비대칭적 역량, 인간을 위주로 한 발전, 개인적 권리와 책임의 균형에 대한 중시 등을 바탕으로 발전을 향한 새로운 길을 열어가고 있다는 것이다. 그리고 지금은 두 번째 내용에 관해 논의할 차례이다. 그 두 번째 내용은 다음과 같다. 중국은 그 미래가 바로 약점이라는 것이다. 목적이 무엇이건 상관없이, 중국을 다루는 법의 요체는 그들의 강점이 아니라 약점을 잘 포착하는 데 있다. 효율성의 측면에서 본다면, 이것은 의심할 여지없는 분명한 사실이다. 잠시 후 나는 이 점을 확실히 논증해 보일 것이다. 그런데 이 과정을 잘 숙고해보면, 상당히 놀라운 결론에 도달하게 된다. 중국에 관한 논쟁에서 어떤 입장을 취하고 있는지, 어떤 쪽에 서 있는지와 상관없이, 정말 효과적으로 사용할 수 있는 정책의 범위는 대동소이하다는 것이다. 국가의 역량에 관련된 중대한 문제들, 예를 들면 통화 문제나 타이완 또는 티베트 등의 영토 문제를 가지고 중국을 좌지우지하려는 것은 십중팔구 시간낭비일 뿐이다. 중국의 내부로부터 폭발이 일어나 붕괴되는 상황을 원한다고 가정해보자. 그렇다면 위안화 문제를 붙잡고 늘어지는 것은 어리석은 일이다. 중국의 지도부는 이 문제에 대처할 준비가 잘 되어있고, 자신들이 필요하다고 느끼는 속도대로 위안화 문제의 개방을 진행할 것이다. 반대로 중국의 굴기를 돕고자 한다고 가정해보자. 타이완이 국제기구에서 배제되도록 압력을 행사한다면, 베이징으로부터 어느 정도 감사의 표시를 얻을 수는 있을 것이다. 하지만 내가 지금 이야기하는 것에 따랐을 때만큼은 아닐 것이다. 중국을 제대로 '다루고자' 한다면 가장 효과적인 길을 선택해야 한다. 그것은 그들의 아킬레스건을 포착하는 것이다. 중국을 붕괴시키려 하든 도와주려 하든, 손을 써야 하는 곳은 바로 이 포인트이다.

이런 시각은 중국을 개척해야 할 시장이나 억눌러야 할 국가로 보는 전통적인 관점과는 매우 다르다. 전통적인 관점에 묶여있는 미국의 대 중국 정책은 통상 문제, 위안화 문제, 군사력 문제, 타이완 문제, 인권 문제에서 한 걸음도 벗어나지 못한다. 나는 이 글에서 중국의 굴기가 위협이 되는지 아닌지에 관한 논쟁과는 거리를 둘 것이다. 그리고 어떤 입장을 가지고 있는 사람이든 구별 없이 모두에게 유용한 관점을 제시할 것이다. 그런데 중국을 도우려 하거나 또는 붕괴시키려 하는 모든 사람들에게 유용한 정책의 윤곽을 제시하기에 앞서, 한 가지 사실을 분명히 강조할 필요가 있다. 중국을 억누르거나 또는 통제하기를 바라는 입장에 서 있는 사람이라면, 그런 정책이 성공을 거두었을 때 수억 명 또는 그 이상의 사람들이 빈곤과 혼란의 구렁텅이로 빠지게 되리라는 점을 분명히 인식해야 한다는 것이다. 냉정한 현실주의적 정책입안자들이 경고하듯이, 중국을 효과적으로 '고립'시키거나 또는 '위협'적 존재로 간주하여 다루는 것은 인류 전체에게 심각한 결과를 초래할 수 있다. 중화인민공화국의 성장을 억누르게 되면 곧바로 동요와 혼란으로 이어질 것이다. 중국은 역사적으로 매우 취약한 국가이다. 비록 현재는 견고한 성장을 이어가고 있는 것처럼 보이지만, 그것을 혼란에 빠뜨리는 것은 그리 어려운 일이 아니다. 그러므로 1997년의 폴 울포위츠처럼, 중국을 억눌러야 한다고 주장하는 정책입안자들은 자신이 진정으로 의도하는 바가 결국은 중국을 붕괴시키는 것이라는 점을 솔직하게 밝혀야 한다.

그와 반대로 중국의 굴기를 돕기 위해서는 아주 많은 일들을 해야 한다. 그런데 그런 일들은 필경 막대한 긍정적 효과를 발생시킬 것이다. 중국을 정체된 사회로 보지 않고, 끊임없이 움직이는 역동적인 긴장 상태에 놓인 국가로 보는 것은 중요하다. 그런 관점을 가지고 있어야만 강점(폭발적인 경제 성장)과 약점(에너지 부족)을 동시에 볼 수 있다. 중국은 그들이 가지고 있는 강점을 바탕으로 난관을 극복해나갈 것이다. 다만 그 약점으로 말미암아 도움을 필요로 하게 된다. 또한 그 약점 때문에 타자에 의해 수동적으로 조종될 가능성이 생긴다.

이런 접근법은 중국을 어떻게 '다룰' 것인가를 고민하는 이들에게 일종의 가이드라인을 제공한다. 가장 좋은 정책은 미래를 위한 공동의 지평을 구축하는 바탕 위에 세워져야 한다. 그럼으로써 중국으로 하여금 외부세력과 협력하는 것이 필수불가결한 일임을 깨닫게 할 수 있다. 물론 그렇다고 해서, 중국을 설득하는 것이 종종(특히 이런저런 이유로 상황이 여의치 않을 때는) 소용이 없다고 말하려는 것은 아니다. 다만 베이징을 다루려고 할 때는 이런 접근법을 잘 기억할 필요가 있다는 것이다. 중국으로 하여금 무슨 일을 하도록 설득하는 것은 매우 어려운 일이다. 그것보다는 차라리 이런 접근법을 바탕으로 조종을 하는 것이 훨씬 쉽다.

효율적인 대 중국 정책은 단순히 어떤 특정한 문제를 해결하는 데 집중하는 것이 아니라, 행동을 취하는 데 유리한 전반적 환경의 조성을 목표로 삼는 것이다. 현재 중국의 사회와 정치의 특징으로 미루어 보건대, 어떤 문제든 직접적인 방식으로 해결하는 것은 쉽지가 않다. 직접적이지 않은 방식을 취하는 것이 훨씬 효과적이다. 의도하는 결과를 얻으려면 무엇보다도 전반적인 환경을 유리하게 만들어야 한다. 평소 직접적으로 문제를 해결하는 데 익숙한 외국인들은 이점 때문에 중국을 맞상대하는 데 상당한 곤란을 겪기도 한다. 하지만 이런 방식은 중국을 상대할 때만 유용한 것이 아니라, 그 자체로 매우 효과적인 것이라고 할 수 있다. 환경이 결정적 영향력을 가지고 있다는 생각은, (중국에서) 이루고자 하는 일에 영향을 미치는 요인이 무수히 많음을 의미한다. 이런 생각은 현재 물리학에서 유행하는 끈 이론(string theory), 즉 원자보다도 더 작은 물질이 최소한 10차원의 공간에서 동시에 운동하는 것을 설명하는 이론과 상당히 유사한 면이 있다. 그 복잡성 때문에 끈 이론은 '20세기에 잘못 등장한 21세기의 수학 문제'라고 불리기도 한다. 모든 세기에는 새로운 강대국이 등장한다는 헨리 키신저(Henry Kissinger)의 말이 사실이라면, 대 중국 관계의 복잡성을 잘 다룰 경우 21세기에 새로 등장할 강대국을 잘 다룰 수 있는 경험을 얻게 될 것이다.

정책을 입안하고 결정을 내릴 때 전반적 환경에 주목하여 접근하는 방식은 중국 문화의 다양한 부분에서 그 연원을 찾을 수 있지만, 가장 쉽게 찾아볼 수 있는 연원은 군사전략가인 손자(孫子)의 이론이다. 손자는 전쟁의 승패가 지형, 군대의 사기, 날씨, 지휘관의 태도, 국가의 상황 등과 같은 전반적 환경에 의해 결정된다고 보았다. 중국이라는 공간에서 (또는 다른 어떤 곳에서), 또는 중국과 함께 어떤 목표를 실현하려고 할 때, 손자병법의 가르침대로 배경이 되는 전반적 환경에 주목하는 것은 상당히 유용하다. 즉 다음과 같은 점을 고려해야 한다. 내가 하고자 하는 일을 어떻게 하면 (중국)정부의 요구에 맞출 수 있는가? 나의 의도로 인해 위협을 느끼는 것은 누구이며, 그들은 얼마나 큰 힘을 가지고 있는가? 어떻게 하면 당면한 문제를 확대해서 더욱 큰 힘들이 그것을 함께 해결하도록 만들 수 있는가?

예를 들어, 날이 갈수록 심각해지는 중국의 HIV(에이즈) 문제 해결을 지원하려고 할 때, 서구사회가 사용하는 전통적인 방식은 중국에서 HIV 관련 컨퍼런스를 조직하고, 의사를 파견하고, 중국 정부와 예방 전략을 논의하는 등 문제에 직접적으로 접근해가는 것이다. 그런데 이런 방식은 실패할 수밖에 없다. (사실상 이미 실패했다.) 중국의 관료들도 HIV 문제의 심각성을 잘 인식하고 있다. 하지만 이 문제를 다룰 때 그들은 정치적 제약과 자원의 부족이라는 막대한 장애에 직면하게 된다. 따라서 중국이 HIV 문제를 해결하도록 돕는 더욱 효과적인 방법은 중국의 전반적인 의료보건 체계 확립을 지원하는 것이라고 할 수 있다. 중국이 자국민을 위한 국제적 수준의 의료보건 계획을 갖추도록 지원하는 것은 중국 정부의 이익에 절대적으로 부합된다. 그리고 그러는 과정에서 원래의 목표인 HIV 프로그램은 자연스럽게 전체 의료보건 계획의 일부로 편입될 것이다. 국가 의료보건 계획의 일부로 포함된 HIV 프로그램이 실현되는 것은 그리 어려운 일이 아니다.

결론적으로 말하면, 새로운 대 중국 정책에는 세 개의 핵심이 필요하다. 첫째는 중국의 약점을 주목하는 것, 둘째는 때때로 중국을 설득하는 것이 아니라 조종하는 것이 효과적이라는 점을 기억하는 것, 셋째는 관련된 전반적 환경을 구축하는 것이다. 중국의 힘과 영향력이 증대됨에 따라, 세계 각국은 앞 다투어 중국을 돕기 위해 나서고 있다. 이제 중국과 접촉한다는 것은 더 이상 어떤 구체적인 이슈를 구실로 삼아 중국을 공격하는 것을 의미하지 않는다. 대 중국 정책을 성공적으로 이끌고자 하는 국가는 베이징과 상호작용할 수 있는 광범위한 의제를 창출해야 한다. 그리고 그 의제는 당연히 중국의 강점은 물론 약점까지도 포괄하는 것이어야 한다. 그럼으로써 중미관계에 접근하는 새로운 접근법을 만들어낼 수 있을 것이다. 예를 들면, 중국의 취약점인 영역에서 상호 협력할 수 있는 환경을 만들어낸다면, 다른 영역에서도 중국으로부터 영향력과 신뢰를 얻을 수 있을 것이다. 에너지 안보와 과학기술 정책 분야에서 중국과 미국이 쏟아 붓고 있는 공동의 노력은 바람직한 협력의 환경 조성으로 이어지고 있다. 그리고 이런 협력은 다른 영역으로까지 확대되고 있다. 이미 중국의 외교정책은 중국과 미국의 목표 가운데 공통분모를 강조하는 쪽으로 무게중심을 옮겼다. 심지어 타이완 문제에서도 양국은 합의를 이루는 길을 모색하는 상태에까지 이르렀다. 따라서 협력의 환경을 만들어내는 것은 이제 불가피하다고 할 수 있다. 그렇게 하는 가장 바람직한 길은 양국이 공동의 이익을 도모할 수 있는 새로운 틀(New Framework)을 창출하는 것이다. 그리고 그 틀은 미국의 변덕스러운 정치 순환 사이클로부터 벗어나서 오랫동안 유지될 수 있어야 한다. 핵확산 반대, 에너지 안보, 그리고 기타 문제들에서 협력을 정식으로 확립하는 토대 위에 만들어지는 이 새로운 틀은, 우리로 하여금 '중국위협론 / 중국기회론'이라는 허구적인 이원적 패러다임으로부터 벗어나게 해주고, 중미 관계에서 전반적 환경을 더욱 중시하는 접근법을 갖도록 만들어줄 것이다.

베이징 컨센서스는 갈수록 세계적으로 유행하고 있다. 따라서 중국은 이런 상황에 대해 더욱 큰 책임감을 가져야 한다. 지금도 여전히 중국의 관료들은, 중국이 현실에 맞서 분투하고 있는 국가라고 말한다. 다만 그 진지함은 예전에 비해 많이 떨어진 상태이다. 중국은 다른 나라들이 중국을 모델로 받아들이는 주요한 이유가 바로 그 현실에 맞선 분투 때문이라는 점을 분명히 인식할 필요가 있다. 또한 중국의 관료들은 상대방을 포용함으로써 조화를 이루는 그들의 전통을 계속 지켜나가야 한다. 그런 전통이야말로 개발도상국도 강국이 될 수 있음을 보여주는 것이기 때문이다. 베이징 컨센서스와 비교하여 중국의 정책이 얼마나 복잡한지를 여기서 논할 생각은 없다. 다만 향후 5

년 이내에 중국이 자신의 국제적 위상을 확립할 중요한 기회를 얻게
되리라는 점만은 언급해두고자 한다. 현재 세계 각국에서 여론조사를
해보면, 중국에 대한 인상은 여전히 신비스럽고 두렵다는 것이 대부
분을 차지한다. 다행스러운 점은, 중국의 정책결정자들이 국가의 향
후 발전에서 투명성이 얼마나 중요한 부분을 차지할지 깨닫게 되었다
는 것이다. 투명성이 증대됨으로써, 베이징은 자신의 모범적 측면과
내부적 문제점을 동시에 국제사회에 드러내게 될 것이다. 이는 물론
자신의 문제점을 외부에 알리는 데 익숙하지 않은 중국으로서는 매우
곤란한 일일 수 있다. 그러나 지금껏 발전 과정에서 직면한 막대한 도
전을 극복하기 위해 줄곧 혁신적인 해결책을 모색해온 중국으로서는,
투명성이 안정을 확립하는데 도움이 되면 됐지 해가 되지는 않을 것
이다.

　베이징 컨센서스는 세계에 희망을 제공한다. 워싱턴 컨센서스가
와해되고, WTO의 협상이 결렬되고, 아르헨티나의 경제가 붕괴된 상
황에서 세계의 대부분 국가들은 새로운 발전의 패러다임이 어떤 형태
가 되어야 하는지 갈피를 잡지 못했다. 그런 와중에, 중국에서 벌어진
혁신, 비대칭적 발전, 평등에 대한 주목, 시민권에 대한 새로운 사고
등의 현상과 그것을 관통하는 핵심적인 사상은, 발전과 안보를 야심
차게 추구하는 국가들의 큰 관심을 끌었다. 선진국의 원조에 지나치
게 의존하는 발전 모델이 실패하는 것을 지난 수백 년 동안 목도해온
그들이 중국의 모델에 매력을 느끼는 것은 매우 자연스러운 일이다.
덩샤오핑은 1978년에 중국의 문을 활짝 열어젖히면서, 중국의 1인당
연평균 소득이 1,000달러에 도달하면 다른 나라를 돕는 데로 관심을

돌려서, 중국의 힘을 바탕으로 세계를 더욱 안전하고 평등한 곳으로 만들어 놓겠다고 말한 바 있다. 2003년에 중국의 1인당 연평균 소득은 드디어 1,000달러를 넘어섰다. 지금 중국은 자신이 경제적 수단을 통해서 다른 나라를 도울 수 있을 뿐 아니라, 스스로가 모델이 됨으로써도 그런 일을 할 수 있음을 깨닫게 되었다. 과거에 덩샤오핑이 그렸던 미래의 중국의 모습이 바로 이런 것이었으리라.

1 영어판 원문에는 'rise'로 되어 있는데, 중국에서는 일반적으로 '굴기(崛起)'라는 개념을 쓰고, 한국에서도 이 개념이 매스컴 등에 자주 등장하여 이미 익숙해졌으므로, 이 번역에서는 '굴기'라는 표현을 가져다 썼다. 다만 한국어에서 그대로 쓰기에 적절치 않은 표현일 수 있으므로, 제한적으로 신중하게 사용할 필요가 있다는 점은 지적해 둔다. (역자 주)
2 덴마크의 천문학자. 여러 천문기기 개발을 시도하고 별들의 위치를 관찰하여, 후대의 천문학적 발견이 가능하게 했다. (역자 주)
3 이에 관해서는 두 가지 상이한 접근법을 살펴볼 필요가 있다. Nye, Joseph S. Jr. and Owens, William, "America's Information Edge", Foreign Affairs, Mar./Apr. 1996 또는 Roy, Denny, "China's Reaction to American Predominance", Survival, Autumn 2003 참조. 미국의 '전략적 경쟁자'가 21세기의 첫 15년 이후 등장하게 될 것이라고 단언하고 있는 U.S., Quadrennial Defense Report, United States Department of Defense, 1997도 참조할 것.
4 이 책의 17쪽 각주 1번 참조.
5 "The Choice of China's Diplomatic Strategy", People's Daily, Mar. 19. 2003; 장쩌민의 중국공산당 제16차 전국대표대회 보고.
6 2003년 9월 4일, 조지워싱턴 대학에서 콜린 파월(Colin Powell) 국무장관이 한 연설. "지금 나는 중국과 미국의 관계가, 닉슨 대통령이 처음 중국을 방문한 이래로 가장 좋다고 말씀드리고 싶습니다."
7 두 인물 모두 클린턴 행정부에서 재무부장관을 역임함. (역자 주)
8 "The Committee to Save the World", Time, Feb. 15. 1999 참조.
9 장쩌민의 중국공산당 제16차 전국대표대회 보고.
10 정보통신 기술의 발전 추세를 설명하는 두 가지 법칙. 컴퓨터 산술 능력의 발전 추세를 규정하는 무어의 법칙은 마이크로칩의 처리 능력이 18개월마다 두 배로 증대된다는 것. 멧칼프의 법칙은 네트워크의 유용성이 네트워크 사용자 숫자의 제곱에 비례한다는 것.
11 Segal, Gerald, "Does China Matter?", Foreign Affairs 78, the Council on Foreign Relations, Sep./ Oct. 1999, pp. 24~36; Harris, Stuart, "Does China Matter : The Global Economic Issues", Australian National University Working Paper, Australian National University, 2003. 1 참조.
12 각 기관이나 사람들이 이 언어적 문제에 관해 응답하는 다양한 방식을 보면 무척 흥미롭다. 그런데 중요한 점은, 현재 중국에서 벌어지고 있는 많은 현상을 지칭하는 정확한 개념이 아

직 존재하지 않는다는 것이다. 사업적인 영역이나 개인적인 영역에서 사람들은 종종 대화에 혼선을 빚을 정도로 신조어를 많이 만들어내고 사용한다. '샤하이[下海]'라는 말의 경우, 그 문자상의 의미는 바다로 뛰어든다는 것이지만, 지금은 사업의 세계로 뛰어든다는 말로 해석되어 많은 사람들 사이에서 널리 쓰이고 있다. 반면 정부 관원들은 이런 현상을 지칭할 때 기존 단어들을 억지로 조합하여 쓰는 경향을 보여준다. 그 경우 의미상의 차이는 단지 단어의 배열을 통해서만 확인될 수 있을 뿐이다.

13 CCTV를 통해 방송된 후진타오와 자크 시라크 대통령의 기자회견. 이전에 장쩌민은 더욱 의미심장한 발언을 한 바 있다. "민주주의가 없으면 사회주의도 없습니다. 그리고 사회주의가 없다면 발전도 없습니다." 민주주의와 발전의 연관성을 언급한 것이다.

14 연구 결과에 따르면, 2억 5천만에서 4억 명에 이르는 사람들이 하루에 1달러 수입으로 생활하던 상황에서 벗어났다. 가장 최근의 조사 자료에서는 그 수가 4억 명이라고 발표되었다 (François Bourguignon, "Transition of China's Northeast : The Need for Combining Regional and National Policies", *The World Bank Seminar : A Development Strategy for Northeast China Shenyang, Liaoning Province*, worldbank.org, 2003, p.2).

15 너무 빠르게 변하는 세계 속에서는 의도와 결과가 일치되지 않는 경우가 허다하다. 덩샤오핑의 실용적 접근법의 핵심은, 새로운 정책은 변화를 일으키지만 그런 변화는 예측하기 어렵다는 것, 따라서 중국에서는 종종 '이보전진 일보후퇴'의 현상이 벌어지게 되고, 중국 정부는 강압적인 '권력 수단'을 포기할 수 없다는 것이다. 그런 수단이 없다면 부정적인 발전을 중지시키거나 변화의 속도를 조절할 방법이 달리 어디 있겠는가?

16 Attention Deficit Hyperactivity Disorder (역자 주)

17 Zhili, Chen, "Science & Technology and Talent : The Two Pillars of a Well Off Society(科學與人才 : 全面建設小康社會的兩大重要支柱)", *Qiushi* issue 374, 2004.

18 장쩌민의 중국공산당 제16차 전국대표대회 보고.

19 그렇다고 덩샤오핑이 당과 혁신의 관계를 경시했다는 것은 아니다. 사실 그는 권력에 가깝게 있던 비교적 이른 시기부터, 당이 어떻게 혁신을 지원할 것인가의 문제를 고민했다. 1975년 가을에 한 연설에서 그는 이렇게 언급했다. "반도체 연구를 전공한 중견 과학자가 있었습니다. 그런데 베이징대학의 당국은 그에게 전공과 무관한 다른 분야를 강의하도록 했습니다. 그래서 그는 남는 시간을 이용하여 반도체 연구를 수행해야만 했습니다. 그처럼 자신이 공부한 전공과 무관한 부문에 종사해야만 하는 많은 사람들이 있습니다. 우리는 그들이 자신들의 전공 지식을 충분히 활용하도록 해주어야 합니다. 그러지 않으면 국가적으로 큰 손실입니다. 그는 전국적으로 널리 알려진 중견 과학자였지만 자신의 전공과 무관한 분야에 종사해야만 했습니다. 어째서 이런 일이 벌어지는 것입니까?"(Deng Xiaoping Selected Speeches "Priority Should be Given to Scientific Research", Sep.26.1975 참조)

20 Ma Kai, "Establish and Implement a Scientific Development View Promote Fundamental Changes in Mode of Economic Growth", 2004년 3월 21일 국가발전개혁위원회 회의에서 한 발언.

21 Solow, Robert, "Technical Change and the Aggregate Production Function", *Review of Economics and Statistics* 39, MIT Press, Aug.1957, pp.312~320.

22 Hornstein, Andreas and Per Krusell, "Can Technology Improvements Cause Productivity Slowdowns?", *NBER Macroeconomics Annual 1996*, MIT Press, 1996, p.214.

23 총요소생산성 가운데 어느 정도가 외부적 요인에 의한 것이고 어느 정도가 내부적 요인에

의한 것인지에 관해서는, 현재 학자들 사이에서 활발하게 논쟁이 진행되는 중이다. 그 논쟁은 매우 기술적인 내용이므로 여기서 다루기에는 적절치 않다. 다만 그 문제에 대한 대답이, 중국의 성장에 향후 어떻게 대응할 것인가를 생각하는 데 중요한 함의를 담고 있다는 점은 주목할 필요가 있다. 대략적으로 볼 때, 중국의 정책입안자들은 총요소생산성의 이른바 '롤링 벨트(rolling belt)' 모델에 합의를 하고 있는 듯하다. 즉, 생산성은 처음에는 주로 외부의 기술과 투자에 의하여 급속히 발전하지만, 그런 다음에는 내부적 원인에 의한 내적 성장이 그것을 이끌게 된다는 것이다(Romer, Paul, "Endogenous Technological Change", *Journal of Political Economy*, the University of Chicago Press, Oct.1990; Romer, Paul, "The Origins of Endogenous Growth", *Journal of Economic Perspectives*, the American Economic Association, 1994 참조).

24 Songqing Jin, Jikun Huang, Ruifa Hu and Scoot Rozelle, "The Creation and Spread of Technology and Total Factor Productivity in China's Agriculture", *Department of Agricultural and Resource Economics University of California Davis Working Paper* No.01~014, Department of Agricultural and Resource Economics University of California Davis, 2001, p.7.

25 이 시기에 농가 소득이 증대된 원인은 논쟁의 대상이 되어 왔다. 1990년대 초에 Philip Huang은, 1980년대에 농업 개혁의 성공을 이끈 진정한 추동력은 곡물 생산이 아니라 농부들이 새로운 사업 영역으로 발을 넓힌 데서 나왔다고 주장했다. 이런 주장은 이후 통계자료를 통해 적절치 못한 것으로 밝혀졌지만, 생산성 증대와 개인적 자유 사이에 밀접한 관련이 있다는 그 핵심적 발상은 여전히 유효하다.

26 Songqing Jin, Jikun Huang, Ruifa Hu and Scoot Rozelle, op.cit., p.7.

27 Angang Hu, *SARS*, Bejing : Daxue Chubanshe, 2004, pp.3~15.

28 Speeches of Deng Xiaoping Vol.2 참조. 덩샤오핑이 이른바 '소강(小康)'사회를 규정하면서 제시한 1인당 연소득 1천 달러라는 기준은 현재의 중국 사회에도 여전히 유효하다. '소강'이란 '소박한 수준의 풍족함'이란 뜻으로, 부유하지는 않지만 빈곤으로부터는 자유로운 사회를 지칭한다. 이는 바람직한 사회에 대한 중국식의 철학적 정의와 관련된 것이다.

29 이 점은 반도체와 같은 첨단기술에 대한 중국의 강렬한 열망과, 국제적 표준에 대한 중국 정부의 염려를 통해 분명하게 드러난다. 최근 중국 정부와 마이크로칩 생산 기업들 사이에 무선 보안 표준을 놓고 벌어진 충돌은 그 좋은 예라고 할 수 있다. 중국은, 국제적으로 보편화되는 표준으로 말미암아 외국 기업들이 너무도 많은 지적 자산을 중국에서 손쉽게 가져간다고 여긴다. 한 익명의 전문가는 『인민일보(*People's Daily*)』와의 인터뷰에서, '16,000개의 국제적 표준 가운데 99.8%가 외국기관에서 만들어진 것'이라고 불평했다. 이는 혁신과 내셔널리즘이 교차되는 모습을 여실히 보여준다.

30 François Bourguignon, ibid.

31 Cheng Li, "Educational and Professional Background of Current Provincial Leaders", *China Leadership Monitor* No.8, Hoover Institution, 2003, p.4.

32 미국 보스턴 외곽 지역을 지나는 국도 이름이지만, 서부의 실리콘밸리와 비교되는 보스턴 지역의 첨단산업단지를 가리키는 말로 쓰인다. 하버드와 MIT 등 주변의 명문대학을 기반으로 1970년대에 조성되었지만, 실리콘밸리만큼 성장하지는 못했다. (역자 주)

33 중국 위생부(衛生部) 부부장(차관), 국가중의약관리국(國家中醫藥管理局) 국장. (역자 주)

34 1968년에 인텔을 창업한 세 명의 공동창업자 가운데 한 명. 이후 최고경영자 및 회장을 역임했다. (역자 주)

35 "그로브는 미국이 과학기술 분야에서 우위를 잃어버리고 있다고 말했다."(2003.10.10, http://www.forbes.com/2003/10/10/1010grovepinnacor.html 참조).

36 이는 중국공산당 정책의 이론적 지침인, 장쩌민의 '세 가지 대표 이론[三個代表理論]'과도 밀접한 연관이 있다. '세 가지 대표 이론'은 중국공산당이 가장 선진적인 생산력과 가장 선진적인 문화, 그리고 광범위한 중국 인민의 근본적 이익을 대변해야 한다는 것이다. (중국공산당의 이론가들은 현대 중국이 마르크스레닌주의와 마오쩌둥 사상, 덩샤오핑 이론, 그리고 장쩌민의 '세 가지 대표 이론'을 직접적으로 계승했다고 주장한다. 외부의 시각으로 중국을 관찰하는 이들은 중국이 더 이상 마르크스주의적인 상태가 아니라고 여긴다. 그러나 중국의 정책입안자들과 지식인들은 여전히 사회주의와 마르크스주의에 근거를 둔 관점에 따라 움직이고 있다. 세계화에 관한 전통적인 입장에 도전하는 중국의 모습에서는, 현대화, 시장화를 추구하는 중국과 사회주의에 대한 지난 50년 동안의 논의 사이의 복잡한 지적 연관이 드러난다. 중국의 선도적인 지식인이자 자유시장을 지지하는 경제학자인 후안강胡鞍鋼은 자신의 글에서, 중국이 지난 50년 동안 범한 가장 큰 오류 세 가지를 열거했다. 그런데 사회주의를 추구한 것은 그 오류 가운데 포함시키지 않았다. 다만 그것을 추구하는 데 사용한 방법만을 포함시켰을 뿐이다.)

37 Cheng Li, "Educational and Professional Background of Current Provincial Leaders", *China Leadership Monitor* No.8, Hoover Institution, 2003, p.3.

38 Naughton, Barry "The State Asset Commission : A Powerful New Body", *China Leadership Monitor* No.8, Hoover Institution, 2003, p.5.

39 보수파들의 공격은 중국의 WTO 가입을 둘러싼 미국의 협상 태도 때문에 힘을 얻었다. 중국의 대다수 보수파들은 1999년에 협상이 일단 결렬되자, 주룽지[朱鎔基] 총리가 미국에 대해 '굴욕적인' 자세를 취했다고 비난했다. 국가적 치욕과 같은 문제에 대한 중국인들의 유별난 과민함은 외국인들이 중국을 다룰 때 종종 오판을 하게 만드는 원인이 된다. 이 점은 나중에 4장에서 길게 다룰 것이다.

40 이 부분에 관한 시각은 Fred Hu에게서 도움을 얻었다.

41 Global Attitudes에 관한 2003 Roper Survey, University of Connecticut Roper Center.

42 Susan L. Shirk, "The Political Logic of Economic Reform in China", Berkeley University of CA press, 1993, p.23.

43 Deng Xiaoping, *The Selected Works of Deng Xiaoping : 1975 ~1982*, Beijing : Foreign Languages Press, 1995.

44 World Bank, *Gini Coefficient Study*, 2003.

45 Wang Mengkui, "China's Policy Options for an All-round, Balanced and Sustainable Development" ('China Development Forum 2004'(2004.3)에서 한 기조연설).

46 Teo Chu Cheow, Eric, "China Lights Vietnam's Path", *Japan Times*, Jan.11.2004.

47 DG Supachai Panitchpakdi, "Putting the Doha Development Agenda Back on Track : Why it Matters to China", *WTO and China : 2003 Beijing International Forum, Beijing*, Nov.10, 2003.

48 '(세계로) 나아가자[走出去]'는 구호는 중국공산당 제14차 전국대표대회 때부터 등장했다.

49 "Premier Reiterate Every Country Equal", *People's daily*, Nov.7.2003.

50 "The Choice of China's Diplomatic Strategy", *People's daily*, Mar.19.2003.

51 Williamson, John, "What Washington Means by Policy Reform", *Latin American Adjustment : How Much Has Happened?*, Washington DC : Institute for International Economics, Apr.1990.

52 Madsen, Richard, "One Country : Three System : State-Society Relations in the Post-Jiang Era", Gang Lin and Xiaobo Hu(eds.), *China After Jiang*, Stanford University, 2003, p.91.

53 2004년 3월 23일 브라질 외교부 발표(FinanceOneNet, http://www.financeone.com.br/notici a.php?prv_aflpaulo&lang_br&nid_9660 참조).

54 2004년 1월 인도를 방문한 룰라 대통령의 연설 관련 언론 보도 내용(http://archives.econ.uta h.edu/archives/marxism/2004w05/msg00053.htm 참조).

55 베이징 컨센서스가 이것을 보장한다는 의미는 아니다. 그러나 그런 반론은 마르크스주의 나 워싱턴 컨센서스 그 자체에 대해서도 모두 제기될 수 있다. 이 글에서 그에 관한 충분한 논거를 제시할 수는 없다. 이 글은 다만 베이징의 성장하는 힘의 예를 제시할 뿐이다.

56 중남미 국가의 지속가능한 경제적, 사회적, 제도적 발전을 위해 1959년에 아메리카 대륙 20 개국 정부가 설립한 세계 최대의 지역개발금융기구. 현재는 아시아와 유럽 등의 국가들이 참여하여 활동이 확대되었다. (역자 주)

57 Smith, Michael and Prakash, Amit, "China Makes New Friends in the Developing World", *IHT*, Jan.13.2004, p.B3.

58 "ASEAN-China Free-Trade Plan to Create 'Double Win'", *People's Daily*, Feb.13.2003(http://fpeng. peopledaily.com.cn/200202/13) 참조.

59 중국-아프리카 교역과 '중국-아프리카 협력 포럼(Forum on China-Africa Cooperation)'에 관 한 중국 외교부의 보고서 참조(http://fmprc.gov.cn/eng/topics/Second/t57032.htm).

60 Ramgopal Agarwala, *The Rise of China : Threat or Opportunity*, New Delhi : Bookweel Books, 2002.

61 이전에도 언급했듯이, 중국은 자신이 세계에서 새로이 차지하게 된 위상에 걸맞은 호칭을 얻기 위해 여전히 애쓰고 있다. 중국의 전략가들이 부정적인 함의를 담고 있는 것으로 여기 는 '초강대국(Superpower)'이라는 호칭을 거부하려고 애쓰는 것은 그 대표적인 예이다. 그 들은 중국을 '대국(Great Power)'이라고 부르는 것에는 거부감을 나타내지 않는다. 그들이 유일하게 용인하는 그런 호칭은 중국을 프랑스보다도 덜 강한 나라로 보이게 한다. 나는 이 점을 충분히 염두에 두고서, 자신의 역량을 아직은 부족하다고 여기는 중국의 인식과, 그들 이 현실에서 직면한 책임 및 도전을 구분하기 위한 방편으로 이 용어를 사용한다. 중국의 전략가들은 스스로 '초강대국(Superpower)'이라는 위상을 인정하게 되면 중국이 여전히 직 면하고 있는 발전의 과제들을 소홀히 하게 될까 우려한다. 이것은 어떤 면에서는 사실이다. 그러나 영향력 있는 국가라는 이미지와 개발도상국이라는 이미지를 하나로 결합시키려는 중국 정책입안자들의 시도는 사실상 또 다른 정책적 난제가 되고 있다.

62 베스트팔렌 조약(Peace of Westfalen)은 유럽에서 1618년부터 30년 동안 전개된 종교전쟁을 마감하기 위해 1648년에 체결된 조약. 유럽의 근대적인 국제관계를 만든 조약으로서, 1815 년 빈체제가 성립될 때까지 국제관계의 기틀이 되었으며, 주권국가의 개념을 최초로 정립 했다. (역자 주)

63 백악관의 관리들은 2003년 가을에 오스트레일리아를 방문했을 때 미국의 부시 대통령과 중국의 후진타오 주석에 대한 현지의 반응이 큰 차이가 나는 데 대해 당황하고 혼란스러워 했다. 당시 후진타오는 환호를 받은 반면, 부시에게는 반발과 야유만이 쏟아졌다.

64 Perlez, Jane "The Charm From Beijing", *New York Times*, Oct.9.2003. Jane Perlez의 *Times* 기사 "astonishment of US officials about difference in reception of Hu and Bush in Asia in all tours" 참조.

65 중국의 전략가들은 점차 대전략(grand strategy)과 전략(strategy), 실행전략(operational stra-

tegy), 전술(tactics)을 구별하는 추세를 보이고 있다. 중국은 타이완 등 극히 제한된 분쟁 지역을 제외하면, 지난 수십 년 동안 전술적 차원이나 실행전략 차원에서 미국을 위협하는 존재가 아니었다. 중국에서 대전략은 비교적 생소한 개념이지만, 그 발상 자체는 힘의 균형을 추구하는 중국의 전통적인 사고와 잘 어울린다. '세 가지 대표 이론'을 외교정책 영역으로까지 확장시키려는 장쩌민 일파의 최근 시도에 대해 중국의 많은 사상가들은 여전히 당혹스러워 하는 모습을 보였다. 그러나 대전략에 대한 고려를 배제하고 전술에 집중하는 전통적인 마오쩌둥주의가 여전히 중국의 군사적 사고의 근저에서 작동하고 있음을 감안할 때, 대전략에 대한 이런 주목은 괄목할 만한 발전이라고 할 수 있다.

66 "New Path for China's Peaceful Rise and the Future of Asia(中國和平崛起新道路和亞洲的未來)" (2003년 보아오[博鰲] 포럼 연차총회에서 정비젠[鄭必堅]이 한 연설, 2003.11.3)

67 ibid.

68 ibid.

69 칭화[淸華]대학교 교수, 국제전략 및 발전연구소[國際戰略與發展研究所]부소장, 국제관계 전문가. (역자 주)

70 Chu Shulong, "China and the U.S.-Japan, U.S.-ROK Alliances in A Changing Northeast Asia" (변화하는 동북아시아에서의 미-일, 한-미 동맹에 관한 학술회의에서 발표된 미출간 논문), Stanford University, Aug.20~22.1998), p.12.

71 "The Choice of China's Diplomatic Strategy", *People's daily*, Mar.19.2003 참조.

72 신안보개념(New Security Concept)을 구성하는 공식적인 요소들은 장쩌민이 독일의 정책지도자들에게 한 연설을 통해 드러난다. "냉전 시기의 관점은 폐기되어야 합니다. 신뢰의 구축이 안보의 기초가 됩니다. 경제와 통상에서의 협력이 안보를 강화하고, 또한 역으로 안보의 강화가 경제와 통상의 협력을 증진시킵니다. 국제적인 테러와 범죄에 맞서 싸우기 위해 지역적인 집단 안보 체제의 수립이 필요합니다. 공정하고 합리적인 국제질서가 수립되어야 합니다." (Ling, Xing-guang, "China's New Peace Strategy", *Japan Times*, Nov.17.2002에 실린 요약 참조)

73 여기서 먼로주의(Monroe Doctrine)와 비교하는 것은, '주의(Doctrine)'라는 개념을 외교정책을 이끄는 이론으로 간주한다는 의미이다. 이렇게 보는 이유는, 중국의 정책입안자들이나 학자들이 미국의 헤게모니 관철 수단으로 여겨온 먼로주의와 비교되는 것을 극도로 꺼려하기 때문이다. 중국이 자신이 속한 지역을 먼로주의식 접근법으로 바라보고 있다는 뉴욕타임스(New York Times)의 기사는 격렬한 반발을 불러일으킨 바 있다('*People's Daily*', 2003.11.4, http://www.chinadaily.com.cn/en/doc/2003-11/04/content_278069.htm).

74 Task Force Report, "China's Military Power", *Council on Foreign Relations Study*, Council on Foreign Relations, May.23.2003.

75 Tompkins, Joanne, "How U.S. Strategic Policy Is Changing China's Nuclear Plans", *Arms Control Today*, Arms Control Association, Jan./Feb.2003 참조. 여기서 중국의 핵개발 정책에 관한 민감한 질문을 던지지는 않을 생각이다. 현재 중국의 핵 정책이 지극히 제한적이라는 점에 중국 측이나 외국의 분석가들 모두 일반적으로 동의하고 있다는 사실을 거론하는 것만으로도 충분하다고 판단하기 때문이다.

76 Freeman, Chas, "Did China Threaten to Bomb Los Angeles?", *Carnegie Proliferation Brief* Vol.4, No.4, Carnegie Endowment for International Peace, Mar.22.2001.

77 중국의 군사적 사고의 세 갈래 유형에 관해 탁월하게 정리한 내용은 (비록 내가 분류하는

방식과는 약간의 차이를 보이지만) Li, Nan, "11 September and China : Opportunities, Challenges and Warfighting", *Singapore Institute of Defence and Strategic Studies Working Paper*, No.32, Sep.2002, p.17 참조. '전쟁이 일어날 수 없는(War-Proof)'이라는 용어는 내가 만든 것임.

78 베이징은 미-일 군사 협력을 예의 주시하고 있다. 특히 미군의 아시아 지역 주둔 문제 등을 관심 있게 지켜보는 중국의 전략가들에게 이는 더욱 중요한 사안이다(Wang Xinsheng, "The Relative Acts and Their Effects Regarding 'Guideline of US-Japan Relations'('日美防衛合作指針' 相關法案及其影響)", http://cass.net.cn/chinese/s30_rbs/files/kycs/wangxinsheng.htm 참조).

79 Yan Xuetong(2004), p.4.

80 Andrew Nathan and Bruce Gilley, *China's New Rulers : The Secret Files*, New York : New York Review Book, 2002, p.207~209.

81 Guo, Liang, "September 11th : A study of Chinese Reaction on the Internet"(미출간 회람 논문) 참조.

82 Yan Xuetong, "A Decade of Peace In East Asia"(미출간 회람 논문), 2003.

83 수십 억 달러가 소요되는 미국의 국가 미사일 방어 체제(NMD)를 뒤흔들면서 동시에 예산 을 절감하기 위한 방편으로 다탄두 핵미사일 가운데 가짜 탄두를 포함시키는 기발한 아이 디어들이 중국에서 논의되고 있다.

84 '마비전(針灸戰, acupuncture warfare)'은 급소에 해당하는 혈(穴)자리를 침으로 찔러서 적을 마비시키듯이 싸우는 전술이라는 의미로 붙인 이름. (역자 주)

85 이는 전투와 관련된 중국의 전통적인 발상, 즉 은밀한 기습과 빠른 이동을 중시하는 발상을 반영하는 중요한 언어적 표현이다. 이런 발상은, 중국의 군대는 유연해야 한다는 덩샤오핑 의 발언에도 잘 드러나 있다. 이는 정상적인 공격으로는 거두기 힘든 실제적이고 전술적인 효과를 얻게 한다. 그리고 미국으로 하여금 공개적으로 대만을 지원하는 것처럼 보이게 하 는 반면, 중화인민공화국 군대에게는 힘을 비축할 기회를 제공한다. 또한 국제사회로 하여 금 중국이 주도권을 유지하는 상황에 기울어지도록 만든다.

86 Li, Nan, "11 September and China : Opportunities, Challenges and Warfighting", *Singapore Institute of Defence and Strategic Studies Working Paper*, Number 32, Sep.2002, p.21.

87 미국의 역사학자, 미래학자, 국제관계 전문가. 예일대학교 역사학과 교수. (역자 주)

88 Posen, Barry R., "Command of the Commons : The Military Foundation of U.S. Hegemony", *International Security* Vol.28, No.1, MIT Press, Summer 2003, p.8.

89 Wang Yi, "Neighbourliness and Partnership", *Qiushi*, 2003 4/2.

90 Xinhua, *Foreign Policy Review*, 2003.

91 "China's Development and Asia's Rejuvenation", 아세안 비즈니스 및 투자 회담(ASEAN Business & Investment Summit)에서 중화인민공화국 총리인 원자바오(溫家寶)가 한 연설, Oct.7.2003.

92 상하이협력기구(SCO, The Shanghai Cooperation Organization)는 중국과 러시아가 중심이 되고 중앙아시아 국가들이 결합하여 1996년에 지역 내 협력과 발전을 위해 만든 새로운 형 태의 지역협력체제. 중국, 러시아, 카자흐스탄, 키르기스스탄, 타지키스탄, 우즈베키스탄 이 회원국이고, 2004년 이후 몽골, 인도, 파키스탄, 이란이 옵서버 자격으로 참여하고 있다. (역자 주)

93 John Pomfret, "A New Direction for Chinese Diplomacy", *Washington Post*, Aug.16.2003, p.A17.

94 Wang Yi, "Neighbourliness and Partnership", *Qiushi*, 2003 4/2.

95 ibid.
96 Xinhua, op.cit.
97 "2003 Year in Review", *People's Daily*, 2003.12.24.
98 Wolfowitz, Paul, "Bridging Centuries : The Fin De Siecle All Over Again", *The National Interest*, Center for the National Interest, Spring 1997, p.7; "Remembering the future", *The National Interest*, Center for the National Interest, Spring 2000, p.42.

워싱턴 컨센서스의 역사[*]

존 윌리엄슨(John Williamson)^{**}

'워싱턴 컨센서스'라는 개념은 1989년에 최초로 제기되었다. 국제경제연구소가 개최한 한 학회에서 발표한 논문을 통해 나는 이 개념을 처음 사용했다. 경제협력개발기구(OECD)가 타당하다고 여겨온 일련의 관점이, 1950년대부터 라틴아메리카의 경제정책을 주도해온 개발경제학의 낡은 관점을 얼마나 대체할 수 있을지 따져보기 위해서였다. 논문이 다루는 내용을 공통의 관심사에 집중시키기 위해, 당시 나는 워싱턴에서 모두가 동의할 것 같고 라틴아메리카 어느 곳에서나 필요할 것 같은 10가지 정책의 목록을 만들어서 '워싱턴 컨센서스'라고 이름을 붙였다.

---

* 이 글은 바르셀로나국제문제센터(CIDOB) 기금의 지원을 받아 2004년 9월 24일~25일에 바르셀로나에서 '워싱턴 컨센서스로부터 새로운 국제적 거버넌스까지'라는 주제로 열린 학회에서 발표한 것이다.

** 영국 출신의 경제학자. 현재 피터 패터슨 국제경제연구소(Peter G. Peterson Institute for International Economics) 선임연구원. 세계은행 남아시아 담당 수석경제학자와 IMF 고문 등을 역임했다. '워싱턴 컨센서스'라는 개념을 처음 제기했다. (역자 주)

당시만 해도, 15년이 지난 후 치열한 이데올로기적 논쟁의 중심에 놓이는 이 개념의 역사를 내 손으로 쓰게 되리라고는 전혀 생각지 못했다.

이 글의 첫 번째 부분은 1989년 회의에서 발표한 논문을 쓰게 된 배경에 관한 내용이다. 두 번째 부분은 내가 워싱턴 컨센서스라는 이름으로 제기하여 모두에게 이미 익숙해진 10가지 정책을 요약한 것이다. 이어서 워싱턴 컨센서스라는 개념에 관한 설명과 분석을 추가했다. 그 다음 부분에서는, 이 개념이 여러 지역에서 각기 다른 방식으로 사용되고 있으며, 이데올로기적 논쟁의 중심에 놓여 있다는 사실을 설명했다. 이 글의 끝부분에서는, 원래의 10가지 정책 목록에 추가되었어야 할 내용을 전향적으로 제시함으로써, 현재의 라틴아메리카 지역에 대한 정책적 제언을 시도했다.

1. 1989년 논문의 배경

이야기는 1989년 봄으로 거슬러 올라간다. 당시 나는 의회에서 브래디 플랜(Brady Plan)[1]을 위해 증언을 하고 있었다. 나는 채무국의 채무 부담을 줄여줌으로써 그들로 하여금 경제정책에서 근본적인 변혁을 이루도록 하는 것은 매우 바람직한 일이라고 주장했다. 발라사(Balassa), 부에노(Bueno), 쿠친스키(Kuczynski), 시몬슨(Simonsen, 1986) 등도 이런 관점을 지지했다. 그런데 의원들은 대부분 라틴아메리카의 경제정책과 태도에 중대한 변화가 일어나게 되리라는 내 주장을 믿지 않았다. 그래서 내가 소속되어 있는 국제경제연구소의 주임인 프레드 버그스턴(Fred Bergsten)과 토론을 거친 끝에 우리는, 내 주장이 얼마나 타당한지를 검증하고 동시에 정책적 태도의 변화를 워싱턴에 기록으로 남기기 위해 학회를 열기로 결정했다.

몇 주 후, 나는 영국의 개발연구소(Institute of Development Studies)에서 세미나를 열어 동일한 주장을 펼쳤다. 이에 한스 싱어(Hans Singer)가, 많은 나라들이 정책을 더 나은 방향으로 변화시키고 있다고 하는 내 말이 무엇을 의미하는지 도전적으로 캐물어왔다. 내가 생각하는 정책의 변화가 무엇에 중점을 두는 것인지 명확히 밝히라는 말이었다. 그래서 나는, 우리가 가을에 열기로 계획한 '라틴아메리카의 조정─얼마나 많은 일들이 벌어졌나?'라는 주제의 학회에서, 우리가 관심을 두는 정책적 변화의 요지를 설명하는 논문을 발표하기로 했다. 논문의 제목은 '워싱턴이 말하는 정책적 개혁이 의미하는 것(What Washington Means by Policy Reform)'으로 정했다. 나는 이 논문을, 공통의 관심사가 되는 문제를 개별 국가의 사례에 적용시켜 연구하여 학회에서 발표하기로 한 10명의 필자에게 보냈다.

이 논문의 서두는 이렇게 시작된다.

이 논문은 워싱턴으로 하여금 적절한 수준의 컨센서스를 이끌어낼 수 있게 해줄 10가지 정책적 수단에 대해 인식하고 토론하기 위한 것으로 (…중략…) 이 논문은 다음과 같은 두 가지 점에 관해 살펴보는 것을 목적으로 한다. 여기서 언급되는 관점이 어느 정도나 진정한 컨센서스를 이루고 있는지, 그리고 이런 컨센서스가 정말 가치 있는 것인지가 그것이다. 이 논문을 바탕으로 하여 시도하는 각국에 대한 개별 연구에서는, 워싱턴 컨센서스가 해당 국가에서 얼마나 동의를 얻고 있는지 논의해주기 바라며 (…중략…)

이 논문에서 언급하고 있는 워싱턴이란 두 가지를 가리킨다. 하나는 의회와 정부 고위 관료들로 대표되는 정치적 영역이고, 다른 하나는 국제금융기구, 미국 정부의 경제 부처, 연방준비제도이사회(FRB), 싱크탱크들로 대표되는 전문가의 영역이다. 국제경제연구소는 그 출판물 『라틴아메리카 경제의 재성장을 향해』(Balassa et al., *Toward Renewed Economic Growth in Latin America*, 1986)를 통해, 워싱턴 컨센서스라는 개념이 만들어지고 전파되는 데 크게 기여했다.

당시 내 관점은 경제협력개발기구(OECD)가 오랫동안 제창해온 정책과 상당히 유사했다. 나는 미국 레이건 정부나 영국 대처 정부의 '신자유주의'[2]가 레이건대통령 퇴임 이후에도 유지되리라고는 결코 생각지 않았다. (당시 대처 정부는 거의 붕괴 직전이었다.) 대처 수상이 세계 경제에 남긴 공헌으로서 1989년에 그 가치가 입증된 '민영화'는 예외적인 사례라고 할 수 있다. 레이건과 대처 정부가 받아들인 기타의 모든 견해들, 특히 통화주의(monetarism), 공급중시경제학(supply-side economics), 작은 정부(minimal government) 등은 당시에 모두 실현가능성이 떨어지거나 바람직스럽지 못한 일시적 유행으로 간주되어 폐기되었다. 따라서 내가 말하는 '워싱턴 컨센서스' 내에는 그것들이 반영되지 않았다. 선진국에서 오랫동안 발전되고 환영받아 온 관점을 개발도상국들이 받아들이는 것은 중대한 변화이다. 냉전이 지속되는 동안 지구상에는 1950년대에 만들어진 제1세계, 제2세계, 제3세계의 구분이 고착화되어 있었고, 각각의 세계는 고유한 경제적 법칙에 따라 움직이는 것으로 여겨졌다. 그러다가 1989년이 되자 제2세계가 무너졌고, 그 국민들은 대부분 자유를 얻게 되었다. 동시에 제3세계 국민들의 행동방식이 제1세계 국민들과 명확히 차이가 난다고 여겨온 오랜 사상적 편견도 힘을 잃게 되었다. 그러나 지식의 세계화가 곧 신자유주의(내가 이해하고 있는 의미대로의)의 수용을 의미하는 것은 아니었다.

2. 최초 정책 목록의 내용

내가 목록에서 제시한 10가지 개혁의 내용은 다음과 같다.

1. **재정적 규율** : 지역 내 거의 대부분 국가가 막대한 적자에 시달리고 있어서, 국제수지의 위기와 심각한 인플레이션이 초래될 수 있다. 그 결과 주로 피해를 당하는 것은 가난한 사람들이 될 것이다. 부자들은 재산을 국외에 도피해놓기 때문이다.

2. **공공지출의 우선순위 재조정** : 장기적 발전이나 빈곤 문제 해결에 도움이 되는 방식으로 공공지출을 전환해야 한다. 즉 의미 없는 보조금 지급 대신에 기본적인 의료나 교육 부문, 기간시설 등에 대한 투자를 해야 한다는 뜻이다. 이것이 재정적 규율을 위해 무조건 지출을 줄여야 한다는 의미는 아니다. 공

공 부문에서 합리적인 규모로 지출을 하는 것에 대해 나는 항상 엄격히 중립적인 정책적 태도를 취하고 있었다. 내가 비록 컨센서스를 열렬히 추구하는 사람이기는 하지만, 이런 논쟁이 당시에 제기된 '역사의 종언' 같은 논리 때문에 쉽게 해소되리라고 생각해본 적은 없다.

3. 세제 개혁 : 세수의 기반은 넓히고 한계세율[3]은 적절하게 낮추는 세수 체계를 만드는 것이 목표였다.

4. 금리 자유화 : 돌이켜 보면, 나는 이것을 금융자율화라는 더욱 넓은 의미로 이야기하고자 했다. 나는 그 진행 속도에 대해 이견이 있을 수 있음을 강조하려 했고, 특히 금융자율화에 수반되어야 할 신중한 관리 감독의 중요성을 인식하고 있었다.

5. 환율의 경쟁력[4] : 당시 나는 환율의 경쟁성 확보에 대한 합의가 이루어져 있다는, 즉 환율을 조정하는 제도가 마련되어 있다는 낙관적 희망에 빠져 있었던 것 같다. 당시 워싱턴은, 어떤 국가든 완전한 고정환율제나 완전한 변동 환율제 가운데 하나만을 선택해야 한다는, 이른바 극단적 양자택일 정책(two-corner solution doctrine)에 기울어져 있었다.

6. 무역 자유화 : 무역 자유화의 속도 문제에 대해 이견이 있다는 것을 나도 인정했다. 다만 그 방향으로 움직여야 한다는 점에는 모두가 동의하고 있었다.

7. 외국자본 직접 투자의 자유화 : 광범위한 자본 거래의 자유화는 일부러

내용에 포함시키지 않았다. 그것에 관한 컨센서스가 워싱턴에 존재하지 않았고, 존재할 필요도 없다고 생각했기 때문이다.

8. 사유화(민영화) : 모두가 익히 알고 있듯이, 신자유주의에서 비롯된 이 관념은 광범위하게 수용되어 왔다. 그런데 이후 우리는, 중요한 것은 사유화(민영화)의 방식이라는 점을 깨닫게 되었다. 사유화(민영화) 그 자체는 특권적인 엘리트 집단이 공공자산을 사적으로 점유하는 부패의 과정이 될 수도 있다. 그러나 적절한 방식으로 진행할 경우 (특히 향상된 서비스가 적용되는 한에서) 효과를 거두게 된다. 그리고 사유화(민영화)된 기업은 경쟁적인 시장으로 들어가거나, 적절한 통제를 받게 된다.

9. 규제 철폐 : 여기서 초점은 진입과 퇴출의 장벽을 낮추자는 것이지, 안전이나 환경 등의 이유로 만들어진 규제, 또는 비경쟁 산업에서의 가격 통제를 철폐하자는 것이 아니다.

10. 재산권 : 이는 주로 비공식적인 영역으로 하여금 적절한 대가를 지불하고 재산권을 획득하도록 하는 것을 가리킨다. (이 부분은 에르난도 데 소토(Hernando de Soto)[5]의 분석에서 영감을 얻었다.)

3. 최초의 반응

나는 리처드 페인버그(Richard Feinberg, 당시 해외개발위원회(Overseas Deve-lopment Council) 소속), 스탠리 피셔(Stanley Fischer, 당시 세계은행의 수석 경제학자), 앨런 멜처(Allan Meltzer, 당시부터 현재까지 카네기멜론(Carnegie-Mellon)대학 교수) 등 세 명의 미국 학자를 초청해서, 내 논문에 대한 논평을 부탁했다. 페인버그와 멜처는 내가, 정치적으로 입장이 다른 어떤 측에서 형편없다고 생각하는 것을 무리하게 컨센서스로 밀어붙이려 하지 않는다는 점을 확인해주었고, 피셔는 IFI(국제금융기구)에 대한 내 입장을 옹호해주었다.

피셔는 내 논문에 대해 가장 적극적으로 지지하는 입장이었다. "상호 경쟁하는 경제 발전 패러다임은 더 이상 존재하지 않는다." "윌리엄슨은 현재 형성되는 과정에 있는, 개발도상국들이 무엇을 해야 하는가에 관한 워싱턴 컨센서스를 이미 파악했다." 그런데 그는 내가 언급하지 않은 일부 영역과, 명확하게 다른 의견이 존재하는 영역 등을 지적해주기도 했다. 예를 들면 환경이나 군비지출, 그리고 금리 자유화나 유출된 자본의 회수, 금융자본의 자유로운 유동보다 더욱 긴요한 광범위한 금융개혁 등이 그것이다.[6] 나는 논쟁이 이미 끝났다고 말할 생각은 추호도 없었다. 따라서 그도 (자본 거래의 자유화에 대한 희망을 포함한) 일부 문제에서 명확한 이견이 존재한다고 여겼던 것이다. 당시 내가 쓴 논문에는 확실히 금융자유화 문제에 대한 정의가 협소하게 내려져 있었다.

멜처는 내 논문 덕분에, 주류세력이 정책행동주의(policy activism), 실업/인플레이션 상쇄 관계 이용(exploiting the unemployment / inflation tradeoff), 발전 계획 등과 같은 무의미한 것들을 얼마나 많이 받아들이고 있는지 알게 되어 기쁘다고 말했다. 그는 목록의 내용 가운데 금리 문제(비록 그가 초점을 맞춘 것이 지나치게 높지 않은 현실화된 금리라는 중간단계의 목표이지, 금리자유화라는 장기적인 목표는 아니었지만)와 환율의 경쟁력 문제를 집중적으로 비판했다. 금리 목표에 대한 그의 비판은 일리가 있는 것이었다. 그러나 그가 환율의 경쟁력 확보를 위한 대안으로 제시한 이른바 통화위원회(currency board) 제도는 합의되기 어려웠다. 다만 그가 이런 문제를 제기한 것은 나에게 일종의 경고를 보낸 것으로 이해할 수 있다. 그것은 금리 문제에 관한 한, 내가 워싱턴에서 이루어진 합의를 잘못 대변하고 있다는 의미의 경고였다.

페인버그는 컨센서스란 전혀 존재하지 않는다는 단호한 언급으로 논의를 시작했다. 하지만 이야기를 전개함에 따라 그의 어조는 점점 완곡해졌고, 마침내 이렇게 결론을 내렸다. "토론해야 할 문제들이 아직 많이 있기는 하지만, 어쨌든 핵심적인 개념을 향해 의견이 수렴되는 현상이 나타나고 있다." 그의 논평 가운데 가장 기억할 만한 부분은, 작성된 글이 아니라 그가 구두로 제기한 제안 속에 있었다. 그는 내 정책 목록을 '워싱턴 컨센서스'가 아니라 '보편적 수렴'이라고 이름 붙였어야 했다고 말했다. 합의된 정도는 '컨센서스'에 미치지 못하지만, 그것이 포괄하는 범위는 '워싱턴'을 넘어서기 때문이라는 것이다. 그의 말에는 분명 일리가 있었지만, 그러나 개념을 수정하기에는 너무 늦은 시점이었다.

네 번째 논평은 칠레 산티아고에 위치한 라틴아메리카경제연구원

(CIEPLAN) 소속의 파트리쇼 멜러(Patricio Meller)가 해주었다. 그의 발언 덕분에 우리는 '워싱턴 컨센서스'가 아니라 '보편적 수렴'이 훨씬 더 적합한 개념임을 깨닫게 되었다.

그 이후 몇 달 동안 나는 여러 차례 세미나에 참석해서, 내 열 가지 목록 속에 포함된 정책들이, 우리가 개최한 학회에서 입증되었듯이 이미 라틴아메리카에서 광범위하게 수용되고 있다고 주장했다. 또한 이것은 바람직한 현상이고, 낙후된 국가들은 분발해서 이 추세에 발맞추어야 한다고 강조했다. 물론 나는 이 열 가지 목록에 포함된 정책 의제가, 개혁되어야 할 내용의 전부라고는 생각하지 않았다. 다만 그런 점을 명확히 밝혀두지 않은 것은 내 책임이라고 할 수 있다.

내가 처음 제시한 목록의 내용 가운데는, 당시의 일반적인 관념을 매우 잘못 표현한 두 가지가 있었다. 그것은 앨런 멜처가 지적한 것처럼, 금융자유화와 환율정책이다. 금융자유화라는 의제는 금리문제보다 훨씬 광범위한 것으로, 신용의 자유로운 흐름이라는 매우 중요한 문제를 포괄하는 것이다. 그리고 금융자유화는 (스티글리츠가 늘 지적하듯이) 신중한 관리 감독이 수반되어야 하는 것이고, 그렇지 않으면 심각한 금융위기로 이어질 수 있다. 이미 1970년대에 라틴아메리카의 자유화로 인한 위기를 경험한 상황에서, 나는 이 점을 소홀히 해서는 안 되었다. 환율정책 문제에 관해서도, 나는 자신의 견해에 부합되는 관점을 섣부르게 컨센서스로 제시하는 잘못을 범했던 것 같다. 사실 당시 워싱턴에서 절대다수의 입장은 양 극단의 환율제도나 또는 (멜처처럼) 그 양 극단 가운데 하나를 지지하고 있었다.

낙후된 국가들이 내 정책 목록에 열거된 개혁을 시급히 추진해야 한다고 주장하면서, 나는 동아시아의 신흥공업국가들(NICs)이 이미 이 정책을 광범위하게 따르고 있다고 강조했다. 그런데 미국의 메디슨(Madison)에서 열린 한 학회에서 토론에 참여한 어떤 한국 학자(그의 이름을 기억하지 못하는 점을 미안하게 생각한다)가 이에 대해 반론을 제기했다. 그는 한국의 미시정책이 매우 신중하게 추진되고 있다고 말했고, 또한 (엘리스 암스덴(Alice Amsden)과 로버트 웨이드(Robert Wade)가 지적했듯이) 실제로 전개되고 있는 한국의 거시경제정책은 내 목록의 4번, 6번, 9번에 부합되지 않는다고 반박했다. 물론 일부 동아시아 국가들, 특히 한국과 타이완이 경제성장기에 자유방임적인 정책을 시행하지 않았다는 점은 인정해야 한다. 그러나 그것이 워싱턴 컨센서스에 대한 비판자들이 단정하는 것처럼 그들의 고속성장이 자유주의 정책으로부터 거리를 두었기 때문임을 입증하는 것은 결코 아니다. 동아시아 신흥공업국 가운데 나머지 두 경우는 분명, 정부가 비교적 적은 역할을 하는 가운데 매우 빠른 성장을 이루었다. 그 가운데 하나인 홍콩은 세계에서 자유방임주의의 모델에 가장 근접한 경우라고 할 수 있다. 그리고 나는 동아시아 신흥공업국들의 고속성장이 그들이 각각 다른 형태로 추진한 산업정책, 신용관리정책, 수입규제정책 때문이 아니라, 공통적인 정책, 즉 신중한 재정정책, 높은 저축률 유도, 근로윤리, 환율의 경쟁력, 교육에 대한 중시 등의 덕분인 것으로 본다.

덧붙여 말하자면, 한국과 타이완의 정책적 입장은 다른 개발도상국과 비교해야지, 교과서에 나오는 완전경쟁의 모델과 비교해서는 안 된다. 한국과 타이완에 비해 성장속도가 훨씬 늦은 대부분의 국가는 자유화 정도 역시 뒤쳐져 있다. 그러므로 동아시아 신흥공업국들을 워싱턴 컨센서스를 정당화하는 사례로 제시하는 것이 잘못이라면, 그들을 미시경제 자유화의 반면적인 사례로 제시하는 것은 더욱 잘못된 일이라고 할 수 있다. 이런 논쟁은 단순히 동아시아에서 벌어진 사례를 가지고 해답을 구하기가 매우 어렵다.

그런데 워싱턴 컨센서스의 내용을 둘러싼 논쟁은, 종종 그 명칭 때문에 발생하는 분노로 말미암아 뒷전으로 밀리게 된다. 개혁을 시도하는 일부 사람들은 '워싱턴'의 의제라는 명칭으로 말미암아 자신의 입지가 줄어들게 된다고 여긴다. 이 명칭 때문에, 개혁이 자기 국가에 필요하다는 점을 인식하고 자주적으로 행동을 취한 것이 아니라, 외부로부터의 강제에 따라 수동적으로 움직였다는 인상을 주게 된다는 것이다. 이 개념을 처음 도입했을 때, 나는 그것을 경제 개혁을 위한 선전용으로 사용할 생각이 전혀 없었다. (선전용으로 사용한다고 해도, 워싱턴의 채무경감을 위한 선전이지, 라틴아메리카에서의 정책 개혁을 위한 선전은 아닐 것이다.) 라틴아메리카에서 정책 개혁을 하기 위한 선전이라는 차원에서 보더라도, 모이세스 나임(Moises Naim, 2000)이 지적했듯이, 1989년에 '워싱턴 컨센서스'는 나쁘지 않은 개념이었다. 당시는 미국이 이끄는 진영이 냉전에서 승리한 후 사람들이 새로운 이데올로기를 모색하던 시점이었고, 승리자의 이데올로기는 그들에게 상당히 매력적인 것이었다. 그러나 정상적인 시기가 되면 그것은 매우 의문스러운 선택일 수밖에 없다. 특히 부시가 만들어놓은 세계 질서 속에서 그것은 끔찍한 것이었다. 워싱턴이라는 이름이 붙은 이상, 미국을 제외한 다른 나라에서 지지를 얻기란 거의 불가능한 일이기 때문이다. 그것은 구식 좌파들에게 안성맞춤의 선전용 선물이었다.

4. 다양한 해석

　『라틴아메리카의 조정―얼마나 많은 일들이 벌어졌나?』라는 책의 판매 상황으로 미루어 보건대, 워싱턴 컨센서스에 대해 악의적인 공격을 가하는 대부분의 사람들은 내가 그 개념을 어떤 의미로 사용하는지 읽어보지도 않았음이 분명하다. 워싱턴 컨센서스에 대한 다른 사람들의 해석을 살펴보면, 그들이 이해하는 의미는 정부에 대한 공격, 신제국주의, 자유방임적인 세계경제의 창출, GDP 성장에 대한 일방적 중시 등으로 판단된다. 내가 애초에 제기한 10가지 정책 개혁 목록 가운데서 이런 의미를 읽어내는 것이 어떻게 가능한지 도무지 알 수가 없다.

　라틴아메리카의 많은 사람들이 2001년에 벌어진 아르헨티나 경제 붕괴를 워싱턴 컨센서스의 정책 때문이라고 여기는 것에 대해 나는 매우 심각하게 생각한다. 오랫동안 나는 아르헨티나가 그런 충격을 받게 되지 않기를 바랐다. 그렇지만 다른 한편으로 아르헨티나의 경제 붕괴가 피할 수 없는 일이라고 판단했다. 그 이유는, 아르헨티나가 걸어온 기본 노선이, 내가 일찍이 제기한 규칙의 가장 기본적인 두 항목에서 멀리 벗어나 있었기 때문이다. 특히 아르헨티나는 오랫동안 고평가된 고정환율을 유지했고(고평가의 원인이 아르헨티나의 잘못 때문은 아니라는 점을 밝혀둔다.), 게다가―비록 당시의 재정적자가 1980년대에 비해 줄어들기는 했지만―경기호황시기를 이용해 GDP 대비 부채 비율을 줄이지도 않았다. 위기가 다가올 즈음, 아르헨티나의 재정정책은 너무도 느슨해서 통화위원회 체계를 유지할 수가 없었다. 1990년대에 아르헨티나는 사실상 워싱턴 컨센서스에서 제기한 바람직한 개혁, 즉 무역자유화, 금융자유화, 사유화(민영화)를 전혀 실시하지 않았다. 따라서 이런 개혁과 아르헨티나에서 발생한 위기는 아무런 상관이 없다고 할 수 있다. 그러나 라틴아메리카의 포퓰리즘적인 인물들, 기자들, 그리고 심지어 저명한 일부 경제학자들까지도 워싱턴 컨센서스가 아르헨티나 경제 붕괴에 일단의 책임이 있다고 단언한다. 나는 그들 머릿속에 들어있는 인과관계의 논리가 여전히 무척 궁금하다.

사람들마다 워싱턴 컨센서스에 대한 해석이 각기 다르다는 점은 의문의 여지가 없다. 내가 내린 해석 이외에도, 널리 통용되는 해석이 최소한 두 가지가 있는 듯하다.

어떤 이들은 워싱턴 컨센서스를 브레턴우즈(Bretton Woods)체제가 그 회원국들에게 제공한 정책과 관련지어 설명하고, 또는 브레턴우즈체제에 미국의 태도가 더해진 것으로 설명하기도 한다.[7] 이런 해석은 분명 합리적이고 명확한 것이다. 1989년 초까지만 하더라도 이런 해석과 내 생각 사이에는 차이가 별로 없었다. 그런데 시간이 지남에 따라 실질적인 차이가 발생하기 시작했다. 브레턴우즈체제는 갈수록 더 이른바 (환율 관리의) 극단적 양자택일 노선을 지지하는 쪽으로 기울어지기 시작했고(적어도 2001년에 아르헨티나 경제가 붕괴하기 전까지, 이는 아마도 이른바 '위기제로시스템'을 적용하겠다고 시도한 데 따른 직접적인 결과인 것 같다), 이런 노선에 따라 각국은 '완전한' 변동환율제를 실시하거나 또는 통화위원회 같은 제도적 장치를 통해서 환율을 완전히 묶어두어야만 했다. 앞에서 언급했듯이, 이는 내가 제기한 워싱턴 컨센서스와 완전히 배치되는 것이었다. 내가 제시한 환율 경쟁력 확보 방안은 중간적인 노선이었다. 고정환율제든 변동환율제든 모두 환율 고평가의 위험을 내재하고 있기 때문이다. 그밖에도 1990년대 중반에 브레턴우즈체제나 국제통화기금(IMF)은 수많은 국가에게 자본시장을 개방하여 자본의 자유로운 거래를 허용하도록 강요했다. 그러나 나는 워싱턴 컨센서스를 통해, 자본 유동의 자유화를 다만 외국으로 직접 투자(FDI)에 국한시켜야 한다고 주장한 바 있다. 워싱턴 컨센서스의 애초 판본과 배치되는 위의 두 가지 경향은 그 여파가 상당히 심각한 것이었다. 특히 두 번째 경향은 1997년 아시아 금융위기의 중요한 원인이 되었다. 하지만 워싱턴 컨센서스에 대한 내 해석과, 세계은행이나 국제통화기금의 입장 사이의 차이에는 긍정적인 측면도 존재했다. 그들의 정책 목록에는, 1989년에 내가 라틴아메리카에 관해 미처 포괄하지 못했던 내용도 들어 있었기 때문이다. 특히 제도적인 문제가 대표적인 경우였다. 세계은행은 통치와 부패의 문제를 강조했고, 국제통화기금은 표준과 원칙의 반영으로서 금융 부문의 개혁을 중시했다. 1990년대 후반에는 세계은행과 국제통화기금 모두 그동안 소득 분배 문제에 관해 무관심했던 태도를 바꾸었다. 누가 소득을 얻고 누가 소득을 잃는지가 얼마나 심각한 문제인지를 깨닫게 되었기 때문이다.

워싱턴 컨센서스에 대한 세 번째 해석은, 이 개념을 신자유주의나 또는 시장근본주의(market fundamentalism)와 동일한 의미로 받아들이는 것이다. 그런데 이는 본뜻에 대한 완전한 왜곡이라고 할 수 있다. '워싱턴 컨센서스'가 어떤 의미로 이해되건, 그것은 분명 워싱턴의 중요한 부문들, 즉 미국 정부나 국제금융기구(IFIs), 또는 그 양자에 더해진

다른 단체들 사이에 컨센서스가 이루어진 일련의 정책과 관련된 것이어야 한다. 그런데 레이건 정부 초기나 부시 정부 때 진정한 신자유주의 정책(통화주의, 공급중시경제학, 작은 정부)이 컨센서스를 이루었다고 보기는 매우 어렵다. 심지어 국제금융기구 내에서조차 이에 관한 컨센서스가 이루어진 바는 없다. 하물며 이런 신자유주의 정책을 클린턴 정부와 연결시키는 것은 당연히 말도 안 되는 일이다. 그런데도 워싱턴 컨센서스에 대한 대부분의 정치적 공격은 이 세 번째 관점을 겨냥하고 있다. 이렇게 공격하는 이들은, 자신이 날을 세워 반대하는 정책의 근간이 되는 컨센서스가 실제로 존재하는지 여부에 대해 별 관심이 없다.[8]

그렇다면 이 개념은 왜 이렇게 다양한 방식으로 사용되는 것일까? 우선 나는 이 개념에 대한 두 번째 해석이 생겨나게 된 이유를 쉽게 알 수 있었다. 이 개념이 브레턴우즈체제에 대한 합리적인 설명을 제공하고, 브레턴우즈체제의 발전에 따라 그 자체도 발전해왔기 때문이다.

세 번째 해석이 널리 받아들여지는 현상은 사실 좀 당혹스럽다. 이런 현상에 대한 가장 그럴듯한 가설은, 마땅히 소멸되어야 할 관점들을 내가 제기한 목록에 들어있는, 개혁에 관한 설득력 있는 제안과 뒤섞어버림으로써 경제개혁 자체를 부정하려는 의도가 발휘된 결과라는 것이다. 사실 내가 목록에서 사용한 명칭이 이런 현상을 부채질한 측면도 분명히 있다. 이런 명칭으로 말미암아, 미국 정부나 국제금융기구의 정책이나 태도를 못마땅하게 여기는 사람들이 잘못된 해석을 받아들이고 그것이 널리 유포되도록 조장했을 수도 있다.

어쨌든 진지한 지적 태도를 가지고 있는 사람이라면 향후 워싱턴 컨센서스라는 개념의 의미를 명확하게 구별하기 위해 노력하지 않을 수 없을 것이다. 개념의 의미 문제가 가장 중요하다고 할 수는 없지만, 진지한 전문적 토론이 이루어지기 위해서는 개념의 사용법에 대한 명확한 정리가 필요조건이라고 할 수 있기 때문이다. 개념의 명확한 의미 규정을 도외시하는 현학적인 태도는 용납될 수 없다. 비판을 하는 이들은, 앞에서 잠시 언급했던 한국 학자의 태도를 배울 필요가 있다. 그는 내가 제시한 목록 가운데 어떤 부분에 대해 반대하는지를 명확하게 밝혀주었다. 만약 워싱턴 컨센서스의 개념에 대한 세 번째 해석을 받아들인 비판자라면, 자신이 말하는 워싱턴 컨센서스가 워싱턴에서 컨센서스로서 합의된 바가 전혀 없다는 사실을 인정해야만 할 것이다.

5. 미래에 관하여

워싱턴 컨센서스에 대해 많은 비판이 쏟아졌지만, 그 대부분을 나는 타당하다고 여기지 않았다. 그런데 워싱턴 컨센서스가 모든 경제 개혁을 포괄하는 광범위한 의제로 받아들여진다면, 그것도 역시 바람직하지 않은 일이다. 심지어 워싱턴 컨센서스가 처음 제기된 1989년에도, 내가 매우 중요하다고 생각하는 경제정책의 목표들이 그 속에 극히 적은 부분만 반영되어 있었다.[9] 그로부터 15년이 지난 시점에 이르러서도, 정책 의제에 포함될 가치 있는 새로운 발상이 등장하지 않았다면 그것은 무척 놀라운 (그리고 슬픈) 일이다. 현재 내가 구상하고 있는 정책 의제와 1989년에 제기된 워싱턴 컨센서스 사이에는 분명 차이가 있다. 그 차이가 발생한 이유는 두 가지이다. 첫째, 쉽게 컨센서스가 형성되는 학설들 속에 나를 묶어두고 싶지 않았기 때문이다. 나는 마땅히 이루어져야 한다고 판단되는 일을 꾸준히 제기할 뿐이다. 둘째, 시간이 흘러감에 따라 생각도 발전하기 때문이다.

작년에 공동 편집자로 참여하여 발간했던 책(Kuczynski & Williamson, 2003)에서 나는 라틴아메리카의 향후 10년에 적용될 정책 의제에 관해 논의했다. 예전의 워싱턴 컨센서스가 그랬던 것처럼 이 새로운 의제도 분명히 라틴아메리카가 처해 있는 특수한 역사적 상황에 입각한 것이지, 어떤 시기 어떤 국가에나 두루 적용되는 것은 아니다. 우리는 거기에 포함되어야 할 주제를 네 가지로 정리했다.

첫째, 안정화 정책이다. 근년의 경제위기로 말미암아 많은 신흥시장은 막대한 희생을 치르고 있다. 그러므로 적극적인 정책을 펼쳐서 경제적인 안정을 도모하는 것이 절실히 필요하다. 내가 워싱턴 컨센서스를 구상했을 당시 (최소한 라틴아메리카에서는) 가장 절실했던 문제는 인플레이션을 억제하는 것이었고, 따라서 그것이 거시경제에서 내가 가장 강조하는 목표가 되었다. 내가 제시한 정책 목록이 정책결정자들에게 종합적인 청사진으로서 어느 정도 받아들여진 점을 감안할 때, 경제위기를 예방할 수 있도록 정책을 설계하여 경기변동에도 불구하고 경제가 안정적으로 움직일 수 있도록 할 필요가 있다. (리카도 프렌치-데이비스(Ricardo Ffrench-Davis)[10]가 '개혁에 대한 개혁'이라는 이름으로 제기한 일련의 조치)

안정화 정책의 첫 번째 함의는, 가능한 범위 내에서 재정 정책을 적절히 운용하여 경기변동에 적극적으로 대처한다는 것이다. 그러기 위해서는 자동적인 안전장치를 강화하여 작동하도록 하는 것이 가장 효과적인 방식이다. (이런 신흥시장에서 자유재량의 폭이 넓은 재정정책을 사용하여 선진국만큼 큰 성공을 거둘 가능성은 별로 없다.) 그러나 대부분의 개발도상국은 이런 안전장치를 사용하려고 할 때 곤란을 겪는다. 경제적 어려움을 겪는 시기에도 금융시장을 만족시키기 위해서는 긴축적인 재정정책을 쓸 수밖에 없기 때문이다. 이런 상황을 끝내는 길은 경제 호황기에 채무를 줄임으로써 시장의 신뢰를 높이는 것이다. 다시 말해서, 경기변동을 극복하는 재정정책은 경제 호황기라야 비로소 시작할 수 있다.

　　재정정책 이외에도, 경제 위기로 빠져들 위험을 줄이고 설령 위기가 발생한다고 하더라도 그로 인한 피해를 줄일 수 있는 많은 정책이 분명히 존재한다. 그 가운데 가장 결정적인 것은 환율정책이다. 근래 벌어진 신흥시장의 위기 가운데 대부분은 정도의 차이는 있지만 대개 고정환율을 지키려는 시도로 말미암은 것이었다. 따라서 많은 국가가 고정환율제나 예정환율제(predetermined exchange rate)를 폐기하고 다양한 형태의 변동환율제를 도입했다. 그런데 변동환율제에 대해서는 여전히 사람들의 인식이 엇갈린다. 어떤 이들은 그것을, 정부가 더 이상 적절한 환율이 어느 정도인지 고려할 필요가 없다는 뜻으로 받아들인다. 또 어떤 사람들은 그것을, 정부가 환율의 특정한 임계점을 지킬 의무를 회피하려는 변명에 불과한 것으로 간주한다. 내 입장은 후자에 가깝다. 설령 환율을 특정한 범위 내에서 움직이도록 하겠다는 약속을 하지 않았더라도, 정부가 적절한 환율의 범위를 고려하고, 정책을 사용하여 실제 환율이 이 범위에 근접하도록 유도하는 것은 절대적으로 필요한 일이다. 특히 지적해두어야 할 점은, 정부가 경제 위기로 인한 피해를 막거나 줄이기 위해 자유로운 평가절하를 할 수 있도록 허용한다고 해도, 그것은 핫머니가 밀려들 때와 같이 필요한 시점에 국한되어야 하며, 사전조치로 변동 폭을 제한하는 방식이 되어야 한다는 것이다. 만약 어떤 국가가 매우 효율적이면서도 청렴한 행정기구로 자본을 통제하고(1990년에 칠레가 보상 없는 비축을 요구한 경우) 효과적으로 운용하려 한다면(모든 국가가 할 수 있는 일은 아니다!), 자본을 통제한 그 수단으로 필요한 시점에 해외 자본의 유입을 제한하고, 그럼으로써 자국 환율의 경쟁력을 유지할 수 있는 충분한 준비가 되어 있어야 한다.

통화정책 역시 경기변동에 대응할 수 있는 중요한 정책이다. 많은 국가, 특히 고정환율제를 포기하고 새로운 이름의 제동장치를 찾는 국가들은, 중앙은행에게 인플레이션 해결을 목표로 하는 틀을 만들어서 통화정책을 지도할 것을 요구한다. 정부가 통화정책을 만들 때, 국내의 실질적인 경제상황에 대한 고려를 배제할 만큼 경직된 인식을 갖지만 않는다면, 그 선택은 합리적인 것이 될 수 있다.

최근의 사례들을 통해 볼 때, 한 국가가 외화로 표시되는 대량의 부채를 안고 있을 경우, 경제위기의 심각성이 크게 증대된다는 점은 의문의 여지가 없다(Goldstein & Turner, 2004). 경제위기가 발생하면 자국 통화의 가치가 하락하게 되고, 그러면 외화로 표시되는 부채의 실제 크기가 늘어나게 되기 때문이다. 만약 은행이 해외에서 외화를 차입하여 자국 통화로 간접대출(on-lending)해주는 방식으로 환율 위험을 떠안는다면, 그들의 상환능력은 직접적으로 타격을 받게 될 것이다. 그렇다고 외화로 간접대출 해줌으로써 위험을 피하려 한다면, 그 채무자들의 재정적인 상황이 매우 악화될 것이며(특히 무역 관련 부문에 종사하지 않는 채무자들의 경우), 결과적으로 은행은 다량의 불량채권을 보유하게 되어 그 상환능력에 타격을 입게 될 것이다. 만약 정부가 외화 표시 부채를 지고 있다면(또는 사적 부문이 위험스러운 상황에 직면했을 때 그 외화 표시 부채를 줄임으로써 스스로를 보호하도록 허용한다면), 자국 통화가 평가절하 되었을 때 그 영향은 공공부문의 채무 증가로 나타날 것이며, 결정적인 순간에 공공의 신뢰가 흔들릴 것이다. 어떤 형태의 차입이건, 어려움을 증대시키는 결과를 낳게 된다. 해결책은 외화 차입을 하지 않는 것뿐이다. 정부는 어떤 화폐를 차입할 것인가를 결정할 때 과감하게 'NO'라고 말하고, 그 대신에 자국 통화로 표시되는 채권을 발행해야 한다. (많은 신흥시장이 현재 이 방식을 택하고 있다.) 그리고 은행에 대한 감독기능을 행사하여, 은행들이 차입을 하거나 대출을 하는 것을 제한해야 한다. 그런데 더욱 골치 아픈 문제는 기업들이 외화를 차입하는 것이다. 그것을 막으려면 외화 차입을 강제로 제한하는 조치를 취해야 한다. 그러나 아마도 차입을 완전히 금지하는 것보다는 적게 하도록 유도하는 것이 훨씬 합리적인 길이 될 것이다. 이는 세금정책을 통해서 가능해진다. 외화 차입으로 인해 지출되는 이자에 대한 세금 감면 혜택은 줄이고, 그리고(또는) 그 차입을 바탕으로 해서 얻는 이자 수입에 대해서는 높은 세금을 부과하는 것이다.

물론 경제위기를 예방하기 위해서는 다른 문제들에 대해서도 주의를 기울여야 한다. 예를 들어, 많은 나라의 지방정부들이 직면해 있는

연성 예산제약(soft budget constraint)[11]의 문제를 생각할 수 있다. 모두가 알다시피 이는 안정화정책에 매우 부정적으로 작용한다. 하지만 이 글의 목적이 정책 의제를 설계하는 데 중요한 문제들에 대해 기본적인 발상을 제시하는 것이지, 정책입안자들이 직면하게 될 모든 문제들에 대한 광범위한 설명을 제시하는 것은 아니기 때문에, 이것을 첫 번째 주제에서 이렇게 언급하는 정도로만 그치고자 한다.

우리 정책 의제의 두 번째 주제는 자유화 개혁 추진이다. 이미 애초의 워싱턴 컨센서스 속에서도 상세히 서술된 바 있는 이 내용은, 지나치게 경직되어서 경제의 활력에 장애가 되고 있는 노동력시장 같은 영역과 관련이 있다. 작은 정부가 좋은 정부라고 생각하고, 시장의 힘을 이용하여 행위를 조정하고 동기를 부여하는 것의 장점을 제대로 인식하기 위해 외부적인 요인은 일정 정도 무시할 수도 있다고 믿는 사람들을 모두 시장근본주의자(market fundamentalist)라고 할 수는 없다. 이런 사실은 경제학적 사유의 기본이라고 할 수 있지만, 그런 진리를 제대로 서술하고 있는 책을 찾기가 쉽지는 않다. 그런데 실제 사례 속에서는 이를 간접적으로 입증해주는 다양한 사례들이 발견된다. 배급제 폐지에 대한 광범위한 환영부터, 예상보다 훨씬 낮은 비용으로 오염을 줄이는 것을 가능하게 한 '배출권 거래제(emission trading)'[12]까지 모두 그 좋은 예라고 할 수 있다.

지난 20년 동안 많은 개발도상국이 자유화 정책 쪽으로 기울어진 것은 분명한 사실이다. 인도 등 일부 국가들만 여전히 자극적인 성장의 효과를 기대하고 있다. 물론 그 결과는 라틴아메리카의 경우에서 보듯이 비교적 기대에 못 미친다(Ocampo, 2004; Kuczynski & Williamson, 2003). 그런데 내가 볼 때, 그 문제의 근원은 미시경제 개혁을 수반한 잘못된 거시경제 정책 ─ 예를 들면 환율 고평가를 허용하는 것이나, 경기변동을 안정화하려는 노력을 하지 않는 것 ─ 에 있지, 미시경제 개혁 그 자체에 있는 것은 아니다. 비슷한 상황이 대처(Margaret Thatcher) 정부 시기 영국과 로저 더글러스(Roger Douglas)가 재무장관에 재임하던 시기 뉴질랜드에서 벌어졌다. 당시 양국은 모두 깊이 있는 미시경제 자유화 개혁을 펼쳤다. 그런 개혁은 지금 시각으로 볼 때도 주목할 만한 것이지만, 당시 양국의 경제는 하강국면으로 접어들었다. 양국 국민들은 해당 시기 10년 가운데 가장 좋았던 시점에도 그 개혁의 장점을 보지 못했다. 미시경제 개혁을 수반한 거시경제정책이 워낙 거칠고 엉성했기 때문이다.

현재 라틴아메리카에서 자유화 개혁이 가장 필요한 분야가 어딘가라는 질문에 대한 결론적인 답은 '노동력시장'이다. 많은 라틴아메리카 국가에서 약 50%의 노동력이 비정규직이다. 이는 이런 노동력이 건강보험이나 각종 형식의 실업보장, 양로연금 등과 같은 기본적인 사회복지 혜택을 전혀 누리지 못한다는 것을 의미한다. 만약 사람들이 운 좋게도 정규직 일자리를 얻는다면 그들은 어쨌든 이 일자리를 유지할 권리를 얻게 되는 것이고, 이런 정규직 일자리를 통해 광범위한 사회복지를 누릴 수 있게 된다. 그런데 노동자들이 최대 40시간의 법정근로시간을 통해 벌 수 있는 급여 이외에 추가 수입을 얻기 위해 부업을 하거나, 정해진 여름휴가 등을 이용해 다른 돈벌이를 한다면, 이런 복지혜택은 대단한 것이 아니게 될 수도 있다. 따라서 우리는 정당한 사유가 있는 경우 해고를 원활하게 하고, 이미 큰 환영을 받지 못하는 사회복지 부문에 대한 의무를 감축할 것을 제안한다. 그럼으로써 정규직 노동자를 고용하는 데 따른 비용을 절감하고, 그것을 통해 더욱 많은 고용과 더 큰 효율을 창출해낼 수 있다고 믿기 때문이다. 여러 경제학서적도 결론적으로 노동자의 해고를 쉽게 만드는 노력이 고용 증대의 효과를 낳는다고 서술하고 있다.

우리 정책 의제의 세 번째 주제는 제도의 건설 또는 강화이다. 물론 이는 새로운 내용은 아니다. 워싱턴 컨센서스가 처음 발표되고 15년이 지나는 동안 제도 건설은 사실상 경제 성장의 새로운 주요 원동력으로 자리 잡았다. 각 국가마다 필요한 제도가 각기 다르기 때문에 어떤 제도를 가장 강화해야 한다고 일반화해서 말하기는 어렵다. 그러나 낡은 사법제도, 경직된 행정 관료제도, 한물 간 정치 시스템, 생산자의 이익만을 대변하는 교사 노동조합, 취약한 재정 인프라 등은 어느 국가에나 보편적인 문제라고 할 수 있다.

우리는 산업정책을 이런 제도 개혁에 포함시키자고 주장하지는 않는다. 산업정책은 정부 기구가 '승자 뽑기'(국가 경제에 특별한 기여를 할 것으로 판단되는 기업을 골라서 지원하는 것)를 할 것을 요구하기 때문이다. 이전에도 논란이 된 바 있지만, 동아시아에서 경제 성공의 핵심적인 요소가 산업정책이라고 판단할 근거는 전혀 없다(Noland and Pack, 2003). 하지만 산업정책과 사촌지간이라고 할 수 있는 국가혁신 시스템에 대해 우리는 매우 우호적인 입장을 가지고 있다. 이런 시스템은 정부로 하여금 상업적인 결정을 내리도록 요구하지 않고, 대신에 제도적인 환경을 만들어서 혁신을 원하는 기업들에게 인프라를 지원하도록 요구한다. 국가혁신 시스템은 정부가 제도와 기구를 만들어서 기술 교육을 제공하고, 기술정보의 보급을 촉진하고, 경쟁에 선행하는 연구를 지원하고, 연구와 개발(R&D)에 세금과 관련된 인센티브를 제공하고, 벤처 투자를 장려하고, 산업 클러스터의 성장을 촉진하는 것 등을 의미한다. 라틴아메리카에는 여타 국가의 발전 경험을 본받아서 자국의 생산력을 증대시킬 여지가 여전히 충분하다. 따라서 슘페터(Schumpeter)식의 혁신─국가혁신 시스템을 포함하는, 기술적 지원 인프라 구축─을 통해 세계의 가장 성공적인 경험들을 라틴아메리카로 도입해야 한다(ECLAC, 1995, part 2).

우리 정책 의제의 마지막 주제는 평등(형평성)에 대한 경시와의 싸움이다. 평등(형평성)을 소홀히 하는 태도는 워싱턴 컨센서스는 물론이고 일반적인 경제학에서도 오랫동안 지속되어온 것이다. 정부는 경제 고성장을 추구하는 것 못지않게 소득 분배 방식을 개선하는 데도 관심을 기울여야 한다는 것이 우리의 주장이다. 경제 성장을 촉진하면서도 분배를 개선할 수 있는 '윈-윈'의 방책이 존재한다면(예를 들면 공공교육에 대한 보조를 대학에 집중하던 것에서 초등학교에 집중하는 것으로 전환하는 방식 등) 정부는 이런 방책을 적극적으로 추진해야 한다. 그런데 반드시 '윈-윈'의 방책이어야 고려할 만한 가치가 있는 것은 아니다. 일반적으로 한 국가가 분배의 방식을 개선하고자 할 때 필수적으로 고려해야 하는 것은, 그로 인해 얻어질 효율(또는 성장)의 대가로 지불하게 되는 잠재적 비용이다. 하지만 라틴아메리카와 같이 불평등이 심화되어 있는 지역에서는, 효율비용(efficiency cost)이 적절하기만 하다면, 분배를 개선할 수 있는 기회를 반드시 잡아야 한다.

누진세제는 소득 재분배에 사용되는 고전적인 수단이다. 그런데 라틴아메리카에서 과거 10년 동안 진행된 개혁에서는 세제 개혁이 소득세(점진적인 누진제를 특징으로 함)보다 소비세(점진적인 누감제를 특징으로 함)의 부담을 늘리는 쪽으로 진행되어 논란이 벌어졌다. 세제 개혁을 통해 세수 기반이 확대되었다면, 직접세보다 간접세를 늘리는 방향으로 진행되어온 과정은 이제 뒤바뀌어야 한다. 직접세를 늘리는 데 치중해야 한다는 것이다. 물론 근로 소득에 대한 지나치게 높은 한계세율(marginal tax rate)은 바람직하지 않지만, 직접세를 강화할 수 있는 최소한 3가지의 가능성이 존재한다.

첫째, 세수의 주요한 원천으로서 재산세를 늘리는 것을 생각해 볼 수 있다. (지방분권화의 과정에서 탄생된 지방정부들에게 이는 가장 자연스러운 세수 자원이다. 그리고 이미 보편적으로 시행되고 있다.)

둘째, 세제의 허점을 제거하는 것이다. 그럼으로써 납세 의무를 단순화할 수도 있고, 징수를 강화할 수도 있다.

셋째, 세금 징수를 강화하는 것이다. 특히 해외로 도피한 자본이 벌어들이는 수익에 대한 징세를 생각해 볼 수 있다. 그러려면 최소한 도피자본의 피난처와 세금정보공유협정을 체결해야 한다.

증가된 세수는 교육, 의료 및 사회안전망 등 기본적인 사회 서비스를 확충하는 데 투입될 필요가 있다. 그렇게 되면, 특히 빈곤 계층에게 더 많은 기회를 부여함으로써 불평등(불공정성)을 감소시키는 실효과(net effect)를 거두게 된다.

아무리 강한 의지를 가지고 있다고 하더라도, 세금 징수 시스템만을 가지고 얻을 수 있는 효과에는 한계가 존재한다. 분배 개선이 갖는 가장 큰 의의는, 그것이 빈곤을 유발시키는 근원을 제거하도록 해준다는 데 있다. 아직도 많은 사람이 빈곤에서 탈출할 방도를 찾지 못하는 것은 상당부분 자금 부족 때문이다. 시장경제의 기본 원리는 등가교환이다. 가난한 사람들이 더 나은 삶을 얻기 위해서는, 다른 사람들이 사고 싶어 하는 상품을 제공할 기회를 가져야 한다. 자금이 없어서 이런 상품을 제공할 기회를 갖지 못한 사람들은 더 나은 삶을 얻을 수 없다. 그렇다고 그런 문제를 해결하는 방식이 시장경제를 부정하는 것이 되어서는 안 된다. 그런 방식은 사회주의 국가에서 이미 70년 동안 실험되었고, 그 결과는 참담한 실패로 드러났다. 가난한 사람들에게 자금을 확보할 기회를 주어야 한다. 그것을 가지고 다른 사람들이 구입하기 원하는 상품을 생산하고 판매할 수 있게 해주어야 한다. 그러기 위해서 다음과 같은 내용이 필요하다.

1. 교육 : 가난한 사람들은 과거보다 더 많은 인적자본을 확보하지 못하는 한 희망이 없다. 라틴아메리카는 지난 10년 동안 교육 부문에서 적지 않은 진전을 이루었다. 하지만 세계적인 수준과 비교하면 여전히 미흡하다.

2. 재산권 인정(Titling programs) : 비공식적인 영역에도 재산권을 인정해주고, 에르난도 데 소토(Hernando de Soto)의 '자본의 미스테리(mystery of capital)'[13]가 받아들여질 수 있도록 허용해야 한다.(de Soto, 2000)

3. 토지 개혁 : 농민들로 하여금 대량의 토지를 소유한 지주로부터 땅을 사들이도록 지원하는 브라질의 최근 방식이 토지개혁에서 주요한 모델이 되고

있다. 이러한 방식을 시행할 경우, 대지주들은 자신의 근본적인 이익이 침해된다는 불안감을 느끼지 않게 되어 개혁을 방해하기 위한 극단적인 행동을 하지 않는다. 따라서 재산권은 여전히 존중되고, 농민들은 구호품이 아니라 자신들이 진정으로 원하는 기회를 얻게 된다.

4. 소액신용대출(Microcredit) : 소액신용대출을 시행하는 기관은 광범위하게 존재하지만, 라틴아메리카의 빈곤인구 2억 명 가운데 단지 2백만 명만이 그런 서비스의 혜택을 얻고 있다. 이런 서비스가 광범위하게 시행되는 데가장 큰 걸림돌은 이 지역에서 보편화되어 있는 매우 높은 실질금리이다. 금리가 높은 상황에서는, 정부가 소액신용대출을 시행할 때 치러야 할 재정적 비용이 커지게 된다. 그리고 투입된 자금이 상대적으로 덜 빈곤한 사람들에게 흘러들어가거나(금리상의 특혜를 줄 경우), 아니면 돈을 빌리는 사람들에게 줄 수 있는 혜택이 줄어들게 된다. 그러므로 시장금리를 점진적으로 내리는 거시정책을 많은 국가에서 펼칠 필요가 있다. 이는 소액신용대출의 광범위한 시행을 촉진하는 역할을 할 것이다.

이런 정책은 아무리 잘 시행된다고 하더라도, 그것이 사회적 변혁으로까지 이어지기 위해서는 적지 않은 시간이 필요하다. 그 주요한 이유는 새로운 자산이 만들어져야 하기 때문이고, 새로운 자산이 만들어지는 데는 시간이 걸리기 때문이다. 그러나 대중추수적인 여타 방식과 달리 이런 정책은 안정적으로 시행되기만 하면 진정한 사회적 변혁을 일으킬 잠재력을 가지고 있다. 또한 사회적 변혁을 일으키면서도 부자들의 정당한 이익을 침해하지도 않는다. 따라서 오랫동안 분열되어 있던 사회 속에서 진정한 결집력을 발휘할 수 있으리라는 희망을 품게 해준다.

6. 맺음말

워싱턴 컨센서스에 대해서 찬성하는지 반대하는지를 표명하는 것이 중요하냐고 묻는 사람이 있을지도 모른다. 논쟁의 본질이 언어적인 문제를 둘러싼 것이라면, 우리는 차라리 그것을 뛰어넘어 새로운 정책 의제를 추진하는 의미 있는 일에 매진하는 편이 바람직하다.

좋은 질문이다. 그러나 대답은 쉽지 않다. 어떤 진지한 경제학자가 워싱턴 컨센서스를 비판한다면, 사람들은 대개 그가 정제된 거시경제 정책, 시장의 활용, 무역자유화 — 이것은 워싱턴 컨센서스의 최초 목록에 내재되었던 세 가지 핵심 개념이고, 국제금융기구(IFIs)에 의해 받아들여졌다 — 에 반대하는 중요한 지적(학문적) 이유를 가지고 있으리라고 여긴다. 어쩌면 그런 지적(학문적) 이유가 정말 있을지도 모르겠다. 그러나 스티글리츠의 글(Stiglitz, 2002)이나 여타 다른 문헌에서도 그것을 발견하지는 못했다. 만약 그들이 워싱턴 컨센서스라는 개념을 시장근본주의(market fundamentalism)라는 말과 같은 뜻으로 쓴 것이라면, 그런 글을 읽은 대중은 국제금융기구가 시장근본주의를 대변하는 것으로 잘못 이해하게 될 것이다. 이것은 정말 어처구니없는 일이다. 우리에게 이런 어처구니없는 일을 선전하고 다닐 의무는 없다.

워싱턴 컨센서스가 1989년의 문제에 대한 모든 해답을 제공했다고 생각하는 사람은 아무도 없다. 하물며 그때부터 시작된 모든 새로운 문제에 대한 해답을 내놓으라고 그것에 대해 요구할 수는 더욱 없다. 우리는 당연히 그것(워싱턴 컨센서스)을 뛰어넘어야 한다. 그것이 이번 학회의 목적이고, 이 글의 뒤에서 두 번째 부분이 그런 목적에 기여하게 되기를 희망한다.

참고문헌

Naím, Moisés, "Washington Consensus or Washington Confusion?", *Foreign Policy*, Spring 2000.
Ocampo, José Antonio, "Latin America's Growth and Equity Frustrations During Structural Reforms", *Journal of Economic Perspectives*, 18(2), Spring 2004.

Balassa, Bela, Gerado Bueno, Pedro-Pablo Kuczynski, and Mario Henrique simonsen, *Toward Renewed Economic Growth in Latin America*, Washington : Institute for International Economics, 1986.
De Soto, Hernando, *The Mystery of Capital : Why Capitalism Triumphs in the West and Fails Everywhere Else*, London : Black Swan, 2002.
Economic Commission for Latin America and the Caribbean(ECLAC), *Latin America and the Caribbean : Policies to Improve Linkages with the Global Economy*, Santiago : ECLAC, 1995.
Goldstein, Morris, and Philip Turner, *Controlling Currency Mismatches in Emerging Markets*, Washington : Institute for International Economics, 2004.
Kuczynski, Pedro-Pablo, and John Williamson(eds.), *After the Washington Consensus : Restarting Growth and Reform in Latin America*, Washington : Institute for International Economics, 2003.
Noland, Marcus, and Howard Pack, *Industrial Policy in an Era of Globalization : Lessons from Asia*, Washington : Institute for International Economics, 2003.
Stiglitz, J. E., *Globalization and Discontents*, New York and London : Norton, 2002.
Williamson, John, *Latin America Adjustment : How Much Has Happened?*, Washington : Institute for International Economics, 1990.

1 1989년에 미국의 재무장관 니콜라스 브래디(Nicholas Brady)가 발표한 개발도상국 채무구
 제방안. (역자 주)
2 여기서 사용한 '신자유주의'라는 개념의 원뜻은 몽페를랑 소사이어티(The Mont Pelerin
 Society)의 학설을 따른 것이다. 혹시 '신자유주의'에 지적인 욕설 이상의 의미를 나타내는
 다른 정의가 있다면 알고 싶다.
3 한계세율(Marginal Tax Rate). 소득증가분 중 조세증가분으로 지불해야 하는 비율. (역자 주)
4 일반적으로 환율의 경쟁력 확보를 환율에 대한 저평가와 동일시하지만, 이는 잘못된 것이
 다. 환율의 경쟁력을 확보하는 방안이 환율에 대한 고평가가 아닌 것은 맞지만, 정답은 환
 율에 대한 저평가일 수도 있고 정확한 평가일 수도 있다. 이 다섯 번째 항목에서 내가 주장
 하고자 한 것은, 환율에 대한 고평가가 저평가보다 훨씬 좋지 않은 것은 사실이지만, 가장
 좋은 것은 고평가되지도 않고 저평가되지도 않은 환율이라는 점이다.
5 페루 출신 경제학자. 페루 리마에 근거를 둔 싱크탱크인 자유와 민주 연구소(Institute for
 Liberty and Democracy)의 소장. (역자 주)
6 흥미롭게도, 이후 국제통화기금(IMF)의 수석 부총재 직위에 오른 후 그는 이렇게 쓰고 있
 다. "워싱턴의 많은 이들이 금융자본의 유동을 제한해서는 안 된다고 강하게 믿는 것에 대
 해 나는 큰 우려를 가지고 있다. 이것은 문제의 핵심을 잘못 짚은 것이다."
7 이 분명한 해석을 나는 오랫동안 잊고 있었다. 나를 일깨워준 세계은행의 요우 안수(Yaw Ansu)
 에게 감사한다. 올해 초 쿠바의 하바나에서 열린 학회에서 나는 이런 이해가 광범위하게 퍼
 져 있다는 사실을 다시금 분명히 깨닫게 되었다. 나는 발표를 통해 다음의 세 가지 해석을
 확실하게 구분하기 위해 노력했다. 내가 최초로 제기한 해석과, 이 글에서 언급한 두 개의
 상이한 해석이 그것이다. 내가 발표를 마치자 카스트로는 내 발언을 요약하면서 참석자들
 에게, '윌리엄슨이 두 가지 측면(환율정책과 자본 거래의 자유화)에서 워싱턴 컨센서스에
 동의하지 않는다고 했다'고 말해버렸다. 나는 그런 이해가 내 본뜻과는 관계없다고 말한 바
 있지만, 그것은 그냥 무시되었다.
8 클린턴 대통령 시절 경제자문위원회의 위원장을 맡았던 한 인물이 이 해석을 받아들인 것
 을 나는 무척 아이러니컬한 일이라고 여겼다. 내가 생각하는 컨센서스라는 개념의 정의에
 따르자면, 그가 미국 경제자문위원회의 위원장과 세계은행 총재를 맡았을 때 강력하게 반
 대했던 정책들을 포함하는 워싱턴 컨센서스는 거기에 해당되지 않기 때문이다.
9 공평성(형평성)의 문제가 대표적인 예이다. 1989년의 워싱턴이(또는 이 문제에 관한 한
 2004년의 워싱턴도) 공평성(형평성)의 문제가 갖는 중요성을 인정할지에 대한 확신이 당시
 내게는 없었기 때문에, 그것을 주요한 역할을 하도록 배치하지 못했다. 이점은 매우 유감스
 럽게 생각한다. 공평성(형평성)과 관련된 문제는 목록의 두 번째 항목에 등장한다. 여기서
 나는 공공지출을, 의미 없는 보조금이나 국방, 행정 등 부문에서 기초적인 교육, 의료, 기간
 시설 등 성장과 공평성(형평성)을 모두 확보할 수 있는 부문으로 전환해야 한다고 주장했
 다. 이런 발상은 이후 세계은행 내에서 확고히 자리 잡게 되었다.
10 칠레의 경제학자. UN 라틴아메리카 및 카리브해 지역 경제위원회(United Nations Economic
 Commission for Latin America and the Caribbean) 수석 자문. (역자 주)

11 헝가리 경제학자 코르나이(Janos Kornai)가 사회주의 경제 분석을 위해 만들어낸 개념. 사회주의 체제의 기업 또는 지방정부가 중앙정부의 지원을 믿고 예산을 방만하게 운용하는 현상을 지적한 것. 외부 지원을 기대할 수 없어 예산을 엄격하게 운용해야 하는, 즉 경성(hard) 예산제약하에 있는 자본주의 기업과 대비된다. (역자 주)

12 온실가스 감축 의무를 진 국가가 의무감축량을 초과 달성하면 초과분을 다른 국가에 판매하고, 달성하지 못하면 부족분을 다른 국가로부터 구입할 수 있게 한 제도. 또는 한 국가가 전체 온실가스 감축 목표에 따라 국내 기업별로 배출허용량을 정하여, 기준 대비 초과분이나 절감분을 배출권 거래소에서 매매할 수 있게 한 제도. 감축비용을 최소화하면서 전체 감축 목표를 달성할 수 있게 한 제도이다. (역자 주)

13 제3세계에서 자본주의가 성공하지 못한 이유를 분석한 페루 경제학자 에르난도 데 소토의 저서 제목 또는 그 저서에서 주장한 주요 이론. 제3세계에도 자본주의를 발전시킬 수 있을 만큼 많은 자산이 존재하지만, 부정부패로 인해 재산권 제도가 제대로 확립되지 못하여, 그 자산이 경제발전을 위한 자본으로 전환되지 못했다는 것이 그의 주장이다. (역자 주)

워싱턴 컨센서스 이후의 컨센서스

조셉 스티글리츠(Joseph E. Stiglitz)[*]

현재 전 세계 빈곤 국가들의 발전을 촉진하기 위한 전략에 관한 컨센서스는 유일하게 한 가지만 존재한다. 워싱턴 컨센서스가 아무런 해답도 제공하지 못했다는 점에 대한 컨센서스가 그것이다. 비록 워싱턴 컨센서스의 정책 제안이 특정 시기 특정 국가에서 의미를 갖기도 했지만, 그것이 제시한 처방은 성공적인 성장을 위한 필요조건이나 충분조건이 되지 못했다.

내가 여기서 거론하는 워싱턴 컨센서스는 국제금융기구(IFIs)와 미국 재무부(U.S. Treasury)가 80년대와 90년대 초에 제안했던 과도하게 단순화된 정책을 가리킨다. (물론 당시에는 이것이 지금처럼 남반구와 북반구 모

[*] 컬럼비아대학 교수. 2001년 노벨 경제학상 수상자. MIT에서 폴 새뮤얼슨의 지도로 경제학 박사 학위를 받았다. 세계은행(IBRD) 수석경제학자와 미국 클린턴 행정부 경제자문위원회 위원장을 역임했다. (역자 주)

두에서 비난의 표적이 되지는 않았다.) 이 개념을 처음 고안해낸 존 윌리엄 슨(John Williamson)의 정교한 저작 내용을 문제 삼고자 하는 것이 아니라는 뜻이다.[1] 원래 내용과 의도가 무엇이었든, 세계에서 대부분 사람들은 '워싱턴 컨센서스'를 민영화와 자유화 및 거시적 안정(주요하게는 가격 안정)을 주요 내용으로 하는 발전전략으로 인식하고 있다. 즉 자유로운 시장에 대한 확고한 신념을 바탕으로 정부의 역할을 축소하거나 또는 최소화하려는 일련의 정책으로 간주하는 것이다.[2] 이런 발전 전략은 개발도상국 정부들이 적극적인 역할을 담당하여 성공적으로 추진해온 동아시아 지역의 발전전략과 선명하게 대비된다.

포스트 워싱턴 컨센서스(Post Washington Consensus)는 워싱턴 컨센서스가 실패한 지점을 세세하게 드러낸다.[3] 개발도상국의 경제구조에 대한 워싱턴 컨센서스의 인식에는 심각한 오류가 있다. 또한 시야를 지나치게 협소한 목표 및 그런 목표를 실현하기 위한 지나치게 협소한 도구에만 국한시키고 있다. 예를 들어 기술이 변화하고 있는 상황이거나 또는 시장에 대해 배우고 있는 상황이라면 시장 그 자체는 효율성을 구현하지 못한다. 발전의 핵심에는 매우 역동적인 과정이 존재하며, 그런 역동적인 과정에는 중요한 외적 요인이 작용한다. 정부가 중요한 역할을 맡게 되는 것이다. 성공적인 동아시아 국가들은 이런 정부의 역할을 잘 인식하고 있다. 워싱턴 컨센서스의 정책에서는 찾아볼 수 없는 것이 이점이다.

또한 워싱턴 컨센서스는 개발도상국에서 쉽게 볼 수 있는 주요한 특징을 간과한다. 광범위하게 시행되고 있는 소작제 계약 같은 것이 대표적인 사례이다. 소작제 계약의 실질적인 세율은 50%에 이른다.

어떤 곳에서는 심지어 66.7%에 이르기도 한다. 이는 워싱턴 컨센서스에서 언급하는 여타 세율을 훨씬 초과하는 것이다. 국제금융기구는 '합리적인 인센티브'를 힘주어 강조하지만, 정작 이런 부분에서의 인센티브 문제는 전혀 언급하지 않는다.

워싱턴 컨센서스의 정책을 비판하는 이들은 그것이 시장근본주의(market fundamentalism), 즉 시장이 자동으로 경제적 효율성을 구현하며, 경제정책은 효율성에만 치중하면 되고 분배의 문제는 다른 정치적 과정을 통해 해결되어야 한다는 생각에 사로잡혀 있다고 본다. 그러나 워싱턴 컨센서스를 지지하는 이들 가운데 비교적 온건한 부류는 이런 비난을 인정하지 않는다. 사실상 이런 논쟁은 '워싱턴 컨센서스'라는 명명법에 관한 논쟁과 마찬가지로 요점을 벗어난 것이다. 국제금융기구가 추구하는 정책, 즉 워싱턴 컨센서스나 신자유주의로 불리는 정책은 대부분의 동아시아 국가가 추구하는 일련의 정책, 즉 (단순화시켜서 말하자면) 이른바 개발도상국형 정책에 비해 국가의 역할을 훨씬 제한적인 영역에 국한시킨다.

물론 대개의 경우 정부가 문제를 제대로 해결하지 못하는 것은 사실이다. 분명 워싱턴 컨센서스는 시장의 문제점을 바로잡으려다 실패하는 정부에 대한 반작용으로 등장했다. 그러나 그런 반작용은 정도가 지나치게 되어 버렸다. 워싱턴 컨센서스는 정부의 능력과 역할을 완전히 부정적으로 보고, 그런 인식을 바탕으로 모든 문제에 접근한다. 그러다보니 '정부의 개입이 어떤 상황에서 어느 정도로 이루어져야 하는지' 또는 '개입의 효과를 높이기 위해 어떤 제도와 역량을 만들어야 하는지' 등에 관한 분석에 근거한 정책 제안에 대해서는 강한 부정적 편견을 갖게 되었다.

중요한 것은 정부의 크기가 아니라 그것의 역할 — 어떤 행동을 취해야 하는가 — 이고 정부와 시장 사이의 균형이다. 포스트 워싱턴 컨센서스는 시장의 역할을 인정한다. 문제는 신자유주의자가 정부의 역할을 단순히 계약의 이행을 강제하고 재산권을 보호하는 등의 최소한도에 국한시키지 않고 어느 정도나 인정하는가이다.

사실 워싱턴 컨센서스는 그 논리가 널리 확산되기 이전부터 이미 이론적 기초가 흔들리고 있었다. 복지경제학의 기본적 공리는 아담 스미스(Adam Smith)의 '보이지 않는 손', 즉 시장이 자동적으로 효율성을 구현하는 조건에 대해 엄격한 해석을 내린 바 있다. (공기오염이나 수질오염 같은) 외부적 요인이 없어야 하고, 공공재가 없어야 하며, 학습효과(issues of learning)가 없어야 하고, 완전자본시장 — 적어도 위험(risk)이나 시제 간 시장(intertemporal markets)이 사라지지 않는다는 의미에서 — 이어야 한다는 것이다. 그린월드(B. Greenwald)와 스티글리츠는 여기서 한 걸음 더 나아가 정보의 불완전성이 없어야 하고, 정보 구조의 변화가 없어야 하며, 정보의 비대칭성이 없어야 한다고 덧붙였다.[4] 이런 문제들은 어떤 경제에서나 심각한 것이지만, 동시에 발전의 관건이기도 하다. 따라서 발전의 초기 단계에 시장이 자동적으로 효율성을 구현한다는 것은 신뢰할 만한 이론적 근거가 없는 논리라고 할 수 있다.

그런 논리는 역사적 경험을 통해서도 입증되지 않는다. 여러 동아시아 국가에서 정부가 시행한 각각의 정책으로 인한 결과에 관해 활발한 논쟁이 벌어졌지만, 어쨌든 정책과 성공 사이에 분명한 관련이 있다는 사실은 부정할 수 없다.[5] 중국에서 지방정부 소유 향진기업(鄕鎭企

業)은 80년대와 90년대 초 중국 경제성장의 핵심이었다. 토지사유화가 시행되지 않은 상황에서도 개별가구의 청부생산책임제[承包責任制][6]는 농업생산력의 큰 증대를 가져왔다. 한국과 타이완이 적극적인 공업화 정책을 펼치지 않았다면 현재와 같은 경쟁력 있는 산업국가가 되었으리라고 상상할 수 없다. 동아시아의 모든 국가가 높은 저축률을 기록했으며, 각 정부는 저축을 장려한 그런 정책 덕분에 자신이 의도하는 바를 이룰 수 있었다. 세계 여타 지역의 기업들이 자본 부족을 하소연할 때, 동아시아 국가의 정부는 수출에 매진하는 기업, 특히 경제의 다른 영역에 파급효과가 큰 기술 부문의 기업에게 자본을 제공할 수 있었던 것이다. 물론 이 모든 것이 우연이었을 수도 있다. 이런 정책에 대한 일부 비판자들이 이야기하듯이, 동아시아 국가들은 이런 산업정책이 없었더라도 더욱 빠른 성장을 했을 수 있다. 그러나 현실적으로 그렇게 믿을 이유는 별로 없어 보인다. 모든 증거들은 그 반대방향을 가리키고 있기 때문이다.

동아시아 지역의 성공으로 말미암아, 성공적인 발전을 위해서는 워싱턴 컨센서스 정책에서 전통적으로 규정해온 것보다 훨씬 더 적극적인 정부의 역할이 필요하다는 사실이 강조되었다. 반면 사하라사막 이남의 아프리카 및 라틴아메리카에서의 실패는 워싱턴 컨센서스의 전략에 대한 의구심을 확산시켰다.[7] 라틴아메리카에서 90년대 — 개혁의 시기 — 의 성장은 수입대체산업화라는 '실패한' 정책으로 특징지어지는 60~70년대에 비해서도 절반에 불과했다. 분명 수입대체산업화 전략에는 문제가 있었고, 그런 전략은 동아시아 지역에서 그랬듯이 수출에 중점을 두는 전략으로 바뀌었다. 그러나 고성장 시대는 발전전략의 부재가 아니라 채무위기로 인해 막을 내리게 되었다. 개혁이 성공을 거둔 것처럼 보인 것은 불과 10년도 안 되는 짧은 기간이었고, 이내 개혁 전략의 실패가 두드러지게 드러났다. 예를 들어 자본시장 개방은 라틴아메리카 국가들을 국제자본시장의 불안정성 앞에 무방비로 노출시켰고, 그것은 곧 1997~1998년 국제금융위기라는 치명적인 결과로 이어졌다.

아프리카에서도 시장의 마법에 대한 섣부른 믿음은 막대한 대가를 치러야만 했다. 예를 들어 국제금융기구가 이 지역 국가들에게 부가한 정책적 제약들은 그런 제약을 효과적이게 만드는 전제조건, 즉 투입과 산출로 기능하는 시장, 신용 여력, 사회간접자본(특히 도로와 같은) 등에는 적절한 주의를 기울이지 않은 채 농산품 가격의 자유화 같은 문제에만 매우 과도하고 협소하게 초점을 맞추었다. 정태적인 비교우위를 고집하게 되면 조합의 오류(fallacy of composition)[8]로 이어지는 것은 필연적인 일이다. 한 나라가 수출을 늘리면 이익을 얻게 되지만, 여러 나라가 모두 수출을 늘림으로써 초래된 것은 가격의 붕괴였다. 금융 부문의 개혁은 시장으로 하여금 금리를 결정하게 하는 데 치중함으로써, 신용 여력의 개선은 이루어지지 않은 채 장기간의 고금리가 이어지도록 만들었다.

워싱턴 컨센서스의 결실이 있다면, 그것이 지금도 여전히 많은 나라의 보통 시민들에게 받아들여지고 있다는 것이다. 비교적 이른 시기에 워싱턴 컨센서스를 받아들였던 볼리비아 같은 나라는 줄곧 이런 질문을 던지고 있다. '우리는 지금껏 고통을 겪어왔는데, 언제 그 수확을 얻게 되는가?' 그런데 개혁은 그 나라들을 더 많은 위험에 노출시킨 반면, 빨리 회복할 수 있는 역량을 제공하지는 못했다. 그리하여 라틴 아메리카에서는 이런 개혁 이후 약 5년 동안 국민 1인당 평균소득이 절반으로 줄어드는 결과가 나타났다.

여러 실패 사례 ─특히 멕시코에서 시작되어 동아시아, 러시아, 아르헨티나로 이어진 일련의 위기 ─로 인해 상황이 심상치 않다는 사실이 확인되자, 워싱턴 컨센서스의 지지자들은 자신들의 처방을 보완하여 워싱턴 컨센서스의 '새 버전'을 제시했다. 멕시코의 경우, 재정이 정상화되고 인플레이션이 통제되더라도 위기가 발생할 수 있음을 보여주는 사례라고 했다. 문제는 국내 저축의 부족이라는 것이다. 그런데 동아시아 지역에서 위기가 발생하자 ─이 지역 국가들은 세계에서 가장 높은 저축률을 자랑한다 ─새로운 해석이 더해졌다. 이제는 투명성의 부족이 문제라는 것이다. (그들은 투명성에서 세계 최고라고 할 수 있는 북유럽 국가에서 최근에 위기가 발생했다는 사실을 망각한 듯하다.) 그리하여 취약한 금융기구가 비난의 대상이 되었다. 그런데 미국과 기타 선진국의 경우도 금융기구가 그렇게 취약하다는 사실이 드러났다. 그러면 개발도상국들은 더 이상 무슨 희망을 품을 수 있는가? 결국 국제통화기금(IMF) / 미국 재무부 / 워싱턴 컨센서스[9]의 조언은 공허하기 그지없는 울림일 뿐이었다. 그들은 늘 사후약방문으로 문제점을 찾아냈고, 해당 국가들이 마땅히 그랬어야 했다고 주장하는 정책의 목록을 늘려갔다.[10]

집단적 거버넌스와 투명성 측면의 개선이 도움이 된다는 점을 감안하면 워싱턴 컨센서스의 기본적인 관점을 틀렸다고 할 수는 없지만, 그런 정책 아젠다의 틀 이면에 경제적 분석보다는 정치가 자리 잡고 있다는 사실이 갈수록 명백해졌다. 다음과 같은 점들을 그 예로 들수 있다.

· 국제통화기금과 미국 재무부는 외부에 대해서는 정부의 투명성을 강요하면서도 자신은 공공기관 가운데 가장 투명하지 못한 존재로 남아있다.

· 심지어 미국 재무부는 미국 회계 시스템의 투명성을 높일 수 있는 개혁 조치, 예를 들어 스탁옵션(stock options)과 관련된 개혁조치조차도 거부했다.

· 금융위기로 인해 최근에 타격을 받은 스칸디나비아의 국가들은 투명성이 가장 높은 국가들이다.

· 투명성에 관한 논란이 서구사회의 여러 기구와 헤지펀드(hedge fund), 그리고 비밀은행 계좌들로 향하자 미국 재무부는 지나친 투명성에 대한 우려를 표시하면서, 심지어 (9·11 이전에) 경제협력개발기구(OECD)가 은행의 비밀유지에 관여하는 것에 대해서도 반대했다.

· 선진국들은 한편으로 계속해서 부패를 비난하면서도, 다른 한편으로 부패를 좀 더 어렵게 만들 수 있는 매우 간단한 조치, 예를 들어 정부에 내는 돈 가운데 '공식화된' 돈에 대해서만 세금감면을 해주는 조치조차 취하기를 거부했다.

· 국제통화기금(IMF)의 회계 조치들은 시장에 근거한 토지재분배에 줄곧 걸림돌이 되고 있다.

국제통화기금은 더욱 큰 안전망이 필요하다고 강조하면서도, 경제의 불안정성을 조장하는 요소들, 즉 자본시장의 자유화 같은 요소들에 대해서는 크게 우려하지 않는다. 그들은 줄곧 자본시장 자유화의 필요성을 선전해 왔다. 그러나 자본시장 자유화가 경제의 안정성에 미치는 부작용은 이미 명백해졌고, 그것이 경제성장에 별다른 도움이 되지 못한다는 점도 여러 가지 증거들을 통해 확인된 바 있다.[11] 국제통화기금은 또한 개발도상국의 부족한 점만을 지적할 뿐, 워싱턴 컨센서스 정책의 허점은 문제 삼지 않는다. 그들은 개발도상국의 문제점들, 특히 투명성 결핍이나 거버넌스 부재 등과 관련된 문제점만을 직접적으로 비난하고 있다.

그런 가운데 워싱턴 컨센서스가 제시한 처방에 따른 국가들은 줄줄이 위기에 직면했다. 특히 국제통화기금으로부터 A+의 성적을 받은 아르헨티나 같은 나라(아르헨티나의 대통령인 카를로스 메넴(Carlos Saúl Menem)은 1999년도 국제통화기금 연차총회 전까지만 해도 개발도상국이 본받아야 할 모범으로 떠받들어졌다)에는 수많은 문제가 발생했다. 예를 들면 부패로 얼룩진 사유화(민영화), 소비자 가격을 폭등하게 만드는 독점 구조 형성 같은 것이 대표적인 예이다. 발전의 목표는 단순히 GDP를 늘리는 것이어서는 안 된다. GDP의 계량화 문제를 잠시 접어놓고 보면, 중요한 것은 생활수준의 지속가능한 성장이고, 민주적이며 공평한 발전이다.

공평성의 문제는 특히 자주 홀시되는 것이다. 구성원 대다수의 소득이 줄어드는 대신 일부 최상류층의 소득이 크게 늘어남으로써 전체적인 평균 소득이 늘어나는 사회가 대다수의 소득이 고르게 늘어나는 사회보다 바람직하다고 할 수 있는가? 비록 이에 동의하지 않는 이들도 있지만(일부 최상류층은 평균 소득이 적절한 평가의 수단이 된다고 주장한다), GDP의 증대가 대부분의 사람들에게 이익이 되지 않을 가능성이 엄연히 존재하는 이상, 분배의 문제를 단순하게 무시해서는 안 된다. 적하

효과(trickle down economics)를 신봉하는 일부 경제학자들은 분배에 대한 고려를 하지 않아도 된다고 주장한다. 물이 차오르면 결국 모든 배가 떠오르게 되듯이, (고소득층이 이익을 얻으면) 결국에는 모든 사람이 혜택을 보게 된다는 것이다. 그러나 적하효과가 현실에 부합되지 않는다는 증거는 이미 충분히 나와 있다. 평균소득이 증대된다고 하더라도 빈곤층의 소득이 오랜 기간 동안 충분하게 늘어나지 않는다는 점은 분명한 사실이다. 어떤 경제학자들은 분배에 대한 고려는 경제학의 영역 외부에 존재하는 문제이기 때문에 무시될 수 있고 또 무시되어야 한다고 주장한다. 경제학자는 그저 효율성과 성장에만 초점을 맞추면 된다는 것이다. 이전까지 분배는 정치학의 문제였다. 더구나 공평성과 효율성을 분리해서 생각하는 복지경제학의 기본 원리 덕분에 많은 경제학자들은 마음의 짐을 덜 수 있었다. 복지경제학은 모든 소득 분배가 단순히 초기부존상태(initial endowments)의 재분배를 통해 해결될 수 있다고 본다. 그러나 경제학 이론의 발전(특히 정보경제학과 관련된)에 따라 그것은 사실이 아님이 밝혀졌다. 일괄적인 재분배는 이루어지기 어려우며, 효율성과 공평성은 떼려야 뗄 수 없게 내재적으로 연계되어 있다는 것이다.[12] 이런 내재적 연계에 관한 분석은 흥미롭게도 워싱턴 컨센서스가 형성되기 15년 전에 이미 개발도상국의 사례를 통해 되어 있었다.[13]

분배의 문제를 홀시하게 되면 효율성의 증대에도 종종 부정적인 영향이 미친다. 예를 들어 토지 임차 관계에서 대리제도의 문제점이 발생되는 범위와 비효율적인 측면을 감소시킨 토지개혁은 공평성과 효율성을 동시에 증대시켰다. 반면 개발도상국의 토지 임차 관계에서 널리 쓰이고 있는 소작제도는 세계에서 가장 빈곤한 사람들에게 50%의 유효세율(일부에서는 67%)을 부과하는 결과로 이어졌다. 아이러니컬한 것은 고율의 세금에서 기인하는 경제왜곡 현상에 대해 비판을 마다하지 않는 국제통화기금 및 워싱턴 컨센서스의 신봉자들이, 정작 그렇게 중요하게 보이는 토지개혁은 시급한 과제로 여기지 않는다는 점이다.

워싱턴 컨센서스는 선진국과 저개발국의 주요한 차이가 **자원**의 차이에서 기인하는 것으로 보는 이전 시기 발전이론의 한 관점이 진보된 것이다. 발전을 추동하기 위한 세계적인 노력의 중심에 '은행'을 놓는 것도 그런 이유 때문이다. (은행은 더욱 많은 자원을 유용하게 만든다.) 흥미롭게도 세계은행(국제통화기금은 물론이고)의 창설은 시장의 실패를 인식한 데 따른 것이었다. 만약 신고전학파의 모델이 맞는다면, 자본이 부족하게 되면 자본의 수익률은 올라가게 된다. 그러면 사적 시장이 자본의 흐름을 자본이 풍부한 선진산업국가에서 자본이 부족한 개발도상국으로 움직이게 한다. 그러나 세계은행이 창설됨으로써 그런 흐름은 제한되게 되었다. 그리고 심지어 세계금융위기가 벌어지기 이전, 자본 흐름의 일시적인 전성기였던 90년대 중반에도 자금은 대부분 제한된 형태의 투자를 통해 일부 국가들로만 흘러들어갔을 뿐이다. 많은 국가들은 신용의 압박에 직면해 있었다.[14] (이렇게 시장의 실패에 대한 인식에 근거해서 창설된 국제기구가 이런 실패를 충분히 고려하지 않은 모델을 통한 분석에 의지하고 있다는 사실은 매우 풍자적이다.)

80년대 초에 이르러, 단순히 계획만으로는 부족하다는 사실이 인식되었다. 그래서 워싱턴 컨센서스는 정책에 주목하기 시작했다. 그런데 워싱턴의 정책이 실패했을 때, 앞에서도 언급했듯이 추가적인 정책을 통한 보완, 즉 '워싱턴 컨센서스 플러스(Washington Consensus Plus)'가 필요하게 되었다. 무엇이 추가되는지는 제기된 비판 및 실패의 핵심을 무엇으로 인식하는지에 달려 있었다. 성장의 정체가 문제될 때는 배타적인 자연 독점 상태에 적절한 경쟁을 도입하는 정책을 포함하는 이른바 '제2세대 개혁(Second Generation Reforms)'이 추가되었다. 반면 공평성의 문제가 부각될 때는 여성에 대한 교육이나 사회안전망의 확충이 추가되었다.

그러다가 워싱턴 컨센서스 플러스의 모든 시도가 무위로 돌아가게 되자 개혁의 새로운 층위가 부가되었다. 계획과 정책을 넘어서, **공공기관**과 그것을 통한 거버넌스를 포함하는 제도에 주목하게 된 것이다.

어떤 측면에서 이는 시각의 근본적인 전환을 의미한다고 할 수 있다. 하지만 다른 측면에서 보면, 동일한 사고의 연장일 뿐이다. 워싱턴 컨센서스는 오랫동안 정부를 문제의 원인으로 간주했고, 시장을 그 해답인 것으로 여겼다. 그러나 제대로 된 문제 제기는 다음과 같이 되어야 했다. 시장과 정부의 효율성을 함께 높이기 위해서는 어떻게 해야 하는가? 시장과 정부의 바람직한 균형은 어떤 것인가? 시장의 역할이 늘어나고 정부의 능력이 변화됨에 따라 이런 균형은 어떻게 바뀌어야 하는가? 그런데 워싱턴 컨센서스는 이렇게 문제 제기를 하지 않고, 시장의 실패를 외면한 채 정부를 문제의 원인으로 간주하고, 정부의 역할을 대대적으로 후퇴시키고자 했다. 뒤늦게나마 정부의 역할이 더 늘어나야 한다는 점이 인식되고, 발전이 정체된 대부분의 국가들은 너무 큰 정부 때문이 아니라 너무 작은 정부 때문에 그런 지경에 이르렀다는 점, 즉 실패한 국가가 되었다는 점이 인식되기는 했다. 그러나 여전히 시장과 정부는 균형에 이르지 못하고 있다. 노령연금 문제에서, 공공노령연금 체계의 강화보다는 그것을 민영화하는데 더욱 힘을 기울이는 것을 그 대표적인 예로 들 수 있다. 민영 노령연금 계획의 비효율성(높은 관리 비용, 역선택의 문제, 노령연금 수혜자들을 시장의 변동성이나 인플레이션과 사기를 당할 위험 등으로부터 보호하기 어렵다는 점)이 명백해진 상황에서도 문제점은 줄곧 무시되었고, 시장의 실패를 바로잡는다고 하면서도 공공기관을 통하기보다는 시장을 통하는 편이 훨씬 더 쉽다는 식의 판단이 내려졌다.

워싱턴 컨센서스는 정책과 제도 ─ 또는 제도와 사회 ─ 사이의 연계를 제대로 인식하지 못하고 있다. 좋은 제도를 만들어야 한다거나 또는 좋은 제도의 모델에 관한 이야기는 개발도상국을 향해 쏟아내고 있지만, 정작 그런 제도를 어떻게 만들어야 하는지는 거의 언급하지 않는다. 사실 좋은 제도를 실시하라고 ─ 그저 예산의 적자를 줄이라고 ─ 요구하기는 쉽다. 그러나 제대로 된 제도를 만들라는 요구가 현실을 변화시킬 수 있는 것은 아니다. 좋은 정책이 무엇인가에 관해 많은 논란이 있는 것처럼, 좋은 제도가 무엇인지에 대해서도 상당히 많은 논란이 존재한다. 워싱턴 컨센서스는 개발도상국에게 민주주의를 시행해야 한다는 요구를 쏟아내지만, 개발도상국의 시민들이 가장 큰 관심을 두는 것은 경제적 성과이다. 그런데 다른 한편으로 경제정책의 핵심적인 부분인 통화정책은 민주적인 과정에 맡겨두어서는 안 된다고 주장한다. 그리고 차관 제공의 전제조건으로 개발도상국에게 짧은 시간 내에 사회보장제도 개혁이나 사유화(민영화), 중앙은행 제도 변화 등을 진행하라고 요구하고, 개발도상국의 민주화 과정에서 이미 거부된 개혁조치들에 대한 시행 약속을 요구한다. 워싱턴 컨센서스는 그들의 요구가 개발도상국의 공공기관을 얼마나 곤경에 빠뜨리는지 이해하지 못한다. 만약 개발도상국의 공공기관이 이런 요구를 받아들이지 않는다면, 그들은 자신의 국가를 위해 마땅히 해야할 일을 하지 않는다고 비난받게 되면서 외부 사회의 신용을 잃을 것이다. 반면 이런 요구를 받아들인다면, 새로운 식민주의 지배자의 억압에 쉽사리 굴복하는 것처럼 비춰져서 내부의 신용을 잃게 될 것이다. 그리고 이런 개혁조치가 약속되지 않는다면 — 개발도상국에서 연속적으로 이런 일이 벌어진다면 — 정부의 신용은 또 다시 추락할 것이다. 결국 개발도상국 공공기관의 취약성은 어느 정도는 워싱턴 컨센서스로 말미암은 것이라고 할 수 있다.

정책과 제도의 상호작용을 보여주는 또 다른 중요한 사례가 있다. 러시아에서 고금리 정책으로 인해 (그리고 신흥 기업 및 성장하는 기업의 신용을 증대시킬 수 있는 실행 가능한 재정 제도를 만드는 데 실패함으로써), 재화를 적극적으로 창출하는 것보다 자산박탈(asset stripping)[15]이 훨씬 매력적이게 되어버린 것, 그리고 재화의 창출을 용이하게 만드는 법률을 제정할 동기가 약해져버린 것이 그것이다.[16]

따라서 개발도상국이 마땅히 수행해야 할 정책의 목록을 끊임없이 늘려갔음에도 불구하고 워싱턴 컨센서스의 시야는 여전히 협소한 데 갇혀 있는 셈이라고 할 수 있다. 개발도상국에 정말 필요한 것은 더욱 넓은 목표와 많은 도구이다. 즉 사고방식의 근본적인 변화가 필요하다.

이런 문제점은 목표와 수단 사이의 혼동으로 설명될 수 있다. 사유화(민영화)와 자유화는 종종 그것이 수단이 아니라 목표 그 자체인 것처럼 여겨진다. 그러다보니 오히려 발전의 궁극적인 목표가 퇴색되곤

한다. 급속한 사유화(민영화)를 추구한 구소련의 경우, 그 결과는 엄청난 불공정의 확산이었고, 사유재산권의 합법성에는 심각한 균열이 생겼다. 최소한 사유화(민영화) 과정에서 생겨난 사유재산권과 시장 시스템의 합법성에는 큰 문제가 발생한 것이다. 과도하게 긴축적인 통화정책으로 말미암아 물물교환이 성행하게 되었고, 이는 인플레이션과 마찬가지로 시장의 효율성에 부정적으로 작용했다. 자본시장의 자유화는 더 빠른 성장을 보장하는 대신에 더 큰 불안정만을 조장할 뿐이었다.

부상하고 있는 컨센서스의 몇 가지 요소

지금까지 필자는 현재 부상하고 있는 컨센서스의 몇 가지 요소, 또는 널리 공유되고 있는 관점에 대해 서술했다. 그 내용은 곧 워싱턴 컨센서스의 부적절한 측면에 관한 것이기도 하다.

분석의 발걸음을 뒤로 일보 후퇴해서 보면, 다음에 거론하는 중요한 두 가지 문제에 관해서도 컨센서스가 존재함을 알 수 있다. 그 하나는 시장근본주의에 대한 과도한 믿음에 관해서이고, 다른 하나는 불공정한 게임의 규칙을 만들어내며 특히 그들이 제공하는 정책과 원조에 의존하는 개발도상국들에게 실패한 정책들을 슬그머니 강요하는 국제 경제기구들에 관해서이다. 비록 개발도상국의 실패는 자신이 시행하는 상당수 정책이 그 원인이 되기는 하지만, 그들이 처해있는 상황에서 발전이 얼마나 어려운 일인지에 대해서는 이해가 필요하다. 강력한 세력들이 담장 밖에서 압력을 가하고 있는 상황에서는, 아무리 성실하고 열성적인 정부라 할지라도 직면한 과제 앞에서 무기력해질 수밖에 없는 경우가 다반사이기 때문이다.

다른 지면을 통해서 필자는 이런 실패에 관해, 경제적 분석 및 통계적 근거와 역사적 경험에 대한 해석에서 발생할 수 있는 단순한 차이로 인한 영향과 이데올로기 및 특정 이익으로 인한 영향을 대비시켜 설명한 바 있다. 근자에 경제학 전문가들은 제도에 큰 관심을 기울인다. 제도에 따른 인센티브와 그 제도 내의 구성원들, 그리고 거버넌스, 조직설계, 조직행위 사이의 연계에 대해 주목하고 있다. 이런 분석은 국제통화기금과 WTO의 행위를 분석하는 데 통찰력 있는 시야를 제공한다.[17] 여기서 주목해야 할 점은 '무엇이 이미 이루어졌는가?'가 아니라 '무엇이 아직 이루어지지 않았는가?'이다. 예를 들면, 외환보유제도로 인해 생겨난 문제점의 해결 실패, 국가채무불이행, 선진국과 개발도상국 사이의 금리와 환율 변동에 따른 위험 분담 체계 미비 등이 그것이다.

포스트 워싱턴 컨센서스를 구성하는 요소는 그밖에도 몇 가지가 더 존재한다. 첫째, 단순히 워싱턴의 틀 안에서는 성공적인 발전전략이 만들어질 수 없다는 것이다. 성공적인 발전전략을 만들어내기 위해서는 중요하고 의미 있는 방식의 논의 속에 개발도상국들을 끌어들이는 것이 필요하다.

둘째, 모든 상황에 들어맞는 만능열쇠식의 정책은 실패할 수밖에 없다는 것이다. 어떤 나라에서는 성공한 정책일지라도 다른 나라에서는 실패할 수 있다. 워싱턴 컨센서스를 따르지 않은 동아시아 경제의 성공과 워싱턴 컨센서스를 추종한 나라의 실패한 경우가 갈수록 더 선명하게 대비되기는 하지만, 그럼에도 여전히 문제는 남는다. 어떤 나라에서 성공한 정책의 경우 다른 나라로 옮겼을 때 어느 정도나 효과적으로 적용될 수 있는가?

셋째, 경제학이 충분한 이론적 증거나 강력한 논리, 경험적 증거를 제공하지 못한 특정 지역의 정책이 광범위한 컨센서스를 이루기도 한다는 것이다. 특정 집단의 이익에만 유리한 '과도한 보호주의'에 반대하는 것은 컨센서스가 될 수 있다. 그러나 급속한 자유화, 특히 실업률이 높은 나라에서 이런 자유화가 빠른 경제성장으로 이어진다는 점에 대해서는 컨센서스가 존재하지 않는다. 이는 오히려 실업률 증가로 이어질 가능성이 크다. 자유화가 자원을 생산성이 떨어지는 보호 산업 분야에서 생산성이 높은 수출 부문으로 이동하게 만든다는 일반적인 견해는, 활용 가능한 충분한 자원이 활용되지 않은 상태로 남아있는 경우에는 사실상 설득력이 떨어진다. 이런 경우에는 새로운 컨센서스가 떠오르게 된다. 각 나라는 자신에게 가장 효과적인 발전전략이 무엇인지를 스스로 시험하고 판단하고 추구하는 안목이 있어야 한다는 것이다.

비록 모든 나라에 일률적으로 적용 가능한 하나의 처방을 만드는 것은 불가능하지만, 각 나라의 상황에 맞출 수 있는 일련의 원칙이나 수단은 분명 존재한다. 이번 회의도 가능한 원칙들과 가능한 개혁 방안들, 개별 국가와 지구촌 전체가 함께 추구할 정책들을 탐색할 기회를 우리에게 제공하는 자리라고 할 수 있다.

모든 문제를 다룰 때 우리는 가급적이면 기존의 진부한 표현은 좀 피해야 한다. 제대로 된 논리나 증거에 근거하지 않은 관습적인 지식들이 너무 오랫동안 이 분야의 논의를 지배해 왔기 때문이다.

우리는 크게 두 가지 의제에 주목해야 한다. 첫 번째 의제는 '각 나라들은 지속가능하고 안정적이며 공평하고 민주적인 발전을 촉진하기 위해 독립적으로 무엇을 할 수 있는가?'이다. 개발도상국들은 이 문제에 접근할 때, 국제 무역시스템의 불공평함과 국제 금융시스템의 불안정성이라는 현실을 있는 그대로 받아들여야 한다. 그러면 자연스럽게 두 번째 의제로 연결된다. 두 번째 의제는 '세계 경제를 더욱 안정적이게 하고, 국가 간의 공평성을 증대시키며, 개발도상국으로 하여금 그들의 목적 —지속가능하고 안정적이며 공평하고 민주적인 발전을 촉진하는 것 —을 달성할 역량을 강화하도록 하기 위해 세계 경제의 구조가 어떻게 변화되어야 하는가?'이다. 비록 우리가 남은 이틀의 회의 기간에 할 수 있는 일이라고는 이런 의제들을 수박 겉핥기식으로 건드려보는 것뿐이겠지만, 그래도 우리는 전 세계 거버넌스 개혁을 포함한 핵심적인 개혁 사안에 대해 토론하거나 최소한 문제를 제기할 수는 있을 것이다.

참고문헌

Deininger, K., "Causes and Consequences of Civil Strife : Micro-Level Evidence from Uganda", World Bank Working Paper No.3045, May. 2003.
Birdsall, N., "Education : The People's Asset", CSED Working Paper No.5, Sep. 1999.
Eaton, J. and Gerzovitz, M., "Debt with Potential Repudiation : Theoretical and Empirical Analysis", *Review*

of Economic Studies 48, Oxford University Press, 1981.

Hoff, K. and J. E. Stiglitz, "After the Big Bang? Obstacles to the Emergence of the Rule of Law in Post-Communist Societies", *American Economic Review* 94(3), Jun.2004.

Prasad, E., Rogoff, K., Wei, S., and Kose, A. M., "Effects of Financial Globalization on Developing Countries : Some Empirical Evidence", *IMF Occasional Paper* No.220, IMF, Sep.2003.

Stiglitz, J. E. and J. Furman, "Economic Crisis : Evidence and Insight from East Asia", Brookings Papers on Economic Activity, 1998(2)(Presented at Brookings Panel on Economic Activity, Washington, Sep.3, 1998).

Stiglitz, J. E., "Alternative Theories of Wage Determination and Unemployment in L.D.C.'s : The Labor Turnover Model", *Quarterly Journal of Economics* 88(2), May.1974.

_____, "More Instruments and Broader Goals : Moving Toward the Post-Washington Consensus", the 1998 WIDER Annual Lecture, Helsinki, Jan.1998(reprinted Chapter 1 in the Rebel Within, Ha-Joon Chang(ed.), London : Wimbledon Publishing Company, 2001).

_____, "The Role of International Financial Institutions in the Current Global Economy", The Rebel Within Chapter 5, Ha-Joon Chang(ed.), London : Wimbledon Publishing Company, 2001(Originally Address to the Chicago Council on Foreign Relations, Chicago, Feb.27, 1998).

_____, "Reforming Reform : Towards a New Agenda for Latin America", Prebisch Lecture, ECLAC, Santiago, Chile, 2002.

Williamson, J., "What Washington Means by Policy Reform", John Williamson(ed.), *Latin American Adjustment : How Much Has Happened?*, Washington : Institute for International Economics, 1990.

_____, "What Should the Bank Think About the Washington Consensus", *Background Paper to the World Bank's World Development Report 2000*, Jul.1999.

_____, "A Short History of the Washington Consensus", paper presented at a conference sponsored by Foundation CIDOB and the Initiative for Policy Dialogue held in Barcelona in Sep.2004, "From the Washington Consensus towards a new Global Governance".

D. Lal(ed.), *Development Economics* 1, Elgar, 1992(Subsequently published).

Stiglitz, J. E., *Whither Socialism?*, Cambridge, MA : MIT Press, 1994.

_____ and B. Greenwald, *Towards a New Paradigm for Monetary Policy*, London : Cambridge University Press, 2003.

Wade, R., *Governing the Market : Economic Theory and the Role of Government in East Asian Industrialization*, Princeton, NJ : Princeton University Press, 2003.

World Bank, *The East Asian Miracle : Economic Growth and Public Policy*(World Bank Policy Research Reports), Washington, D.C. : World Bank Publication, 1993.

---

1   Williamson, J., "What Washington Means by Policy Reform", John Williamson(ed.), *Latin American Adjustment : How Much Has Happened?*, 1990, Washington : Institute for International Economics; Williamson, J., "What Should the Bank Think About the Washington Consensus"(Background Paper to the World Bank's World Development Report 2000), Jul.1999.

2 필자의 이 글과 존 윌리엄슨이 본 학회에서 발표한 논문의 '워싱턴 컨센서스'라는 개념에 대한 이해에는 큰 차이가 있다. 「워싱턴 컨센서스의 역사」라는 제목으로 발표한 논문에서 윌리엄슨은 "어떤 진지한 경제학자가 워싱턴 컨센서스를 비판한다면, 사람들은 대개 그가 정제된 거시경제정책, 시장의 활용, 무역자유화에 반대하는 중요한 이론적 근거를 가지고 있으리라고 여긴다"라고 언급한 바 있다. 어쨌든 이런 언급이 워싱턴 컨센서스에 반대하는 내 경우에 해당되는 것으로 볼 수는 없다. 나는 워싱턴 컨센서스라는 개념이 무엇을 의미하는지 잘 이해하고 있고, 그 점은 본문에서 이후 명확하게 드러날 것이기 때문이다. 윌리엄슨과 달리 나는, 워싱턴 컨센서스가 가격의 안정에 너무 과도하고 협소하게 초점을 맞추고 있다고 본다. 또한 교역정책을 포함한, 시장에 대한 정부의 개입에 충분히 주의를 기울이지 않는다고 본다(Williamson, J., "A Short History of the Washington Consensus"(paper presented at a conference sponsored by Foundation CIDOB and the Initiative for Policy Dialogue held in Barcelona in September 2004, 'From the Washington Consensus towards a new Global Governance') 참조).

3 Stiglitz, J. E., "More Instruments and Broader Goals : Moving Toward the Post-Washington Consensus", *the 1998 WIDER Annual Lecture*, Helsinki, Jan.1998, reprinted Ha-Joon Chang(ed.), *the Rebel Within*, London : Wimbledon Publishing Company, 2001, pp.17~56 참조. 이 글은 그 글에 관한 논의를 확대하고 수정한 것이다.

4 Stiglitz, J. E. and B. Greenwald, *Towards a New Paradigm for Monetary Policy*, London : Cambridge University Press, 2003.

5 Wade, R., *Governing the Market : Economic Theory and the Role of Government in East Asian Industrialization*, NJ : Princeton University Press, 2003; World Bank Staff, *The East Asian Miracle : Economic Growth and Public Policy(World Bank Policy Research Reports)*, Washington, D.C. : World Bank Publication, 1993 참조.

6 1980년대 초 개혁개방과 더불어 농촌개혁의 일환으로 시행하기 시작한 제도. 향촌공동체 집단 소유인 토지를 각 농가에 임대하여 책임생산하게 하는 것이 핵심 내용이다. (역자 주)

7 Stiglitz, J. E., *Reforming Reform : Towards a New Agenda for Latin America*, Prebisch Lecture, ECLAC, Santiago, 2002.

8 경제학자 폴 새뮤얼슨(Paul Anthony Samuelson)이 제시한 개념으로, 경제에서 개별적으로는 올바른 행위가 모이게 되면 전체적으로 부정적인 결과를 낳는 경우를 가리킨다. (역자 주)

9 세계은행은 일부러 여기서 제외했다. 이 점과 관련하여 이미 워싱턴 컨센서스에 대한 비판의 대열에 동참하고 있기 때문이다.

10 제이슨 퍼먼(Jason Furman)과 나는 어떤 국가를 위기 앞에서 '취약하게' 만드는 정책이나 기구가 무엇인지 확인하기 위한 진지한 작업을 시도했다. 증대되는 위기의 가능성과 체계적으로 관련되는 요인이 있다면 그것이 무엇인지 각 나라의 사례를 통해 찾아보는 방식으로 접근하고자 했다. 당연한 결과지만, 국제통화기금이 특히 취약하다고 지적했던 동아시아 국가들은 우리 분석에 따르면 그다지 심각하지 않은 것으로 나타났다(Stiglitz, J. E. and J. Furman, "Economic Crisis : Evidence and Insight from East Asia", *Brookings Papers on Economic Activity*, Washington : Brookings Panel on Economic Activity, Sep.3, 1998, pp.1~114 참조).

11 결국 2003년 3월에 국제통화기금도 이런 문제점들을 인정했다. 개발도상국들에 대해서 자본시장을 자유화하도록 압력을 가한 지 이미 6년이 지난 시점이었다. 그러나 그렇게 인정한 결과로, 여러 나라들에게 제시했던 정책 처방에 정말 변화가 생겼는지는 미지수이다

(Prasad, E., Rogoff, K., Wei, S., and Kose, A. M., "Effects of Financial Globalization on Developing Countries : Some Empirical Evidence", *IMF Occasional Paper* No.220, IMF, Sep.2003 참조).

12 Stiglitz, J. E., *Whither Socialism?*, Cambridge, MA : MIT Press, 1994의 논의 참조.

13 Stiglitz, J. E., "Alternative Theories of Wage Determination and Unemployment in L.D.C.'s : The Labor Turnover Model", *Quarterly Journal of Economics* 88(2), May.1974, pp.194~227; (Subsequently published) D. Lal(ed.), *Development Economics* 1, Elgar, 1992, pp.288~321 참조. 또 다른 연계도 존재한다. 자본의 제약은 교육을 받을 기회에도 영향을 미치는데, 이는 결국 많은 사람들이 자신의 잠재력을 제대로 발휘하지 못함을 의미한다(Birdsall, N., "Education : The People's Asset", *CSED Working Paper* No.5, Sep.1999 참조. 불평등의 확대는 사회적 긴장을 유발하는 원인이 되고, 경우에 따라서는 내전의 조직적인 원인이 되기도 한다. Deininger, K., "Causes and Consequences of Civil Strife : Micro-Level Evidence from Uganda", *World Bank Working Paper* No.3045, May.2003 참조). 또한 내전은 경제성장에 매우 부정적으로 작용한다.

14 Eaton, J. and Gerzovitz, M., "Debt with Potential Repudiation : Theoretical and Empirical Analysis", *Review of Economic Studies* 48, Oxford University Press, 1981, pp.289~309 참조.

15 기업의 자산 가치를 낮게 평가하여 매수한 후 그 자산을 매각하여 이익을 얻는 것. (역자 주)

16 Hoff, K. and J. E. Stiglitz, "After the Big Bang? Obstacles to the Emergence of the Rule of Law in Post-Communist Societies", *American Economic Review* 94(3), Jun.2004, 753~763 참조.

17 Stiglitz, J. E., "The Role of International Financial Institutions in the Current Global Economy", Ha-Joon Chang(ed.), *The Rebel Within*, London : Wimbledon Publishing Company, 2001, pp.172~193 참조(Originally Address to the Chicago Council on Foreign Relations, Chicago, Feb.27, 1998).

제도혁신과 제2차 사상해방

추이즈위안(崔之元)*

1. 머리말

1978년 이래로 중국현대사는 개혁개방의 새로운 장을 열었다. 개혁개방이 내포하는 뜻은 처음에는 비교적 분명했다. 경제 영역에서는 농촌의 '가정생산청부책임제(家庭聯産承包責任制)'[1]와 도시 국영기업의 '양권분리(兩權分離)'[2]를 시행하는 것, 정치와 법률 영역에서는 '사회주의적 민주와 법제'를 건설하는 것, 사상 문화 영역에서는 극좌사조를 바로

현재 칭화대학 공공관리학원(公共管理學院) 교수 겸 시난정법대학(西南政法大學) '세계 및 중국 아젠다 연구원(世界與中國議程研究院)' 공동원장. 1995년에 시카고대학에서 정치학 박사학위를 받았고, MIT 정치학과 조교수와 하버드대학 방문학자 등을 역임했다. 2010년에 충칭시 국유자산감독관리위원회의 주임보를 겸임하며, 이른바 '충칭모델'로 통칭되는 충칭의 개혁에 깊이 관여했다. (역자 주)

잡아 사상해방운동을 일으키는 것이다.

그리고 눈 깜짝할 사이에 1978년 '사상해방' 운동으로부터 지금에 이르기까지 16년이 흘렀다. 이 사이에 중국에는 상전벽해의 변화가 일어났다. 경제적인 면으로는, 1993년에 국제통화기금(IMF)이 중국을 세계 3대 경제대국으로 공인했다. 정치적으로는 여러 차례의 폭풍우가 지나갔다. 사상적인 면에서 일어난 가장 중대한 변화는, 개혁개방의 큰 방향이 확고하게 정립된 것이다. 그런데 개혁이 내포하는 뜻은 처음처럼 그렇게 분명하지는 않게 되었다. 예를 들면 다음과 같은 의문들이 풀리지 않았다. '사회주의 시장경제' 속의 소유제는 대체 어떤 형태여야 하는가? '시장경제하에서 중앙과 지방의 재정 관계'는 어떠해야 비로소 합리적이라고 할 수 있는가? '주식투자 붐'과 '외자 유치 붐', 그리고 '농민공 급증'이라는 상황에서 노동자의 합법적인 권익을 어떻게 보장할 수 있는가? '신권위주의 체제'와 민주주의 체제 가운데 어떤 것이 시장경제 발전에 더 적합한가? '자본주의'와 '민주'는 같은 것인가? '시장경제'가 유일하게 가장 우월한 제도적 형태인가? '사회 전체가 돈벌이에 매진[一切向錢看]'하는 상황에서 중화민족의 정신적 자원을 어떻게 결집할 수 있는가?

이런 일련의 문제는 중국의 학계에 새로운 도전으로 다가왔다. 21세기는 새로운 사상이 필요한 세기이다. 냉전시대의 낡은 개념과 범주들은 중국과 세계의 필요에 더 이상 부응할 수 없다. 시대가 제도의 혁신과 이론의 혁신을 요구하고 있다. 중국에는 새로운 '사상해방' 운동이 필요하다.

이런 새로운 '사상해방' 운동 과정에서, 우리는 '신진화론(Neoevolutionism)'과 '분석적 마르크스주의(Analytical Marxism)' 및 '비판법학(Critical Legal Studies)'으로부터 일련의 유익한 계발을 받을 수 있다. 그런 후 중국의 심후한 토양을 발판으로, 중국에서 이미 출현한 일련의 제도 혁신과 이론 혁신의 맹아들을 길러내고 성장시킬 것이다.

2. 신진화론과 제도 형태의 무한성

'개혁'이 내포하는 뜻이 예전처럼 그렇게 명확하지 않다는 의견에 대해 어떤 이들은 필시 동의하지 않을 것이다. 그들은 소련과 동유럽 체제가 1989년에 와해된 것이 '역사의 종언'을 예시한다고 여기고, 사회주의 국가의 체제 개혁 방향은 마땅히 현재 서구 선진국의 제도로 통일되어야 한다고 주장한다. 그런데 이런 견해는 두 가지 심각한 문제에 직면하게 된다.

우선 현재 서구 선진국들은 사회주의 국가들이 개혁의 목표로 삼을 만한 통일된 제도를 가지고 있지 않다는 것이다. 미국 전 대통령 클린턴의 정책연구팀은, 미국이 노동자 양성 교육이나 정부와 기업의 협력관계 등에서 독일이나 일본을 본받아야 한다고 제언했다. 그런데 흥미롭게도 독일이나 일본의 학계와 기업에서는 근래 들어 거꾸로 미국의 현재 시스템을 본받으려는 추세를 드러내고 있다. 최근에 가장 많이 팔린 두 권의 책은 세계가 '제도적 모델' 탐색에서 겪고 있는 혼란을 잘 보여준다. 하나는 프랑스 최대 보험회사의 CEO인 미셸 알베르(Michel Albert)가 쓴 『자본주의 대 자본주의(*Capitalism Vs. Capitalism*)』이고, 다른 하나는 MIT 경영대학원(Sloan School of Management) 원장인 레스터 서로우(Lester C. Thurow)가 쓴 『세계경제전쟁(*Head to Head*)』이다.[3] 이 두 권의 책은 서구 학계가 근래 10여 년 동안 작업한 주요 결과들을 대중적인 언어로 서술한 것인데, 내용인즉슨 통일적인 '서구 자본주의'라는 개념을 포기한다는 것이다.

둘째, 더욱 중요한 사실은 '개혁의 목표를 서구 자본주의로 통일해야 한다'고 여기는 '역사의 종언' 주장이 한물간 '사회진화론(Social Darwinism)'에 근거를 두고 있다는 것이다. 이들은 이런 '자연선택' 이론을 근거로, 1989년에 소련과 동유럽 사회주의 진영이 와해된 것을 '서구'가 '적자(適者)'이고 이 '적자'만이 '생존'할 수 있음을 증명하는 사실로 간주했다. 그러나 근래 10여 년 동안 생물학에서 얻어진 최신 연구 성과는 이미 '신진화론'을 형성하고 있다. 이 이론의 중요한 결론 가운데 하나는 자연선택의 결과가 결코 최종적인 것이 될 수 없다는 것이다. '격세유전'이라는 현상을 예로 들어 '신진화론'의 핵심적인 사상을 설명해 보자.

우리는 일상생활의 관찰을 통해서 닭에게는 이빨이 없고 말에게는 발가락이 하나뿐이라는 것을 안다. 그런데 역사서의 기록을 보면, 카이사르(Julius Caesar)의 말은 발가락이 다섯 개였다고 한다. 또한 사람들 가운데는 손가락이 여섯 개인 경우가 간혹 있다. '자연선택'을 강조하는 전통적인 진화론의 시각으로는 이런 '격세유전' 현상을 이론적으로 설명할 수 없다. 그래서 이런 현상을 그저 '예외'로 처리할 뿐이다. 그러나 '신 진화론'에서는 '격세유전' 현상을, 생물 유기체가 과거의 유전적 정보를 완전히 잃어버리지는 않는다는 논리로 설명한다. 예컨대 말은 한 개 이상의 발가락을 가지고 있던 때의 유전적 정보를 잃어버리지 않았다는 것이다. 1980년 2월 29일에 생물학계를 떠들썩하게 하는 실험이 성공했다. 닭에게 쥐의 유전자를 조합하여 이빨이 나게 만든 것이다. 이 실험은, '자연선택'의 결과가 결코 최종적인 것이 아니고, 과거의 유전적 정보는 새로운 조건하에서 새로운 형태로 재현될 수 있음을 보여주는 것이다.[4]

사례 하나. 우리는 중국의 향진기업(鄕鎭企業)이 14년 동안의 개혁개방 과정에서 약진하여 중국경제의 새로운 정예부대가 되는 것을 목도했다. 그런데 대부분 사람들은 그 향진기업이 1958년 '대약진(大躍進)' 기간에 출발했다는 사실을 잊고 있다. 스탈린 모델 아래서 공업은 공산품과 농산품 사이의 '협상가격차'를 통해 축적을 이루었고, 따라서 스탈린(Joseph Vissarionovich Stalin)은 1938년에 집단농장이 공업에 개입하려고 시도하는 것을 금지했다. 이유는 간단했다. 공산품이 가격이 높고 이윤도 많기 때문이다. 만약 집단농장이 공업에 개입하도록 허용한다면, 농민은 모두 공업으로 전환할 것이고 '협상가격차'의 축적 메커니즘은 유지되기 어려웠을 것이다. 그런데 마오쩌둥(毛澤東)은 1958년에 다음과 같은 명언을 남겼다. "인민공사는 반드시 공업을 해야 한다." 보이보(薄一波)의 기억에 따르면, 마오쩌둥은 1956년에 소련식 경제체제를 개혁하려는 시도를 하기 시작했다.[5] 바투(巴圖)의 연구에 의하면, 1958년 4월에 마오쩌둥은 이렇게 말했다. "일본의 농업을 둘러본 왕전(王震)은 공업의 상당 부분이 농촌에 분산되어 있는 것을 발견했다. 우리도 일본의 이런 방식을 본받아 성(省), 지구, 현(縣)이 모두 공업을 해야 한다."[6] 뒤에 '대약진' 시기 '무모한 약진(冒進)'의 오류를 거친 후

1961년에 나온 중공 중앙의 문건은 인민공사가 공업을 하지 않도록 규정하고 있다.[7] 그러나 마오쩌둥은 1966년 3월 1일의 「농업기계화 문제(인민을 위해 흉년에 맞서 싸울 준비를 하자)에 관한 지시 서신[關于農業機械化問題(備戰備荒爲人民)的指示信]」에서 다시 이렇게 언급했다. "농업의 기계화를 위해, (…중략…) 지방은 부분적으로 기계의 제조권을 확보해야 한다." 1970년 북방농업공작회의(北方農業工作會議)에서 농업기계화 추진을 요구하자, 장쑤성[江蘇省]은 그것을 기회로 포착하여 향진기업을 다시 시작했다. 그리고 '공업으로 농업을 보완[以工補農]'하는 제도적 혁신으로 상당수 농민들이 안정적으로 농업 생산에 종사할 수 있게 했다. 국가 전체적으로는 '협상가격차'라는 '큰 순환'이 유지되는 토대 위에서, 지방에서는 향진공업(鄉鎭工業)을 발전시키는 '작은 순환'이 가능해진 것이다. 1978년 이후 향진공업은 더욱 두드러진 발전을 보였다. 중국 향진공업 발전의 역사는, '대약진' 시기의 '무모한 약진'은 실패했지만 그 속의 합리적인 요소, 즉 향진공업은 새로운 조건하에서 다시금 구성되고 재현되었음을 생동적으로 보여준다.

사례 둘. 우리는 '농업은 따자이를 배우자[農業學大寨]'는 운동이 얼마나 형식주의에 치우쳤고, 많은 농민들에게 손해를 끼쳤는지 잘 알고 있다. 그러나 『농민일보(農民日報)』의 우쓰[吳思] 선생이 깊이 있는 조사를 통해서 밝혔듯이, '따자이[大寨] 경험' 속의 합리적인 요소들 — 기본적인 농지 수리시설 건설 및 천융궤이[陳永貴]가 개발한 '깊이 파기 농법[深剜法]'[8] — 은 지금도 여전히 중국이 농업을 발전시키는 데 큰 도움이 되는 요소로 활용할 수 있다.[9] 사실 오늘날 중국 농촌에 광범위하게 존재하는 주식합작제[股份合作制] 향진기업의 형태는 순수한 사유제도 아니고 '대규모 집단화(一大二公)'를 목표로 하는 인민공사(人民公社)도 아니다. 이는 어떤 면에서 '지분에 따른 분배'와 '노동에 따른 분배'를 결합한 '초급합작사(初級社)'의 '격세유전'적 재현이라고 할 수 있다.

어떤 이들은 '신진화론'과 사회현상을 같이 놓고 비교하는 것이 적절치 않다고 말할 것이다. 그런데 문제는 현재 생물사학자들 모두, 다윈(Charles Darwin)의 '자연선택, 적자생존'이라는 사상이 맬서스(Thomas R. Malthus)와 아담 스미스(Adam Smith)의 영향으로 탄생되었다는 점을 공인하고 있다는 것이며, 또한 사회관이 자연관을 만들어내는 것이지 그 반대는 아니라는 것이다.[10] 결국 우리가 원하건 원하지 않건 '신진화론'은 인류사회를 바라보는 우리 사유방식에 영향을 줄 수밖에 없다. 그것이 우리에게 가장 중요하게 시사하는 바는, 단순히 수동적인 '자연선택'만을 주목할 것이 아니라 능동적인 '변이(變異)'에 더 주의를 기울여야 한다는 것이다. 그런 '변이', 즉 제도 혁신 중에 나타나는 무한한 유형들은 전통적인 '자본주의 / 사회주의' 이분법으로는 결코 포괄되지 않는다. 사실 다윈 본인도 '변이'를 매우 중시했다. 그는 '격세유전' 현상을 '변이'를 이해하기 위한 핵심으로 간주했다. 그래서 자신의 가장 두꺼운 저서의 제목도 『사육동식물의 변이(*The Variation of Animals and Plants Under Domestication*)』라고 붙였다.[11] 그런데 이후 '사회진화론'이 다윈을 곡해했고, 그 결과 사람들은 제도혁신의 무한한 가능성을 홀시하게 되었다. 그리고 소수의 기득권적 이익을 보호하기 위해 마련된 일부 제도를 생존경쟁에서 살아남은 '적자'라고 여기게 되었다.

3. '분석적 마르크스주의'가 시사하는 것

'분석적 마르크스주의'는 80년대 이래 서구 학술계의 중요한 학파 가운데 하나이고, 뢰머(John Roemer) 교수는 이 학파를 대표하는 인물이다. '분석적 마르크스주의'는 마르크스의 이론을 엄격히 해석하여 그 핵심을 살리고, 그것으로써 당대의 조건 위에서 인류의 전면적인 해방과 개인의 전면적인 발전이라는 이상을 실현하고자 한다.

우리 학계도 잘 알고 있듯이, 마르크스는 그의 유명한 저술『정치경제학 비판 요강(Grundrisse der Kritik der Politischen Ökonomie)』서문에서 '어떤 사회도 그 내부에 생산력이 발전할 여지가 있는 한 결코 멸망하지 않는다'라고 언급한 바 있다. 그런데『자본론(Das Kapital : Kritik der politischen Ökonomie)』에서는 '자본의 유기적 구성의 끊임없는 고도화가 이윤율의 하락을 초래한다'는 기본 법칙을 제시했다. 마르크스는 기술의 진보가 '자본의 유기적 구성의 끊임없는 고도화'를 가져온다고 여겼다. 언뜻 보면 마르크스는 여기서 자기모순에 빠진 것처럼 보인다. '유기적 구성의 고도화'나 '기술의 진보'와 같은 말을 통해 볼 때, 마르크스는 자본주의 사회의 생산력이 정체될 가능성을 전혀 상상하지 않았다고 할 수 있다. 이를『정치경제학 비판 요강』의 서문과 연결시키면, 자본주의는 멸망하지 않는다는 의미가 만들어지는 것이다. '분석적 마르크스주의' 학자인 엘스터(John Elster)는 이런 표면적 모순에 주목했다. 그는 고증과 재해석을 통해, 이른바 '생산관계가 생산력 발전을 방해한다'는 말에서 '방해'의 의미를 '생산력이 발전하지 못하고 정체되게 한다'는 식으로 이해해서는 안 된다고 주장했다. 그가 생각하는 해석은 '기존 생산관계는 생산력의 진일보 발전에 최선의 답이 아니다'라는 것이다. 바꾸어 말하면, 비록 기존 생산관계하에서도 생산력은 여전히 발전할 수 있지만, 다른 생산관계하에서라면 훨씬 더 빨리 발전할 수 있다는 것이다.[12] 이런 새로운 해석은 기술결정론(technological determinism)의 한계를 벗어나게 해주고, 사람들이 제도 혁신의 측면에서 상상력을 발휘할 여지를 크게 넓혀준다. 근래 십여 년 동안 서구 학계가 공업화의 역사 및 현황에 관해 수행해온 새로운 연구들은 생산력과 생산관계 사이의 상호작용에 대한 이런 새로운 해석을 충분히 뒷받침해 준다. 그러면 '포드식 생산방식'과 '유연적 전문화(flexible specialization)'에 관한 논쟁을 통해 '비기술결정론'에 대해 좀 더 깊이 있게 살펴보자.

1913년에 포드(Henry Ford)는 미시건의 자동차공장에서 'T형' 모델의 자동차를 전문 생산하기로 결정한다. 이는 아담 스미스에서 헨리 포드로 이어지는 공업발전 이론이 지배적인 위치를 차지하게 됨을 의미하는 사건이다. 아담 스미스의 기술분업론을 기초로 하는 이 이론은, 제조공정의 끊임없는 세분화와 전문적인 기계 사용을 통해, 노동자들의 기술 수준에 크게 의존하지 않으면서도 '규모의 경제(Economy of scale)'를 실현할 수 있다는 것이다. '포드주의(Fordism)'란 '단일한 제품을 단위 원가를 지속적으로 낮추면서 대량생산하는 것'을 의미한다. 그런데 '포드주의'는 생산을 융통성 있게 다양화하는 데는 약점이 있다. 즉 그것은 '규모의 경제'를 실현하는 대신 '범위의 경제(Economy of scope)'를 희생시킨다.

1984년에 MIT의 교수인 피오르(Michael Piore)와 세이블(Charles Sabel)은

'포드주의'에 도전하는 '유연적 전문화' 이론을 제기했다. 그들은, 엥겔스가 이미 주목했듯이, 인류가 일찍이 레오나르도 다 빈치(Leonardo da Vinci)의 시대에도 기계를 만들어내는 원리를 파악하고 있었음을 지적했다. 그러다가 이후에 기계 설계가 '포드주의'의 방향 ― 다른 분야로 통용되지 않는 전문화된 기계, 범위가 확대되지 않고 질적으로도 저하되는 노동자의 기술 ― 으로 발전하기는 했지만, 그것이 기술 발전에 내재하는 필연적인 법칙 때문은 아니라는 것이다. 사실 영국에서 제니방적기(Spinning Jenny)가 출현했을 때 프랑스의 리옹(Lyon) 지역에서도 자카르(Jacquard) 방적기가 발명되었다.[13] 제니방적기가 대량생산을 목표로 한 데 반해, 자카르 방적기는 주문에 따른 소량생산을 주로 했다. 구멍 뚫린 카드를 조작해서 생산을 융통성 있게 다양화할 수 있었던 자카르 방적기를 현대의 기술사학자들은 컴퓨터의 선구자로 간주하기도 한다. 그런데 자카르 방적기는 제니방적기와 경쟁에서 이길 수 없었다. 그것은 기술의 발전에 내재하는 원인 때문이 아니라, 일련의 사회정치적 투쟁의 결과였다.[14] 이런 사례를 통해서 우리는, 비록 제니방적기를 사용했어도 생산력이 발전하기는 했지만, 만약 다른 어떤 생산관계가 자카르 방적기가 사용될 수 있는 상황을 조성했더라면 생산력이 더욱 크게 발전했을 것임을 알 수 있다.

중국의 저명한 학자인 페이샤오퉁[費孝通]이 일찍이 1940년대에 '포드주의'에 대해 깊이 있게 비판한 것은 주목할 만하다. 그는 항일전쟁 시기에 상하이의 대공장들이 불가피하게 작업장을 농촌지역으로 분산시켰지만 생산량이 전혀 감소하지 않은 점을 주의 깊게 관찰했다. 이는 경영의 규모와 제조의 규모가 결코 동일한 것이 아니며, 경영의 규모를 지배하는 확고부동한 기술적 법칙 같은 것은 존재하지 않음을 보여주는 일이었다.[15] 중국에서 근래 10여 년 동안 향진기업은 '작은 배가 민첩하게 방향을 잘 바꿀 수 있음'을 여실히 보여주었으니, 이는 포드주의와 대립되는 '유연적 전문화'의 가장 좋은 사례였다. 주의 깊게 새겨볼 점은, '포드주의'와 '명령식 계획경제'가 본질적인 면에서 같은 것이라는 사실이다. 양자는 모두 정치적인 수단을 통해 '안정적인 수요를 확보(독점자본주의나 중앙의 명령을 통해서 제품의 판로를 보장받는 것)'해야 한다. 그러지 않으면 대량생산의 장점이 생산을 다양화하지 못하는 단점과 상쇄되어 버리기 때문이다.[16]

이 대목에서 중국의 향진기업이 새로운 단계로 발전하기 위해 반드시 포드주의식의 대공장을 세워야 하는 것은 아니라는 점을 지적해 둘 필요가 있다. 우리가 일단 기술결정론을 벗어나기만 하면, '규모의 경제'가 오직 한 가지 경로로만 실현되는 것은 아님을 깨달을 수 있기 때문이다. 현재 세계의 일부 지역에서 활발하게 시도되고 있는 '경쟁과 협력을 결합시킨' '네트워크식 생산'은 우리 향진기업의 구조 개혁에 좋은 귀감이 된다. 또한 그것은 페이샤오퉁 선생이 창도한 '큰 고기가 작은 고기를 돕고, 작은 고기가 더 작은 새우를 돕는' 새로운 형태의 향진기업 발전모델을 실현하는 데도 도움이 된다.

뢰머 교수는 '분석적 마르크스주의'에 입각한 '시장 사회주의' 이론을 제기하면서, 소련과 동유럽 국가가 '사유화 증서(바우처, privatization voucher)'를 발행하는 방식으로 사유화를 대규모로 시행했던 것을 날카롭게 비판했다. 1992년 12월에 러시아는 1억 5천만 장의 '사유화 증서'를 러시아 국민들에게 발행했다. 향후 '주식상환권'으로 사용될 이 증서의 가격은 한 장에 1만 루블이었다. 그런데 문제는, 이 '주식상환권'을 현금으로 바꾸는 것에 제한을 두지 않았기 때문에, 상대적으로 가난한 사람들이 현금이 필요해지자 이 증서를 팔아버렸다는 것이다. 그래서 얼마 지나지 않아 이 재산이 모두 소수의 부자들(또는 그들이 지배하는 증권회사들)에게 집중되어 버렸다.

여기서 뢰머는 의미 있는 법칙을 입증했다. 사회 전체의 재산 가운데 소수가 차지하는 몫이 클수록 그들의 행위의 '부정적 외부효과(negative externalities)'[17]도 커진다는 것이다.[18] 그 예를 미국의 TV 방송이 이라크 전쟁 전에 실시한 여론조사에서 찾아볼 수 있다. 여론조사 결과, 대다수 사람들은 석유 가격이 좀 오르더라도 '무역 금수 조치'가 효과를 발휘하는지 시간을 두고 기다려봐야 한다고 생각하는 것으로 나타났다. 그런데 대형 석유회사들은 석유 가격 상승으로 자기 재산에 손실이 생기는 것을 감수할 수 없었기 때문에, 전혀 기다리려 하지 않았다.

'분석적 마르크스주의'의 시각으로 볼 때, 사회주의의 이상이란 소수의 경제 및 정치 엘리트가 사회적 자원을 좌지우지하는 것을 대다수 노동 인민의 '경제적 민주주의'로 대체하는 것이다. 분석적 마르크스주의를 대표하는 또 다른 인물인 시카고대학의 셰보르스키(Adam Przeworski) 교수는, '자본주의적 민주'가 '자본주의'와 '민주'의 타협인 데 반해, 사회주의는 그 자체로 경제 및 정치적 민주의 동의어라고 언급한 바 있다. 중국에서 제기된 '두 개의 참여, 하나의 개혁, 세 개의 결합[兩參一改三結合]'[19]이라는 내용의 '안강헌법(鞍鋼憲法)'[20]은 경제적 민주의 체현이 그 핵심이었다. 과거 일본 기업의 노동자들이 품질 관리에 참여하고, 서독 기업의 노동자들이 이사회의 1/3을 차지하게 된 것은 모두 '안강헌법'의 영향이라고 할 수 있다. 정치적 민주는 공유자산이 소수의 사람들에 의해 '자발적으로 사유화'되지 않도록 보장하는 필요조건이다. 19세기 말에 미국에서 10여 년 동안 거세게 확산된 '진보운동'과 '평민운동'도 그 강령은 사실상 소수의 철도회사가 원래 공유인 토지를 '자발적으로 사유화'하려는 것에 대한 반대였다. 이에 비해 오늘날 러시아와 동유럽에는 대규모의 '자발적 사유화'를 억제하려는 대중적 민주운동이 없으니, 이는 그곳의 '자본주의적 민주'에서 '민주'가 얼마나 취약한지를 잘 보여주는 사례라고 할 수 있다.

4. 비판법학─사회주의와 자본주의라는 이분법의 초월

우선 이 글에서 '자본주의'와 '사회주의'라는 개념이 전통적인 용법과는 좀 다르게 사용된다는 사실을 설명할 필요가 있다. 이 글에서 '자본주의'는 소수의 경제 및 정치 엘리트가 사회적 자원을 마음대로 좌지우지하는 제도를 가리키고, '사회주의'는 노동 인민의 경제적 민주와 정치적 민주를 가리킨다. '비판법학'은 미국에서 80년대에 발전하기 시작했다. 그것이 지향하는 방향은 사회주의와 자본주의라는 이분법의 초월이다.

비판법학의 중요한 이론적 성과는 서구에서 18세기 이래로 민법의 가장 핵심적인 내용을 구성해온 '절대적 재산권'이 해체되고 있음을 보여준 것이다. '절대적 재산권'이란 재산의 '최종 소유자'가 그 재산을 배타적으로 처분할 권리를 의미한다. 1982년에 미국 철강회사 US Steel이 어떤 작은 도시에 위치한 공장 두 곳을 폐쇄하려 하자, 노동자와 그 공장 소재지 주민들이 들고 일어나 반대했다. US Steel은 기업 법인의 절대적 재산권을 근거로, 노동자와 주민들의 반대를 일축했다. 그러자 비판법학의 영향을 받은 한 진보적 변호사가 '이혼'을 예로 들어 노동자와 주민들을 변호했다. 그 논리는 이러했다. 결혼 전에 부부 쌍방의 재산이 동등하지 않았더라도 '이혼'할 때는 왜 쌍방이 원칙적으로 재산을 동등하게 분할할 권리를 갖게 되는가? 이는 결혼이 '장기적 관계'이기 때문이다. 그래서 쌍방에게 동등한 재산상의 권리를 부여하는 것이다. US Steel과 그 노동자 및 주민들 사이에도 '장기적 관계'가 형성된 것으로 볼 수 있다. 따라서 노동자와 주민들도 재산상으로 일정 정도의 권리를 갖게 되고, US Steel은 '절대적 재산권'을 근거로 마음대로 공장을 폐쇄할 수 없다.

US Steel의 경우는 비판법학의 '절대적 재산권 해체론'을 응용한 사례 가운데 하나에 불과하다. 비판법학은 21세기 초 미국의 대법관인 홈즈(Oliver Holmes)의 '법률 현실주의' 전통을 계승한 것이다. 홈즈는 주택 소유자의 '소유권'이 세입자를 임의로 배제하는 처분권까지 의미하는 것은 아니라는 유명한 판결을 내린 바 있다. 비판법학은 여기서 한 걸음 더 나아가 '소유권'이 하나의 권리가 아니라 잔여가치 청구권(Residual Claim), 잔여가치 지배권(residual rights of control), 현존자산 관리권, 양도권, 위임권 등을 포괄하는 일군의 권리라는 점을 공공연하게 주장한다. 그리고 이런 일련의 권리들은 상이한 권리인과 기관 및 단체들에게 나뉠 수 있고 또 현재 나뉘고 있다고 본다.

재산 '권리군(a bundle of rights)'의 분화와 재구성은 서구에서는 늘 일어나는 일이다. 문제는 이런 분화와 재구성을 어떻게 경제적 민주와 정치적 민주의 방향으로 더욱 발전하게 할 것인가이다. 예를 들면, 현재 미국의 종업원지주제 시행 계획에서는 종업원지분의 의결권을 인정할 것인지 말 것인지가 논쟁의 초점이 되고 있다. 미국의 경제 엘리트들은 항상 경제적 민주를 막을 수만 있다면 막으려고 하기 때문이다. 경제조직 내의 '복합적 인센티브 구조'에 대한 중국학자들의 연구는 비판법학의 '재산 권리군 분화'론과 사실상 같은 내용을 담고 있다.[21] '재산 권리군'의 관점에서 볼 때, '소유권과 경영권의 분리'라는 말은 '잔여가치 청구권과 경제권'의 분리라고 표현하는 것이 더 정확하다. 그 자체가 '권리군'인 '소유권'은 이미 분리되고 해체되는 추세이기 때문이다. 이렇게 해서 우리는 개념의 층위에서 '사유제 / 국유제'의 이분법을 초월하여 실질적인 문제, 즉 '재산 권리군의 분리와 재구성'을 통해 어떻게 경제적 민주를 확대할 것인가라는 문제에 주의를 집중할 수 있게 되었다.

비판법학의 또 다른 중요한 관점은, 하버드대학 법학대학원의 웅거(Roberto Unger) 교수가 말했듯이, '기본 권리'의 개념을 부정하지 않고 새롭게 해석하는 것이다. 전통적인 자본주의에서는 인간의 기본권에 대한 인정과 보장을 '절대적 재산권'에 대한 인정과 보장으로 혼동한다. 이는 사실상 절대적 재산권을 인간의 생명과 자유보다 위에 두는 것이다. 이 점을 잘 보여주는 것이 미국 헌법의 초안을 작성한 사람 가운데 한 명인 모리스(Gouverneur Morris)의 다음과 같은 말이다. "생명과 자유는 일반적으로 재산보다 더 가치 있는 것으로 오해된다. 그러나 재산이야말로 사회의 주요 목적이다. 생명과 자유는 문명세계보다 야만적인 사회에서 훨씬 더 중시될 수도 있다. 그러나 재산을 보호하기 위해 정부를 만드는 것은 오직 문명세계뿐이다."[22] 이 말은 전통적 자본주의가 재산권에 우선적 지위를 부여한다는 명확한 증거라고 할 수 있다. 그런데 비판법학이 이론적으로 '재산 권리군'을 분리한 이후 생명과 자유의 권리가 재산권보다 더 중요한 헌법적 지위를 얻게 되었고, 충분히 발전되고 보장될 수 있게 되었다.

근래 미국 헌법학의 중요한 저작 가운데 하나인 『뒤늦게 시작된 봉건제(Belated Feudalism)』가 미국 자유주의 헌정 역사 발전에 대해 내놓은 새로운 해석은 주목할 만하다. 이 책의 저자인 UCLA의 오런(Karen Orren)은, 미국은 봉건적 전통이 존재하지 않고 '애초부터 자유로웠다'는 일반화된 이론을 부정한다. 19세기에 미국의 여러 주들은 영국의 중세기 민법을 그대로 가져다가 썼기 때문에, 미국의 노동제도에는 '봉건성'이 만연해 있었다는 것이다. 다만 19세기 말 이래로 노동자계급이 투쟁을 계속해 왔고, 1935년에 '뉴딜정책(New Deal Policy)'의 일환으로 노동조합을 자유롭게 조직하도록 허용하는 '와그너 법안(Wagner Act)'[23]이 통과됨으로써, 미국의 자유주의 헌정은 점차 자리를 잡기 시작했다는 것이 그의 주장이다.[24] 이 연구를 통해 우리는 서방국가에 현재 존재하는 자유와 민주적 권리가 바로 노동자계급을 통해 확보된 것임을 알 수 있다. 그리고 노동자 중심의 사회주의 국가인 중국은 이런 방향으로 더욱 잘 발전할 수 있고, 또한 반드시 그래야 한다는 결론을 얻게 된다.

5. '제도 물신주의'에 대한 비판

1987년에 시작된 제1차 '사상해방' 운동은 '두 가지 절대 긍정[兩個凡是]'[25] 노선의 과오를 바로잡는 데 중요한 역사적 공헌을 했다. 그런데 현재 개혁개방은 또 다시 새로운 전환점에 이르렀다. 개혁의 목표가 처음처럼 그렇게 간단명료하지 않게 된 것이다. 혼란스러우면서도 대단히 매혹적이고 생기 가득한 이 시점에 기존의 전형적인 이분법, 즉 '사유 / 국유', '시장 / 계획', '중체서용(中體西用) / 전반서화(全盤西化)', '개혁 / 보수' 등의 이분법은 현실을 설명하고 미래를 상상하는 힘을 잃어버리게 되었다. 따라서 우리에게는 제2차 사상해방 운동이 필요하다. 그것은 더 이상 '보수파'를 단순히 부정하는 데 중점을 두어서는 안 된다. 그것은 제도 혁신의 상상력이 발휘될 공간을 확대하는 데 중점을 두어야 한다. 그것은 '이거냐 저거냐'라는 식의 이분법을 벗어나서, 경제적 민주와 정치적 민주를 지도적 사상으로 삼아 제도 혁신의 여러 기회를 확보하는 것이어야 한다.

'신 진화론'과 '분석적 마르크스주의', 그리고 '비판법학'은 제2차 사상해방 운동에 중대한 시사점을 던져준다. 하지만 근본적으로 중요한 점은 중국의 현실에 뿌리를 굳건히 내리는 것이다. 여기서 우리는 '제도 물신주의'가 중국의 현실에서 현재 생겨나고 있는 제도적 혁신의 사례를 제대로 인식하지 못하게 방해한다는 점을 주목할 필요가 있다.

'제도 물신주의'는 국내외에서 모두 큰 영향력을 발휘하고 있는 사유 방식이다. 어떤 구체적인 제도의 시행을 추상적인 이념과 직접적으로 동일시하는 것이 그 특징이다. 미국 기업을 '시장경제'와 직접적으로 동일시한다거나, 양당제를 '민주'와 직접적으로 동일시하는 것이 그런 예라고 할 수 있다. 이런 사유 방식은 특정한 역사적 조건 아래 시행된 구체적인 제도에 초역사적이고 신비한 '필연성'을 부여한다. 따라서 '제도 물신주의'라고 불리는 것이다.

그러면 중국의 개혁 과정에 나타난 두 가지 사례를 들어서, '제도 물신주의'가 제도 혁신을 방해한다는 것을 설명해 보자.

사례 하나. '주식합작제'.

근래 중국의 향진기업에 새로운 경제적 조직 형태가 등장했다. '주식합작제'가 그것이다. 이는 주식제도와 합작제의 원칙을 하나로 결합시킨 것이 특징이다. '1주당 1표, 지분에 따른 분배'는 주식제도의 원칙이다. 그리고 '1인당 1표, 노동에 따른 분배'는 합작제의 원칙이다. '주식합작제'는 이 양자를 결합시킨 것이다. 즉 일부 이윤은 주식제도의 원칙에 따라 처리하고, 나머지 이윤은 합작제의 원칙에 따라 처리한다. 물론 각 지역 '주식합작제' 기업의 규정에는 서로 차이가 있지만, 궁극적으로는 모두 이 양자의 결합을 체현하고 있다.

그렇다면 이런 '주식합작제'를 어떻게 바라봐야 하는가? 가장 유행하는 시각은, '주식합작제'는 죽도 밥도 아니고 그저 '진정한 주식제도'를 향해 나아가는 과도적 단계에 불과하다는 것이다. 이런 관점은 전형적인 '제도 물신주의'의 표현이라고 할 수 있는데, 그 이유는 '시장경제'라는 추상적 이념을 온전하게 체현하는 모종의 '진정한 주식제도'를 설정하고 있다는 점에서 그렇다. 실제로 이런 '과도적 단계론'의 시각을 가지고 있는 사람은 '주식합작제'를 제도 혁신의 사례로서 인정하지 않거나 또는 그것이 가지고 있는 잠재력을 무시한다.

사실 '주식합작제'는 중국의 심후한 토대 위에서 생겨난 것이며, 세계적인 의의를 갖는 제도 혁신의 사례라고 할 수 있다. 중국에서 선구적으로 '주식합작제'를 시행한 지역 가운데 하나인 산둥[山東]성 쯔보[淄博]시 저우춘[周村]구 저우춘[周村]진 창싱[長行]촌의 경우를 살펴보자.

1982년에 생산청부책임제(聯産承包責任制) 개혁이 창싱촌에 시행되었을 때, 촌의 주민들은 어려운 문제에 직면하게 되었다. 트랙터나 소 같은 집단 공동 재산을 개인별로 나누는 일이 여의치 않았던 것이다. 다른 일부 지역에서는 '트랙터를 분해하고 소를 잡아서' 돈으로 바꾸어 나누는 어리석은 방식을 택하기도 하는 상황이었다. 하지만 그와 달리 창싱촌의 주민들은 촌 위원회 주임인 장중싱[張中興]의 지도에 따라, '촌의 공동 재산을 주식지분으로 환산하여 개인별로 나누고, 그런 후 그것에 대해 민주적 관리를 집중적으로 실시'하는 새로운 방식을 만들어냈다. 그리고 나서 저우춘구 전역에서 '주식합작제' 실험을 진행했다. 지역 인민공사의 기존 구성원 가운데 적지 않은 수가 이미 조직을 떠난 상황이었고, 집단의 공동 재산 가운데 일부는 당시 소속 구성원의 노동에 따른 성과물이 아니었기 때문에, 공동 재산 전체를 주식지분으로 환산해서 개인에게 나누어줄 수는 없었다. 따라서 그런 부분은 계속해서 집단의 공동 지분으로 남겨두었다. 이후 10년 동안의 실천을 통해, '향촌 공동주(鄕村集體股)'와 '종업원 기본주(職工基本股)'를 양대 구성부분으로 하는 저우춘구 '주식합작제' 기업이 기본적으로 형성되었다. '향촌 공동주'에는 원칙적으로 '1인당 1표'의 민주적 방식이 적용되었고, '종업원 기본주(이것은 다시 근속연한 주식, 기본임금 주식, 직위 주식, 위험부담 주식 등으로 나뉜다)'에는 '1주당 1표'의 방식이 적용되었다. 농업부가 1990년 2월에 발표한 '농민주식합작기업 임시조례[農民股份合作企業暫行條例]'에 따르면, 이런 새로운 조직 형태는 도시지역 기업 개혁에도 지속적으로 영향을 미쳤다.

'주식합작제'를 그저 '과도적 단계'로 간주하는 시각을 가지고 있는 사람은 '공동주'의 '1인당 1표' 방식을 '진정한 주식제도'에 부합하지 않는 '바람직하지 않은' 방식으로 여긴다. '진정한 주식제도'라는 것에 대한 그들의 이런 태도는 '제도 물신주의'와 연결된다.[26] 그런데 의외로 근래에 이르기까지 서구의 식견 있는 이들은, 장애물이 너무 많아서 그 진전이 매우 더디기는 하지만, 이른바 '진정한 주식제도'를 '주식합작제'로 개혁하려고 시도해 왔다. 사실 서구에서 19세기에 '유한책임회사법'이 등장하게 된 것은 '조합사회주의'자인 존 스튜어트 밀(John Stuart Mill)과 같은 이들의 노력 덕분이다. 당시 노동자들의 조합은 대자본과 비교하면 '무한책임'을 감수할 능력이 없었다. 그런데 오웬(Robert Owen)의 적극적 지지자인 밀과 같은 이들이 '유한책임'을 주장하여 여론을 이끌었고, 결국 1865년에 '유한책임회사법'이 영국에서 만들어지게 된 것이다.[27] 이런 '유한책임'은 노동자 조합(합작사)에게 경쟁 속에서 숨을 쉴 여지를 마련해주었다. 하지만 노동자 합작제는 자본주의라는 조건 속에서 딜레마에 빠질 수밖에 없었다. 그것이 만약 외부의 사적 투자자에게 주식을 발행한다면, 내부의 '1인당 1표'라는 민주적 지배 원리는 유지되기 어려웠다. 그렇다고 외부에서 투자를 유치하지 않는다면, 사적 대자본이 운영하는 기업과의 경쟁은 불가능했다. 그리하여 20세기 초에 노동자 조합 운동은 결국 '1주당 1표'의 '진정한 주식제도' 앞에 무릎을 꿇을 수밖에 없었다.

여기서 알 수 있는 것은 '진정한 주식제도'가 결코 시장경제의 내적 필연성에 따른 제도적 산물이 아니라는 점이다. 그것은 자본주의라는 조건 속에서 여러 사회 세력이 투쟁하고 타협한 결과물이다. 1970년대 이래로 미국이 베트남전쟁에서 패배하고 석유파동이 벌어지면서, 서구의 식견 있는 인물들은 노동과 자본이 대립하는 기존의 기업제도, 즉 이른바 '진정한 주식제도'를 바꿀 방안을 모색하기 시작했다. 노벨 경제학상 수상자인 제임스 미드(James Meade)는 '노자협력제'를 만들자고 주장했다. 세금 공제 후 이윤 가운데 일정 부분은 '1인당 1표' 방식으로 분배하고, 나머지는 '1주당 1표' 방식으로 분배하자는 것이다. 1980년에는 미국에서 노동자조합기업이 '무의결권' 주식을 외부에 발행하는 것이 법률적으로 허용되었고, 이렇게 발행된 주식이 뉴욕 증권거래소에까지 상장되었다. 노동자조합기업이 '외부에서 투자를 유치하면 민주적 지배력을 상실하는' 딜레마가 부분적으로나마 해결된 것이다. 미국 전 대통령 클린턴의 경제자문위원회 의장이었던 로라 타이슨(Laura Tyson)과 연방준비제도이사회(FRB) 부의장이었던 앨런 블라인더(Alan Blinder)는, 미국의 생산성이 독일이나 일본보다 떨어지게 된 것은 노동과 자본이 대립하는 생산관계 때문이라고 지적한 바 있다. 일본의 종신고용제와 서독의 노동자 참여 관리제는 모두 전통적인 자본주의적 생산관계를 부분적으로나마 탈피한 것이다.[28] 1993년 말에 미국의 대형 항공사 가운데 하나인 유나이티드 항공(United Airlines)은 내부의 노동자가 주식지분을 장악한 기업이 되었다.[29] 이런 사례들은 모두, 서구의 식견 있는 인물들이 이론과 실천 양면으로 '진정한 주식제도'를 초월할 길을 찾아 왔음을 보여주는 것이다. 예일대학의 저명한 정치학자 로버트 달(Robert Dahl)은 이런 모색을 '경제적 민주'에 대한 추구로 간주했다.

그런데 서구 대자본의 기득권적 이익은 이런 모색에 겹겹의 장애물로 작용했다. 제임스 미드의 '노자협력제' 속의 '자(자본)'는 중국 '주식합작제' 속 '향촌 공동주'와 달리 사적 대자본이 위주일 수밖에 없었다.[30] 중국의 '주식합작제'를 그저 '과도적 단계'로 여기는 시각으로 보면, '향촌 공동주'는 '재산권이 명확하지 않은 것'에 불과하다. 하지만 사실 '공동주'를 '재산권이 명확하지 않은 것'이라고 간주할 그 어떤 내재적인 근거도 존재하지 않는다. '1인당 1 표'의 민주적 관리 방식이 확실하게 시행되기만 한다면, '공동주'의 재산권은 너무도 명확한 것이다. '진정한 주식제도'에 대한 '제도 물신주의'에서 벗어나 기만 하면, '주식합작제'가 외부에서 투자를 유치하는 데 매우 유리하며 또한 내부의 민주적 관리를 유지하는 데도 적합한 제도적 혁신이라는 점이 잘 보 이게 된다. 다만 그것을 더욱 발전시키고 완전하게 보완하기 위해서는 우리 모두의 노력이 필요하다. 적어도 이른바 '진정한 주식제도'라는 것에 사로잡 혀 '주식합작제'를 경시하거나 무시하고 심지어 공격하는 일은 없어야 한다.

사례 둘. 촌민위원회 선거.

1987년 11월 24일, 제6기 전국인민대표대회 상임위원회 23차 회의에서 「촌 민위원회조직법」이 통과되었다. 이 법의 제9조는 다음과 같이 규정하고 있 다. "촌민위원회 주임과 부주임 및 위원은 촌민의 직접선거로 선출한다. 촌민 위원회의 임기는 3년이고, 그 구성원은 연임할 수 있다." 이 법은 1988년 6월 1일 이후 전국 각지에서 시행되었다. 현재 전국 27개의 성(省)과 자치구, 직 할시에서 이 '촌민위원회조직법'을 각각의 상황에 따라 시행하고 있으며, 촌 민위원회 직접선거는 이미 두 차례 시행된 바 있다. 이는 전대미문의 큰 변화 이다. 예컨대 랴오닝[遼寧]성 티에링[鐵嶺]시에서 1988년에 시행된 제1차 촌 민위원회 선거의 경우는, 전체 촌민위원회의 44%인 876개 지역 선거가 경쟁 선거로 실시되었다.[31]

국내외 많은 지식인들은 이 촌민위원회 직접선거에 대해 다르게 생 각한다. 반대당이 경쟁에 참여하지 않았기 때문에 그것을 '진정한 민주주의'라고 할 수 없다는 것이다. 이런 관점은 양당제나 다당제를 '민주주의'와 직접적으로 동일시한다. 즉 '제도 물신주의'의 함정에 빠진 것이다. 그런데 뜻밖에도, 미국 헌법의 초안을 작성한 매디슨(James Madison)과 제퍼슨(Thomas Jefferson) 같은 이들은 모두 정당에 반대했다. 미국의 양당제는 건국 이후 오랫동안 아주 천천히 발전했다. 따라서 양당제를 표준으로 삼아, 중국 기층 농민의 촌민위원회 경쟁선거가 갖는 중대한 의의를 부정하는 것은 타당하지 않은 일이라고 할 수 있다.

중국의 기층 민주주의 건설에 대한 또 하나의 비관적 태도는 그것이 너무 일찍 진행되었다고 보는 것이다. 즉 그것을 '중산계층'의 출현 이후에나 가능한 것으로 여기는 태도이다. 이는 '제도 물신주의'의 또 다른 표현이다. 이런 관점은 자본주의와 민주주의를 동일시하고, 자본주의와 민주주의 사이의 내재적 모순을 보지 못한다.[32] 자본주의의 논리는 '돈이 많을수록 발언권도 커져야 한다는 것'이고, 민주주의의 논리는 '모두가 평등한 발언권을 가져야 한다'는 것이다. 현재 서구의 '자본주의적 민주'는 '자본주의'와 '민주'의 타협의 산물이다. 사실 서구의 민주정치 발전 과정에서 가장 중요한 역할을 한 것은 노동자 계급과 사회주의 정당이다. 영국 차티스트 운동(Chartist movement)의 주요한 요구사항에는 보통선거뿐만 아니라 신문의 가격을 낮추라는 것도 포함되어 있었다. 당시 귀족과 부르주아계급의 '엘리트'들이 신문의 가격을 높임으로써 일반 노동자 대중의 정치 참여를 방해하고자 했기 때문이다. 따라서 사적 대자본의 통제를 벗어난 사회주의 제도하에서라면 민주주의는 더욱 충분하고 확실하게 발전할 수 있다.

중국은 기나긴 역사 동안 보(保)와 갑(甲)의 우두머리 같은 지방 향신들이 기층의 정치를 지배해 왔고,[33] 수많은 인민들에게는 민주주의라고 할 만한 것이 주어지지 않았다. 그러다가 1937년에, 중국공산당이 장악한 산간닝[陝甘寧] 변구(邊區)[34]에서 린보취[林伯渠]의 주재하에 최초로 기층정치 차원의 직접선거가 시행되었다. 미국의 학자 마크 셸던(Mark Selden)은 산간닝 변구의 이 선거가 국민당 통치지역의 민주 운동에도 큰 영향을 미쳤다고 평가했다. 1958년 이후 세워진 인민공사의 '정치와 경제 합일체제'는 오늘날 청부생산책임제만큼 실효를 거두지는 못했지만, 현재의 향촌공동체 촌민 민주자치에 중요한 기초를 제공했다. 즉 그로부터 비롯된 토지의 집단 소유는 향촌의 민주자치가 확고하게 시행되는 데 유리한 전제를 만들어냈다. 인도의 지방선거가 항상 대지주들에 의해 조종되어온 것을 생각하면, 사회주의는 민주의 촉진을 보장하는 역할을 했다고 할 수 있다. 또한 현재의 청부생산책임제는 단순히 토지를 나누어서 개별적으로 경작하게 하는 제도가 아니라, 일종의 '이중적 경영'으로 구현되었다. 향촌의 공공 건설 및 생산 전후의 서비스 등 '집단의 역할'이 오히려 더욱 중요해졌고, 각 농가는 향촌의 공공재정을 위해 세금을 낼 때 정치적 참여와 감독을 요구할 수 있게 되었다. 이는 향촌의 민주자치에 물질적 이익의 동기를 제공했다. 이런 상황에서, 앞에 언급한 향진기업의 '주식합작제'는 더욱 큰 중요성을 갖는다. 그것은 중국의 기층 '경제적 민주'와 '정치적 민주'의 공존공영 관계에 발전적인 미래를 열었다.

지금까지 필자는 중국의 '주식합작제' 기업과 '촌민위원회 직접선거'를 예로 들어, 우리가 '제도 혁신'을 이해하고 촉진하는 데 '제도 물신주의'가 얼마나 방해가 되는지 설명했다. '제도 물신주의'는 어떤 구체적인 제도적 안배에 '허구적 필연성'을 부여하고, 그것을 추상적 이념과 직접적으로 동일시한다. 이런 사유 방식은 인류의 상상력과 창조력 및 민주적 잠재력을 파괴한다. 따라서 이런 사유방식을 탈피해야만, 중국의 개혁 과정에서 이미 등장한 수많은 제도 혁신의 사례들이 국내외로부터 충분히 인정받고 연구되며, 더 나아가 발전할 수 있을 것이다. 이것이 바로 '제2차 사상해방운동'의 임무이다. 이를 위해 중국의 지식계와 각 분야 '유기적 지식인(organic intellectuals)'[35]들이 짊어져야 할 책임은 실로 막중하고, 가야할 길은 아득하다.

---

1   1980년대 초 개혁개방과 더불어 농촌개혁의 일환으로 시행하기 시작한 제도. 향촌공동체 집단 소유인 토지를 각 농가에 임대하여 책임생산하게 하는 것이 핵심 내용이다. (역자 주)
2   소유권과 경영권의 분리. (역자 주)
3   Michel Albert, *Capitalism Vs. Capitalism*, New York, 1993; Lester Thurow, *Head to Head*, New York : Morrow, 1992.
4   '신진화론'을 대표하는 인물은 하버드 대학 생물학 교수인 스티븐 제이 굴드(Stephen Jay Gould)이다. 그의 저서 『닭의 이빨과 말의 발가락(Hen's Teeth and Horse's Toes)』(Norton, 1983) 은 '격세유전' 현상과 닭과 쥐의 유전자 조합 실험을 분석한 것이다.
5   薄一波, 『若干重大決策與事件的回顧』 下卷, 北京 : 中共中央黨校出版社, 1993, 785쪽.
6   巴圖, 『生存、溫飽、發展－毛澤東的人權觀』, 北京 : 中國政法大學出版社, 1993, 81쪽.
7   莫遠人 外, 『江蘇鄉鎮工業發展史』, 南京 : 南京工業學院出版社, 1987.
8   천융궤이(1915~1986)는 산시[山西]성 시양[昔陽]현 따자이[大寨]촌의 빈농 출신으로, 농업생산 혁신에 앞장서서 '농업은 따자이를 배우자' 운동을 대표하는 모범이 되어, 이후 파격적으로 국무원 부총리 자리에까지 오른 인물이다. 1950년대 후반 대약진(大躍進) 시기에, 옥수수밭에 김매기 할 때 땅을 얕게 파던 전통적인 방식 대신 깊게 파는 방식을 여타 농민들의 반대를 무릅쓰고 도입하여 생산량을 대폭 늘림으로써 크게 주목받았다. (역자 주)
9   吳思, 『陳永貴沈浮中南海－改造中國的實驗』, 廣州, 花城出版社, 1993.
10 Stephen Jay Gould, *Eight Little Piggies*, Norton, 1993, p.148.
11 Stephen Jay Gould, *Hen's Teeth and Horse's Toes*, Norton, 1983, p.186.
12 John Elster, *Making Sense of Marx*, Cambridge, 1985.
13 저자는 '雅各布(jacob)'라고 썼으나, 저자가 인용한 책의 내용과 객관적인 사실 등을 감안할 때 'Jacquard(자카르)'를 잘못 표기한 것으로 보인다. 그럴 경우 해당 기계는 '자카르 방적기'가 아니라 '자카르 직조기(Jacquard loom)'가 되는데, 그렇다면 이는 '제니방적기'와 같은 시기에 출현한 것도 아니고 또한 양자가 경쟁관계도 아니었기 때문에(방적기는 원료에서 실

을 뽑아내는 기계이고, 직조기는 뽑아낸 실로 천을 짜는 기계이다), 저자가 서술하는 내용은 실제 사실과 부합되지 않는다. (역자 주)

14 Charles Sabel, *Work and Politics*, Cambridge, 1982, pp.38~39.
15 費孝通,『鄕土重建與鄕鎭發展』, 牛津大學出版社, 1994.
16 자세한 내용은 Michael Piore and Charles Sabel, *The Second Industrial Divide*(BasicBooks, 1984) 참조. 레닌(Lenin)이 테일러(Taylor)와 포드(Ford)를 좋아한 것은 우연이 아니었다.
17 부정적 외부효과(negative externalities) : 시장에서의 거래를 통하지 않은 경제활동이 제3자에게 부정적으로 영향을 끼치는 것. (역자 주)
18 P. Bardhan and J. Roemer(ed.), *Market Socialism*, Oxford University Press, 1993, p.99.
19 두 개의 참여란 관리직이 노동에 참여하고 노동자가 관리에 참여하는 것, 하나의 개혁이란 불합리한 규정과 제도를 개혁하는 것, 세 개의 결합이란 노동자 대중과 관리직 간부와 전문기술자(엔지니어)가 결합하는 것을 가리킨다. (역자 주)
20 대약진 기간에 랴오닝[遼寧]성 안산(鞍山)시 안산강철공사(鞍山鋼鐵公司)에서 전개된 기업 경영 혁신 사례. 간부의 노동 참여, 노동자의 경영관리 참여, 불합리한 제도 개혁 등을 통한 소련식 관료주의 극복이 주요 내용이다. 1960년 3월에 마오쩌둥이 「공업전선에서 기술혁신과 기술혁명 운동 전개 상황에 관한 안산시 위원회의 보고[鞍山市委關于工業戰線上的技術革新和技術革命運動開展情況的報告]」에 지시의견을 붙이면서, 안산강철공사의 '두 개의 참여, 하나의 개혁, 세 개의 결합'식 개혁 사례를 소련 마그니토고르스크(Magnitogorsk) 철강공장의 관료적 관리방식(일명 '馬鋼憲法')과 대비하여 '안강헌법'이라고 불렀다. 실제 헌법으로 제정된 것은 아니지만, 중국식 사회주의의 기업관리 모범이라는 의미에서 '헌법'이라는 말을 사용했다. 1961년에 9월 중공 중앙 루산공작회의[廬山工作會議]에서 초안이 통과된 「국영공업기업공작조례[國營工業企業工作條例]」(약칭 '공업70조(工業70條)')를 통해 이런 관리 제도가 정식으로 확립되었다. (역자 주)
21 鄧英淘,「經濟組織中分立型與複合型激勵結構的比較」,『科技與發展 · 中國發展專刊』, 1994.
22 Jennifer Nedelsky, *Private Property and the Limits of American Constitutionalism*, The University of Chicago Press, 1990, p.68에서 인용.
23 정식 명칭은 '전미노동관계법(National Labour Relations Act)'. (역자 주)
24 Karen Orren, *Belated Feudalism*, Cambridge, 1991.
25 마오쩌둥이 죽고 문화대혁명이 끝난 후, 그 후계자인 화궈펑[華國鋒]이 제시한 정치적 방침. 마오쩌둥은 죽었을지라도 생전의 그와 관련된 두 가지 부분은 절대적으로 긍정해야 한다는 의미로서, '마오쩌둥이 말한 것은 모두 옳고, 마오쩌둥이 내린 지시는 모두 확고하게 집행해야 한다'는 내용이다. 권력기반이 취약했던 화궈펑이 마오쩌둥 사후 그의 유지에 기대서 권력을 장악하기 위해 펼친 정책으로 볼 수 있다. (역자 주)
26 '주식합작제'에 관한 여러 논쟁은 王立誠 · 査振祥 主編,『中國農村股份合作制』, 北京 : 中國農業大學出版社, 1992 참조. 이 책에는 지금까지 '주식합작제'에 관해 논의한 논문들이 가장 상세하게 잘 모아져 있다.
27 존 스튜어트 밀의 '조합 사회주의'적 관점은 국내에 잘 알려져 있지 않다. 서구에서도 그의 『자유론(*On Liberty*)』에 대해서는 많이 이야기하지만, 그의 사회주의 이론에 대해서는 별로 언급하지 않는다. 그의 『정치경제학 원리(*Principles of Political Economy*)』(商務印書館 역, 1991년판) 제4편 제7장 '노동계급의 가능한 미래를 논함[論動勞動階級可能的未來]'에는 그의 조합 사회주의 이론이 잘 서술되어 있다. 사실 밀의 사회주의는 상당히 복잡하다. 현재 시점에서

이에 대한 가장 상세한 연구 저작으로는 Samuel Hollander, *The Economics of John Stuart Mill* Vol.11, Basil Blackwell, 1985을 꼽을 수 있다.

28 Alan Blinder(ed.), *Paying for Productivity*, Brooking Institution, 1990. 이 책은 생산관계 측면에서 미국과 일본의 차이를 설명한 역작이다.

29 1993년 12월 31일자 *New york Times* 참조. 장애물이 무척 많기는 하지만, 1980년대 이래로 미국에서 노동자들이 주식지분을 지배하는 기업이 갈수록 많아지는 추세를 보이고 있다. 이에 관한 가장 상세한 자료로는 Joseph Raphael Blasi, Douglas Kruse, *The New Owners*, Harper Business, 1989 참조.

30 제임스 미드의 '협력제' 이론에 관해서는 James Meade, *Alternative Systems of Business Organization and Worker's Remuneration*, allen and Unwin, 1986 참조.

31 촌민위원회 선거 정황에 관해 알려준 중국 민정부(民政部) 기층정권건설국[基層政權建設司] 소속 왕전야오[王振耀] 선생에게 감사드린다.

32 자본주의와 민주주의 사이의 모순에 대한 분석은 Adam Przeworski, *Capitalism and Social Democracy*, Cambridge, 1985 참조.

33 보갑제(保甲制)는 송대(宋代)부터 시작되어 명청대(明淸代)까지 이어진 기층 조직 제도. 치안과 질서 유지 및 방위, 세금 징수 등의 역할을 했다. (역자 주)

34 1937년에서 1949년 사이에 중화민국의 일부로 설치된 행정구역으로, 공산당의 근거지인 산시[陝西] 북부, 깐쑤[甘肅] 동부, 그리고 닝샤[寧夏] 일부 지역을 가리킨다. 국공내전(國共內戰)이 재개된 후 장제스[蔣介石]는 이 지역을 불법적인 반란지역으로 선포했다. (역자 주)

35 안토니오 그람시(Antonio Gramsci)가 『옥중수고』에서 제기한 개념. 계몽적인 역할을 수행해온 기존의 '전통적 지식인'과 비교하여, (노동자) 계급적 당파성을 가지고 그것을 적극적으로 대변하는 역할을 하는 지식인을 가리킨다. (역자 주)

베이징 컨센서스,
누구와 누구의 컨센서스이며,
목적은 무엇인가?

아리프 딜릭(Arif Dirlik)[*]

이 글에서 나는 '베이징 컨센서스'라는 개념을 비판적으로 검토하고자 한다. 내가 제목에서 '베이징 컨센서스'라는 개념을 영어와 중국어로 나란히 표기한 것은 양자의 함의에 미세한 차이가 존재하기 때문이다. 상호간 또는 공통의 인식이 쌓인다고 해서 반드시 '컨센서스'가 되는 것은 아니다. 사실 컨센서스란 일종의 헤게모니적인 개념이고, '워싱턴'처럼 특정한 어떤 단어와 함께 쓰일 때 비로소 잘 이해되는 개념이다. '베이징' 컨센서스는 절대 쓰일 수 없는 것은 아니지만, 상

---

[*] 터키 출신의 중국현대사학자. 현재 듀크대(Duke University) 명예교수. 뉴욕 로체스터대학 (University of Rochester)에서 역사학 박사학위를 받았다. 오리건대(University of Oregon) 석좌교수 등을 역임했다. (역자 주)

당히 어색할 수밖에 없다.

　나는 '베이징 컨센서스'를 구상(concept)이나 사고(idea)의 수준에 이르지 못한 막연한 발상(notion) 정도로 이해한다. 구상이나 사고의 수준으로 이해할 별다른 근거가 없기 때문이다. *Foreign Policy*(2004.9.2)에 실린 「과다한 컨센서스(Too Much Consensus)」라는 제목의 기사에서는, 지난 10년 동안 유행처럼 너무 많은 '컨센서스'가 등장해서 그것이 더 이상 어떤 신뢰할 만한 의미를 띠는 지시어가 되지 못하게 되었다고 지적한 바 있다.[1] 워싱턴 컨센서스가 등장한 이후 그 뒤를 이어 10년 동안 몬테레이 컨센서스(Monterrey Consensus), 코펜하겐 컨센서스(Copenhagen Consensus), 베이징 컨센서스, 멕시코 컨센서스(Mexico Consensus) 등이 등장했다. '컨센서스'가 무척 잘 팔리는 개념이 된 셈이다. *Foreign Policy*에 실린 기사의 저자는 이를 두고 이렇게 비꼬듯이 말했다. "당신의 아이디어가 시장에서 흥행하기를 원한다면, '컨센서스'라는 말을 붙이면 된다. 그러면 그것은 곧바로 대단히 통합적인 이론으로 탈바꿈할 것이다."

　다른 한편으로, 지난 몇 년간 베이징 컨센서스가 유행하면서 인터넷의 조야하고 무책임한 글들 가운데는, '중국의 발전 모델'과 관련이 있든 없든, 심지어 그 자체로 중화인민공화국과 관련이 있든 없든 상관없이, 베이징에서 일어난 일에는 무조건 '베이징 컨센서스'라는 이름을 갖다 붙이는 경우까지 등장했다. 베이징에서 열린 여성단체나 노동조합의 회의에서 통과된 내용에도 '베이징 컨센서스'라는 이름이 붙었다.[2] 이런 혼란으로 말미암아, 이 개념에 대해 호의적이던 이들조차도 '중국의 발전 모델'이나 '베이징 컨센서스'의 함의에 대해 정의를 내리거나 설명하기를 거부하는 지경에 이르렀다.[3] 나는 '베이징 컨센서스'라는 개념이 큰 호응을 얻게 된 이유를, 그것의 확고한 경제적 또는 정치적 위상 때문이라기보다는, 국제 정치경제의 배경 속에서 그것이 담당한 역할, 즉 워싱턴의 제국주의에 반대하는 이들을 끌어 모으는 깃발이 되었기 때문이라고 본다.[4]

베이징 컨센서스라는 개념의 유행은 2004년 영국의 외교정책센터(The Foreign Policy Center)에 조슈아 쿠퍼 레이모가 쓴 「베이징 컨센서스─중국의 힘을 설명하는 새로운 역학에 관해 논함」이라는 제목의 글이 발표되면서부터이다. 사실 '베이징 컨센서스'라는 개념 자체는 1990년대 중반에 만들어졌지만, 레이모가 그것을 중국의 발전모델과 연결시킨 것이다. 적어도 지난 10년 동안 국제 정치의 주요 의제였던 문제에 대해 이른바 '중국을 어떻게 다룰 것인가'라는 방식으로 새롭게 접근할 수 있도록 해주었다는 점에서, 우리는 레이모에게 감사해야 한다. 그런데 레이모의 글을 자세히 살펴보면, 그 안에 많은 불확실한 부분이 존재한다는 사실을 어렵지 않게 발견할 수 있다. 그런 불확실성은 한편으로는 그동안 국제적 힘의 관계에 근본적인 변화가 일어났기 때문이고, 다른 한편으로는 그가 이 글에서 '베이징 컨센서스'라는 개념으로 신자유주의 담론을 대체하려고 시도하기 때문이다. 사실 대충 보아도 이 글은 구조적인 면에서 근본적인 모순을 드러낸다. 그가 문제의 핵심을 회피하거나 또는 '힘의 역학' 같은 명확한 과학적 개념을 수사적으로 동원함으로써 세세한 관찰이 필요한 부분을 덮어버리려 하기 때문이다. 또한 문제는 레이모의 역학에도 그의 정치경제학 못지않은 결함이 존재한다는 것이다.[5] 결국 '베이징 컨센서스'는 중국을 세계에 판매하고 동시에 발전에 관한 특정 아이디어를 중국의 지도자들에게 판매하기 위한 장사수단으로 전락해 버렸다. 그런데 여기서 드는 의문은, 이처럼 명확한 결함이 있음에도 이 발상이 왜 세계의 적지 않은 지역에서 호응을 얻는가이다. 게다가 이 발상과 어울릴 법한 토니 블레어(Anthony Blair) 같은 이들 사이에서가 아니라 제3세계의 고객들 사이에서.

그렇지만 나는 레이모의 글을 논의의 출발점으로 삼을 것이다. (비록 그의 분석 못지않게 그의 글에도 문제점이 많지만) 베이징 컨센서스라는 개념이 현재의 세계정세에 대해 열어놓은 접근 방식에 주목할 만한 가치가 있기 때문이다. 레이모가 중국 경제에 관해 언급한 것에는 관심을 갖는 이들이 거의 없지만, 베이징 컨센서스의 반WTO 가능성에는 큰 관심이 쏠리고 있다. '베이징 컨센서스'에서는 WTO가 구축하고자 하는 신자유주의 세계화 계획에 강한 불만을 나타낸 바 있다.

중국경제가 직면한 일련의 심각한 문제들은, 중국이 세계경제에서 갈수록 더 중요한 역할을 맡게 될 것임을 반증하는 증거이다. 지난 10년 동안 중국이 거두어온 성공이 역으로 실패의 원인이 될 수도 있다는 점을 인정하는 것은, '중국 모델'이라는 개념에 대해 문제를 제기하는 것 못지않게 중요하다. '베이징 컨센서스' 또는 '중국 모델'을 구성하는 가장 중요한 요소들은 중국의 문화적 환경에서 비롯된 부산물이 아니라, 중국 안팎에서 지워버리려고 애쓰지만 그렇게 되지 않는 사회주의의 유산이다. 즉 '베이징 컨센서스'나 '중국의 발전 모델'은 모두 과거 30년 동안의 혁명 경험을 통해 특성화되고, 세계적 차원의 '지역화(localization)' 경향과 이데올로기적으로 분명히 차별화된 이른바 '중국적 특색의 사회주의'에 연원을 두고 있는 것이다. 따라서 이른바 '중국

모델'은 최적의 대안은 아닐지라도, 유례가 없는 위험성을 내포한 자본주의 경제에 대해 발전의 종결 대신 지속가능한 발전의 길을 제시하는 구원자가 될 수 있다. 그런데 레이모의 글에서는 사회주의를 베이징 컨센서스의 원천으로 보지 않고, 극복되어야 할 '전통'의 일부로 간주한다. 그런 점에서 레이모의 글은 동시대의 여타 담론과 차이가 없는 셈이다. 즉 그 자신도 인정하듯이, 레이모는 과거를 지워버리고 미래에 집중하고자 한다. 또한 발전의 과정에 주목하지 않고, 현재의 복지에 대한 고려를 건너뛰고자 한다. 그가 제시하는 것은 '실리콘밸리의 발전 모델'이다. 그런데 이것은 사실 그가 말하고자 하는 국가적 상황과는 별 관계가 없다.

1. '베이징 컨센서스' 또는 중국의 발전 모델

레이모는 다음과 같이 언급하고 있다.

중국은 강력한 하나의 무게중심이 지배하는 세계 속에서 어떻게 스스로를 발전시킬 것이며 국제 질서에 조응해갈 것인가, 그리고 진정한 독립을 실현할 것인가를 고민하는 세계의 여타 국가들을 그 고유한 생활방식과 정치적 선택을 지키도록 이끌고 있다. 이러한 새로운 힘과 발전에 관한 역학을 나는 '베이징 컨센서스'라고 부른다.

레이모에 따르면 새로운 '힘의 역학'은 세 가지 원칙으로 요약된다. 첫 번째 원칙은 '혁신의 가치를 재정립해야 한다'는 것이다. 개발도상국은 (동케이블 같은) 후발기술로부터 발전을 시작해야 한다는 '기존 역학'의 주장과 달리, 이 원칙은 (광섬유 같은) 첨단기술의 혁신이 반드시 필요하다고 주장한다. 그렇게 해서 변혁을 일으켜야 하고, 그 변혁이 변혁으로 인해 문제가 파생되는 속도보다도 훨씬 더 빠르게 진행되도록 해야 한다고 여긴다. 두 번째 원칙은 '지속가능성과 평등성을 우선적인 고려 대상으로 삼으며, 수사에 그치지 않는 발전 모델을 만드는 것이 필요하다'는 것이다. 세 번째는, '베이징 컨센서스는 우리를 도발할지도 모르는 패권적인 강대국을 움직일 수 있는 지렛대의 운용을 강조하는 자주적인 이론을 포함하고 있다'는 것이다.

레이모의 구상 속에서 이 세 가지 '원칙'은 하나의 발전의 틀로 결합된다. 그런데 문제는 이에 따른 구체적인 분석이 수반되지 않는다는 점이다. 그리고 레이모는 자신이 이미 인식하고 있는 이런 모순을 무시해버린다. 그는 자신의 이런 이론적 틀이, 중국을 성공으로 이끈 현실의 경제발전 과정과는 아무 상관이 없다고 여기는 듯하다. 이 점은 그가 첫 번째와 두 번째 원칙을 언급하는 가운데 특히 분명하게 드러난다. 중국경제가 자기 혁신을 지속할 수 있는 단계에 이르렀는지에 대해 회의하는 많은 분석이 존재하지만, 레이모는 중국의 발전을 모두 흔들림 없이 '혁신'을 추진해온 데 따른 결과물로 간주한다. 그의 언급 속에서 '혁신'이란 유토피아적인 것이다. 그리고 대부분의 유토피아가 그렇듯이, 그의 언급은 구체적인 실증이 아닌 화려한 수사를 통해 표현된다. 그는 또 이렇게 쓰고 있다.

혁신은 중국 사회의 밀도를 증가시키는 길이다. 그것은 관계망을 통해서 사람들 사이의 연계를 더욱 긴밀하게 하고, 개혁의 기간을 단축시키며, 소통을 더욱 쉽고 빨라지게 한다. 혁신이 잘 될수록 밀도도 더 커지며, 발전도 더욱 빨라진다. 중국 전역에서 이런 모습을 확인할 수 있다. 반면 신뢰가 결핍되고 부패와 기타 문제들이 존재함으로써 속이 빈 원통처럼 되어버린 일부 문화 영역에서는 이런 논리가 적용되지 않는 것을 볼 수 있다. 여기서 다시금 '베이징 컨센서스'의 첫 번째 원칙을 떠올리게 된다. 변화로 인해 생겨난 문제들을 제거하는 가장 좋은 방법은 더 많은 변화와 더 많은 혁신이다. 밀도의 혁신이 가장 좋은 해결책이다.

내가 '실리콘밸리의 발전 모델'을 언급하면서 머리에 떠올린 것은 혁신에 관한 레이모의 '이상주의'이다. 무어(Moore)와 멧칼프(Metcalfe)의 법칙[6]을 공공연하게 인용하는 것을 보면, 레이모가 가상공간의 작용을 통해 확립된 논리로써 현실의 삶을 이해하고 있음을 알 수 있다. 그의 분석에서는 초국적 자본이동이나, 투자를 유인하는 값싸고 순종적인 노동력에 대한 언급을 찾아볼 수 없다. 또한 중국 시장이 프랑스, 독일, 일본을 모두 합친 것보다 더 많은 소비자를 제공하리라고 예견하지만, 중산층이 인구의 4분의 1에도 훨씬 못 미친다는 사실 역시 거론하지 않는다.

그런데 혁신에 대한 레이모의 이해 방식에는 또 다른 문제점이 있다. 그는 혁신을 정치와 사회의 목표로부터 자유로우며 그 자체로 생명력을 가지고 있는 미신으로 만들어 버린다. 각종 정치 경제적 변화의 도전에 직면해 있는 중국사회는 새로운 형태의 거버넌스를 모색하는 과정에서 수많은 혁신을 파생시키고 있다. 그런데 이런 모색이 목표로부터 자유로운 것은 결코 아니다. 반대로 어떤 '정치 형태'에 대한 모색은, 혁명적 사회주의의 유산을 완전히 포기하지는 않으면서도 그 혁명적 과거가 아닌 다른 곳에서 출로를 찾고자 하는 중국사회의 모든 이데올로기적 불확실성과 사회적 긴장 상태로부터 지배를 받는다. 그런 점에서 현재는 과거의 연장이다. 지난 20세기 동안 중국사회가 끊임없는 실험의 대상이었다는 말은 지나친 과장이 아니다. 그리고 그런 실험은 지금도 여전히 진행 중이다. 레이모가 집착하는 실리콘밸리의 발전 모델도 혁신의 한 가지 형태일 뿐이다. 그런데 레이모는 이런 특수한 형태에 동조하는 사회적 역량에 암묵적으로 특권을 부여하고, 다른 형태의 사회적 역량을 모색하는 정치적으로 의미 있는 대안적 형태의 혁신을 무시한다.[7]

게다가 레이모는 그의 글에서, 새로운 발전 정책에서 뒤처지거나 밀려난 사람들에 대해 거의 관심을 두지 않는다. 중국이 엄청난 속도로 발전해 온 지난 10~15년 동안, 모든 중국인이 공평하게 그 발전의 성과를 누린 것은 아니었다. 그런데 레이모는 중국의 발전이 전체 인구 가운데 25%의, 하루 1달러 미만의 수입으로 생활하던 이들을 절대빈곤에서 벗어나게 한 점은 주목하면서도, 중국사회의 시장화가 도시와 농촌의 격차 및 계급 간의 격차를 극단적으로 확대시키고, 인구의 75%(대부분 농촌 지역에 거주하는)로 하여금 가장 기본적인 의료나 교육의 혜택조차 제대로 받지 못하게 만들었다는 점은 도외시한다. 최근의 어떤 보도도 이와 비슷한 시각을 드러내고 있다. "비록 중국에는 여전히 하루에 1달러로 생활하는 수억 명의 사람들이 있지만, 그럼에도 중국은 인류역사에서 전례가 없는 속도로 엄청난 중산층을 만들어내고 있다."[8]

물론 레이모는 중국에서 이른바 혁신으로 인해 파생된 문제점에 대해 인식하고 있음을 분명히 밝힌 바 있고, 혁신이 '효과를 발휘하지 못하는' 경우에 대한 언급을 강조하기도 했다. 그러나 그는 자신의 글 가운데 어떤 부분에서 서술한 내용을 다른 부분에서는 마치 망각한 듯이 반대로 서술하기도 한다. 예를 들면 다음과 같은 내용을 볼 수 있다.

중국의 시장 경제 발전은 여러 가지 문제를 일으켰다. 거시적 측면의 문제로는 환경오염, 사회 불안정, 부패, 정부에 대한 불신, 실업 등을 들 수 있다. 개인적 차원의 문제는, 가장 젊은 세대를 제외한 대부분의 중국인이 생활의 빠른 변화로 인해 적어도 어느 정도씩은 방향성을 상실하고 있다는 점을 들수 있다. (…중략…) 지난 25년 동안 중국 경제는 분배의 측면에서 볼 때, 세계에서 가장 평등하고 합리적인 경제에서 불평등한 경제로 변모했다.

주목할 점은, 레이모가 이미 이런 문제들을 인식했지만, 다른 모델과 비교하여 중국 모델에 여전히 경쟁력이 있다고 여기면서 그런 문제들을 회피한다는 것이다. 혁신으로 인해 파생된 문제들을 다시 혁신에 대한 약속으로 해결하려는 레이모로서는, 그런 문제들이 우발적인 것이 아니라 신자유주의적 수출일변도 경제의 구조적 산물이라는 점은 생각할 필요도 없다. 여기서 그가 제시한 두 번째 '원칙', 즉 '지속가능성과 평등성을 우선적인 고려 대상으로 삼으며, 수사에 그치지 않는 발전 모델을 만드는 것이 필요하다'는 원칙의 유효성에 의문이 제기된다.

중국 모델이 제3세계 지도자들에게 호소력을 갖게 된 가장 중요한 원천은 (최소한 외관상으로는) 전면적으로 발전하는 듯 보이는 중국의 모습이다. 그런데 흥미로운 사실은, 그런 발전이 실제 현실이 아니라 희망사항에 가깝다는 것이다. 물론 중국의 경우, 발전이 몇몇 대도시에 집중된 여타 제3세계 국가들과는 분명 차이가 있다. 그러나 연안 도시들과 광대한 내륙지역 사이의 격차가 갈수록 커지는 점에 대한 중국 정부의 걱정 역시 심각하다. 이에 대해 레이모는 이렇게 언급하고 있다. "이전에 『인민일보(人民日報)』의 헤드라인은 연해 도시의 공항 개장식에 참석한 최고지도자들의 사진으로 줄곧 장식되어 있었지만, 지금은 최고지도자들이 낙후된 농촌 지역의 개혁을 성원하는 내용의 기사로 대체되었다." 레이모도 경제 발전에 따른 환경오염으로 치러야 하는 대가와 '불균형적인 발전으로 인해 초래되는 사회적 위험'을 잘 알고 있다. 이런 문제들은 계급 격차, 부정부패, 환경오염 등에 대한 반발로 인해 불안정성이 확산되고 있는 농촌지역에서 특히 두드러지게 나타난다. 그런데 레이모는 이런 문제들에 대해 구조적인 측면에서 분석을 거의 하지 않는다. 다만 '혁신'이라는 추상적인 개념이 그것을 해결할 수 있으리라는 믿음을 바탕으로 그런 문제들을 일축할 뿐이다. 그런 시각에 따르면, 중국 모델은 신자유주의적인 워싱턴 컨센서스의 대안이라기보다는, 워싱턴 컨센서스로 인해 파생된 공간적·사회적·정치적 후유증을 완화시키는 방법이 된다고 할 수 있다. 즉 어쨌든 중국 모델은, 현재 세계화의 진행에 따라 세계의 전반적인 사회 구조가 선진 자본주의 사회와 마찬가지로 계급 분화가 심화되는 쪽으로 쏠리는 현상을 성공적으로 저지하고 있는 것처럼 보이는 것이다.

바로 이것이 세 번째 목표(레이모 식으로 표현하면 '원칙')를 이해하는 열쇠가 된다. 즉 자주성에 대한 추구가, 이른바 중국 모델이 제3세계에서 큰 호응을 얻는 또 하나의 중요한 요인이 된다는 것이다. 이른바 베이징 컨센서스가 일국의 경제나 사회 정책의 측면에서가 아니라 경제 발전의 배경이 되는 국제정치적 환경을 조성하는 측면에서 워싱턴 컨센서스의 실질적 대안이 되는 지점이 바로 여기이다. 중국이 경제적으로는 세계를 향해 개방을 하면서도 정치적 주권과 자율성은 확고하게 유지하려는 것에 대해, 미국에서는 레이건주의적 보수파에서 노동조합의 지도자에 이르기까지 모두 분개한다. 중국계 미국 학자인 콜린 라이(Colleen Lye)는 최근 연구에서, 지난 한 세기 반 동안 중미 관계에서 중국을 자본주의로 전환시키는 것이 미국의 일관된 바람이었지만 그런 미국의 시도는 성공 일보 직전에 항상 참담한 실패로 귀결되었다고 통찰력 있게 지적한 바 있다.[9] 물론 미국의 이런 시도는 더 큰 범위로 전개되는 신자유주의적 세계화 프로젝트의 일부였다. 세계화는 대부분 북아메리카와 유럽에 모여 있는 발전된 서구 선진 자본주의 국가의 통제 아래 세계 모든 나라를 자본주의로 변화시키는 것을 전제로 한다. 그런데 다른 한편으로, 이런 세계화의 구체적인 현실은 세계 각 지역의 개별적인 자본주의 맹아들이 모여서 구성하게 된다. 즉 세계 각 지역의 자본주의 맹아들은 세계를 하나로 통합시키면서, 동시에 새로운 방식으로 분할하는 것이다. 세계화 이데올로기에 역행하는, 자주와 자율에 대한 열망은 지구상에서 사라지지 않는다. 그것은 오히려 국제적인 제도와 소통이 확대되는 가운데 새로운 수요를 통해 자주와 자율의 내용을 확장시킴으로써 더욱 새로운 힘을 얻게 된다.

레이모는 자주와 자율을 추구하는 중국의 입장이, 국내 경제에 대해 통제력을 유지하는 것을 통해서 뿐 아니라, 국제 관계에 대한 다변적 접근을 통해서도 드러난다고 주장한다. 이는 지난 20여 년 동안 미국이 추진해왔고 갈수록 더 강화되고 있는 일방주의적 외교정책과 첨예하게 대비된다. 베이징 컨센서스의 가장 중요한 내용은 다자간 관계를 바탕으로 새로운 세계 질서를 추구하는 국제관계를 수립하는 것이다. 그 새로운 세계 질서는 정치적·문화적 차이 및 세계의 공통적 틀 안에 존재하는 지역 및 국가 간 차이에 대한 인정과 경제적 협력을 바탕으로 한다. 또한 결국 패권주의로 흐르게 될 균질화된 보편주의에 근거해서는 안 되고, 공통성과 차이를 동시에 인정하는 바탕 위에 수립되어야 한다. 1980년대에 시작된 덩샤오핑[鄧小平]의 개혁이 정치적 올바름을 따지기 이전에 경제적 교류를 우선시했던 것도 그런 맥락에서였다.

지난 20년 동안 이런 목표를 추구하면서, 중국은 미국의 정치 경제적 헤게모니에 대한 대항자로 부상했다. 물론 직접적으로 도전하는 모양새를 취하지는 않았다. 동시에 주목할 점은 미국의 다국적기업을 포함한 세계의 다국적기업들이 중국의 대내외 정책에 호응하여 협력하고자 한다는 것이다. 그런 점에서 레이모의 베이징 컨센서스는 국제 자본과 베이징 사이에 맺어진 컨센서스로 해석될 수도 있다. 앙드레 군더 프랭크(Andre Gundar Frank), 조반니 아리기(Giovanni Arrighi), 이매뉴얼 월러스틴(Immanuel Wallerstein) 등 세계체제론을 제기한 학자들은 현재 자본주의 세계체제의 중심이 동아시아로 이동하는 중이라고 주장한다. 위에서 언급한 현상들을 전제로 한다면, 베이징을 중심으로 한 재배치를 그런 이동의 분명한 증거라고 할 수도 있다. 그러나 가장 중요한 점은, 새로운 공간적 · 사회적 분할을 놓고 볼 때 동아시아가 국가적 차원이나 사회 문화적 측면에서 균등하게 배치된 공간이라고 말하기 어렵다는 것이다. 다시 말해, 동아시아는 세계 경제에서 갈수록 더 중요한 위치를 차지하고 있지만, 그 내부에 존재하는 각 나라의 발전은 결코 균등하게 이루어지지 않는다. 중국은 동아시아에서뿐만 아니라 동남아시아와 태평양 지역에서도 통합을 추구하고 있다. 그리고 중국, 인도, 브라질이 유럽과 북아메리카의 정치 경제적 지배에 대항하기 위해 새로운 제3세계 삼각연합을 형성하는 중이라고 보는 시각도 존재한다.[10] 이 새로운 네트워크는 단순히 정치적 · 경제적 차원에 국한되지 않고, 세계의 자원을 둘러싸고 새로운 형태의 경쟁을 벌이는 지정학적 차원으로까지 확대되고 있다.

베이징은 현재 제3세계 또는 남반구의 새로운 무게중심으로 떠오르고 있고, 그 사실은 베이징 자신도 흔쾌히 받아들인다. 베이징은 이제 자본주의 세계화 시대의 '반둥(Bandung, 세계 비동맹 세력의 대표)'으로 다시금 등장했다. 단순히 식민주의 극복을 추구하거나 '발전의 제3의 길'을 찾는 데 그치지 않고, 그동안 식민주의적 현대화의 흐름에 휩쓸려올 수밖에 없었던 주변부 국가와 지역의 목소리를 대변하는 '반둥'이 된 것이다.

그 이름을 무엇이라고 붙이든, 제국주의적 패권에 맞서는 국제적 컨센서스는 국제관계적 측면에서는 물론이고 국내 및 국제사회의 제반 문제를 해결하기 위한 해법 마련의 측면에서도 아직 형성되지 않았다.[11] 신자유주의 질서가 세계를 지배함에 따라, 민족국가 범위 내에서 사회정의와 복지를 추구해야 하는 자주적인 정치적 · 사회적 공간 형성은 갈수록 어려워지고 있다. 어느 나라든 국내 문제와 국제 문제를 명확하게 구분하는 것이 거의 불가능해지게 되면서, 이제는 각 지역의 특수성과 필요를 인정하는 바탕 위에서 대안적인 국제질서를 수립하는 것이 개별 국가의 사회정의와 복지 추구를 가능하게 하는 필수불가결의 조건이 되었다. 그런 목적을 달성하려고 하면, 세계 자본주의를 '배제'한 채 접근하는 것은 더 이상 가능한 일이 아니다. 국제적인 문제를 해결하기 위해서는 국제적인 시야를 가지고 해결책을 찾아야 한다. 중국의 경우 지난 30년 동안 지속된 개혁개방은 다시 되돌릴 수 없는 흐름이 되었다. 모든 사례들이 예외 없이 보여주는 것은, 중국이 세계 자본주의에 완전히 동화되어가고 있다는 사실이다. 그러나 다른 가능성이 전혀 없는 것은 아니다. 다만 그런 가능성의 실현은 신자유주의의 압도적인 보편주의적 주장에 맞서 세계의 힘을 재배치하고자 하는 중국 포스트 사회주의 정권의 역량에 달려있다. 지난 한 세기의 혁명에서 중국의 사회주의 혁명가들은 제국주의로부터 자주를 추구해 왔다. 그리고 근래에는 드디어 경제적인 성공도 이루었다. 이는 대안적인 국제 질서가 형성되는 과정에서 중국이 리더십을 발휘할 충분한 근거가 된다고 할 수 있다.

2. 향후의 전망

―베이징 컨센서스―중국 특색의 사회주의―중국적 스타일의 사회주의

지난 2년 동안 베이징 컨센서스는, 그것을 세계적인 발전의 아젠다 속에 자리 잡게 만든 레이모의 글에 대한 언급과 상관없이 다양한 문맥 속에서 어렵지 않게 만날 수 있을 정도로 널리 알려진 개념이 되었다. 신자유주의 세계화 흐름 속에서 대안을 추구하는 국가들은 이 개념의 함의에 대해 큰 관심을 보이고 있다. 과거 제2세계에 속했던 국가들은 물론이고, 제3세계 국가들의 경우는 더욱 그러하다. 신자유주의의 '쇼크 요법'에 대한 불만은 1997년 아시아 금융 위기로 극도에 이르렀다. 중국의 성공적인 경제 발전은 개발도상국들의 부러움의 대상이 되었고, 해외 전문가들은 중국이 성공한 주요 원인을 자신만의 아젠다를 추구한 베이징 정부의 능력에서 찾았다. 브라질 대통령인 룰라 다 실바(Lula da Silva)는 중국이 통합적인 발전을 추구한 것과 세계화 흐름 속에서도 자주와 주권을 포기하지 않은 것에 대해 찬사를 보냈다.[12] 한편 중국은 세계 속에서 자신의 긍정적인 이미지를 고양하기 위한 다변적인 협정을 맺는 노력을 강화했고, 그에 따라 베이징 컨센서스의 명성도 더욱 높아졌다. 베이징 컨센서스의 매력은 분명 부시 행정부가 힘을 남용함으로써 미국의 국제적 위신이 추락한 데 따른 반사 효과의 측면이 강하며, 또한 미국으로 대표되는 세계화의 대안적 모델에 대한 강렬한 열망이 반영된 것이라고 할 수 있다. 그런데 중

국 모델이 그런 열망을 만족시켜줄 수 있을지는 또 다른 문제이다. 레이모는 세계경제에 중국이 참여함으로써 벌어지는 중요한 양상을 '지역화(localizstion)'라고 정확히 지적한 바 있다. 국제적인 시야에서 보았을 때 지역화는 두말할 필요 없이, 지역의 필요에 정확히 들어맞는 맞춤형 발전 정책을 가리킨다. 위치가 달라지면 필요도 달라진다는 것이다. 그런 점에서, 대안적인 국제 질서(조직)를 가리키는 베이징 컨센서스와 중국 사회의 특정한 필요에 대한 해답으로 만들어진 중국 모델의 차이를 분명하게 구별하는 것은 매우 중요하다. 그 차이는 현재의 중국 모델과, 세계적 범위에서 사회주의를 추구해야 할 필요성을 부정하지 않으면서 중국적 특색의 사회주의적 발전의 길을 추구하던 시기의 중국 모델의 차이와 유사하다고 할 수 있다.

이런 문제들이 매우 중요하기는 하지만, 이 문제들보다 더욱 시급한 것은 현재의 상황에 대해 전망하는 것이다. 중국 경제가 부인할 수 없는 성공을 거두기는 했지만, 그로부터 파생된 문제점들을 도외시할 수는 없다. 그런데 흥미로운 점은, 이런 문제점들이 오히려 종종 관전자들의 관심을 불러일으키는 요인이 된다는 것이다. 중국 경제는 통합되어 있지 못하고, 공간적으로나 사회적으로 심각한 불균형적 발전을 계속하고 있다. 공해의 심각성은 대중의 건강과 삶을 크게 위협하는 정도에 이르렀다. 일부 계층의 부가 크게 늘어났고 도시의 중산층이 폭발적으로 증가했지만, 인구의 대다수는 기본적인 삶의 질의 후퇴를 겪고 있다.

아무리 신자유주의와 거리를 두었다고 하더라도, 중국 경제의 성공이 결국 신자유주의 세계 경제의 조작에 힘입었다는 사실을 부인하기는 어렵다. 또한 그로부터 파생된 문제점들도 마찬가지이다. 사회의 월마트화(Wal-Martization)는 더욱 강화되고 있고, 주요 도시 지역뿐만 아니라 농촌 지역에까지 소비문화가 확산되고 있음을 보여주는 수많은 증거들이 존재한다. 비록 일부지만 내부에서 자생적인 초국적 자본이 등장하고 있다는 점을 감안할 때, 중국은 내적인 힘의 구조 측면에서 국제적인 계급 분화와 점점 더 유사한 모습을 보이는 중이라고 할 수 있다.[13]

이런 문제들을 생각할 때 절대 잊지 말아야 할 것은, 외부 관찰자들의 관심을 끄는 그런 발전의 양태가 신자유주의 경제의 산물이 아니라 사회주의 혁명의 유산이라는 점이다. 국가 경제의 통합, 자주적인 발전, 정치 경제적 주권, 사회적 평등과 같은 주제들은 중국 혁명의 역사와 더불어 등장한 것으로, 결국 사회주의 혁명을 통해 제기된 것이라고 할 수 있다.[14] 근래에 어떤 학자는 1978년 개혁개방 이후 성공의 핵심적인 요소들을 '그 이전 정권의 성과' 위에서 만들어진 것이라고 주장한 바 있다. 오늘날 대부분의 사람들은 1978년 개혁개방 이후의 발전을 근거로, 이전 시기 혁명적 사회주의의 정책을 폄하한다. 그러나 이전 시기의 정책은 이후 중국이 자주적으로 세계화를 추구하는 데 경제적·사회적·정치적 토대가 되었을 뿐만 아니라, 오늘날 붕괴의 길로 접어든 신자유주의 세계 경제에 편입되는 과정에서 최소한도의 사회복지를 유지할 수 있도록 해주는 토대가 되었다고 할 수 있다.

이런 발전 과정이 어떤 결과로 귀결될지 알기 위해서는 아직도 관찰이 필요하다. 그러나 지금처럼 중요한 시기에 사회 복지나 통합 같은 사회주의적 정책을 폐기하는 것은 분명 재고되어야 한다. 이처럼 중요한 문제들을 끝없는 혁신 같은 추상적인 개념에 대한 토론에 맡겨버릴 수는 없다. 사회주의란 결국 변덕스러운 시장이나 혁신의 장난질에 맞서는 공공정책에 대한 관심이다. 발전의 결과는 (발전 그 자체를 목적으로 하는 것이 아닌) 공공의 이익을 위한 것이어야 한다.

참고문헌

Dirlik, Arif, "Markets, culture, power : The making of a 'second cultural revolution' in China", *Marxism in the Chinese Revolution*, Boulder, CO : Rowman and Littlefield, 2005.
Harris, Jerry, "Emerging Third World Powers : China, India and Brazil", *Race and Class* 46(3), 2005.

Cooper Ramo, Joshua, *The Beijing Consensus : Note on the new physics of Chinese power*, London : Foreign Affairs Policy Centre, 2004(http://www.fpc.org.uk).
Dirlik, Arif and Meisner, Maurice(eds.), *Marxism and the Chinese experience : Issues in contemporary Chinese socialism*, Armonk, NY : M.E. Sharpe, 1989.
_____, *Modernism and anti-modernism in Mao Zedong's Marxism in the Chinese Revolution*, Boulder, CO : Rowman and Littlefield, 2005.
Held, David, *Global Covenant : The Social Democratic Alternative to the Washington Consensus*, Cambridge, UK : Polity Press, 2004.
Lye, Colleen, *America's Asia : Racial Form and American Literature*, 1893~1945, Princeton, NJ : Princeton University Press, 2005.

---

1   2004년 9월 2일자 *Foreign Policy*에 실린 「과다한 컨센서스(Too Much Consensus)」는 Yale Global Online에서 확인할 수 있다. 'http://yaleglobal.yale.edu/article.print?id=4466'.
2   「노동조합이 베이징 컨센서스를 주창하다(Trade Unions Launch Beijing Consensus)」, 『인민 일보(People's Daily)』, 2004.10.11(http://www2.chinadaily.com.cn/english/doc/2004-10/11/content_381430.htm); 「미국의 일방주의를 거부하고 베이징 컨센서스를 재천명하다 — 중남미 와 카리브해지역 여성 연합 및 네트워크의 성명(No to US Unilateralism, Reaffirm Beijing Consensus: Statement of Latin American and Caribbean Women's Networks and Coalitions)」, 2005. 3.3(http://womensmediapool.org/notas/Amlateng.htm) 참조. 이 성명에서는 리암 컨센서스 (Liam Consensus)와 멕시코 컨센서스에 대해서도 언급하고 있다. 또한 나피스 사딕(Nafis Sadik) 박사가 1996년 6월 4일에 터키 이스탄불(Istanbul)에서 열린 UN의 '인간의 주거에 관한 회의'에서 발표한 「인구, 그리고 지속가능한 인간의 주거(Population and Sustainable Human Settlements)」도 참조. (http://www.un.org/Conferences/habitat/eng-stat/4/trk4p.txt) 여기서

는 레이모보다 시간적으로 먼저 '베이징 컨센서스'라는 말을 사용하고 있다.

3 우수칭(吳樹靑, 전 베이징대학 총장, 현 교육부 사회과학위원회 주임 및 경제교학지도위원회(經濟敎學指導委員會) 주임)과 청언푸(程恩富, 중화외국경제학설연구회(中華外國經濟學說研究會) 부회장, 상하이 재경대학(財經大學) 해파경제학연구센터(海派經濟學硏究中心) 주임)의 대담 참조. ('People's Daily Online', 2005년 6월 20일)

4 Patrick Bond, "A Third World Challenge to Washington", Alternative Information and Development Centre(http://aidc.org.za/?q=book/print/78) 참조.

5 여기서 지적하는 레이모의 역학이란 '물체의 질량의 밀도가 그 운동 속도에 영향을 준다는 것(중력 아래서)'이다. 그런데 레이모의 이런 생각은 현대 물리학 발전 초기에 갈릴레이에 의해서 논박되었다. 물체의 운동 속도에 영향을 주는 것은 질량의 밀도가 아니라 마찰력이라는 것이다.

6 인터넷 발전에 중요한 역할을 한 인물들.

7 이에 관한 논의는 Dirlik, Arif, *Modernism and anti-modernism in Mao Zedong's Marxism in the Chinese Revolution*, Boulder, CO : Rowman and Littlefield, 2005, pp.105~124 참조. 거버넌스의 새로운 형태에 관한 논의는 위커핑[兪可平] 등,『중국 시민사회의 홍성과 거버넌스의 변천[中國公民社會的興起與治理的變遷]』, 社會科學文獻出版社, 2002 참조.

8 Dave Barboza, "China Middle Class : Larger than France, Nearly the Size of Germany", *New York Times*, May.25.2005.

9 Colleen Lye, *America's Asia : Racial Form and American Literature, 1893~1945*, Princeton, NJ : Princeton University Press, 2005.

10 Jerry Harris, "Emerging Third World Powers : China, India and Brazil", *Race and Class* 46(3), 2005, pp.7~27.

11 미국이 주도하는 신자유주의 질서의 대안에 관해 논의하는 또 다른 글로는 David Held, *Global Covenant : The Social Democratic Alternative to the Washington Consensus*, Cambridge, UK : Polity Press, 2004 참조. 중국은 1970년대에 마오쩌둥이 언급했듯이 기존의 '3개의 세계' 가운데 유일하게 제2세계와 제3세계 사이에 존재하는, 또는 현재 유럽 및 북미와 남반구 사이에 존재하는 독특한 위치로 말미암아, 이런 대안 추구에서 결정적으로 중요한 역할을 하게 되는 것 같다.

12 Luiz Inacio Lula da Silva, "O Gigante e a globalizacao"(Gigantic and Globalized), La Insignia, May.22.2001.

13 이런 경향에 관한 좀 더 자세한 논의는 Arif Dirlik, "Markets, culture, power : The making of a 'second cultural revolution' in China", *Marxism in the Chinese Revolution*, Boulder, CO : Rowman and Littlefield, 2005 참조.

14 Kavaljit Singh, "From Beijing Consensus to Washington Consensus : China's Journey to Liberalization and Globalization", Asia-Pacific Research Network(http://www.apmet.org/journals/6/v7-3.htm); Arif Dirlik and Maurice Meisner(eds.), *Marxism and the Chinese experience : Issues in contemporary Chinese socialism*, Armonk, NY : M.E. Sharpe, 1989 참조.

뜨거운 논란, 냉철한 사고

'베이징 컨센서스'와 중국의 발전모델에 관한 대담

위커핑(兪可平)·장쥔쥐(莊俊擧)

2004년 5월 7일, 골드만삭스의 고문이자 칭화대학(淸華大學) 교수인 조슈아 쿠퍼 레이모(Joshua Cooper Ramo)가 런던의 *Financial Times*에 기고한 글에서 '베이징 컨센서스'를 처음 제기했다. 그리고 5월 11일에 영국의 외교정책센터(The Foreign Policy Center)에서 「베이징 컨센서스」라는 제목으로 쓴 보고서의 전문을 발표했다. 이로부터 '베이징 컨센서스'는 국내외 학계의 큰 관심을 불러 일으켰다. 그렇다면 '베이징 컨센서스'가 제기된 배경은 무엇인가? 그것의 실체와 의의는 무엇인가? 중국의 학자들은 '베이징 컨센서스'에 대해 어떤 입장을 가지고 있는가? 그것에 관해 연구할 때는 어떤 문제에 주의해야 하는가? 이와 관련하여, 『당대 세계와 사회주의(當代世界與社會主義)』의 장쥔쥐(莊俊擧) 기자가 중앙편역국(中央編譯局) 비교정치 및 경제 연구센터(比較政治與經濟硏究中心) 주임인 위커핑(兪

피꿔 교수를 인터뷰했다.

장 : 최근 중국 경제가 빠르고 확고하게 성장함에 따라 '중국 모델'
에 대한 국내외 학계의 논의가 갈수록 활발해지는 것 같습니다. 이에
관해 좀 소개해 주시겠습니까?

위 : 최근 '중국 모델'에 대한 논의가 특히 주목되고 있습니다. 올해 5
월경에도 미국의 *International Herald Tribune*에, 점진적이고 질서 있게 개
혁을 추진해가는 중국의 단호함과 지혜로움을 높이 평가하는 「중국은
자신의 방식으로 변할 것이다」라는 글이 실렸습니다. 영국의 *The Guar-*
*dian*에 실린 「수억 인민의 의식주 문제를 해결한 중국의 경험」이라는
글에서는, 중국의 굴기로 인해 다른 나라들이 서구의 발전모델이 아닌
또 하나의 유력한 모델을 선택할 수 있게 되었다고 서술하고 있습니다.
멕시코의 *La Jornada*에 실린 「중국―아시아의 지평선」에서는 중국의 기
적을, 자신의 상황에 맞춰 현명하게 사회경제 정책을 시행한 결과로 평
가하고 있습니다. 『홍콩경제일보[香港經濟日報]』에 실린 「'베이징 컨센서
스'―개발도상국의 상위 모델」에서는 '베이징 컨센서스'의 핵심을, 자
국의 상황에 따라 자신의 길을 가는 것이라고 정의하고 있습니다. 영국
의 『파이낸셜 타임즈』는 '베이징 컨센서스'를, 중국으로 하여금 평화적
인 굴기[和平崛起]를 실현하도록 도와주는 수단이라고 여깁니다. 즉 그 추
종자들을 끌어들이는 속도가 거의 미국의 모델만큼 빠른 세계 발전 모
델이라는 것입니다. 해외 학자 가운데 중국 모델이 갖는 세계적인 의의
에 대해 가장 체계적으로 서술한 사람은 미국 골드만삭스의 고문인 조

슈아 쿠퍼 레이모입니다. 그는 2004년 5월 7일에 런던의 『파이낸셜 타임즈』에 기고한 글에서 '베이징 컨센서스'라는 개념을 처음 사용했고, 5월 11에는 영국의 외교정책센터에 그가 쓴 「베이징 컨센서스」라는 제목의 보고서 전문이 발표되었습니다.

장 : 그러면 '베이징 모델' 또는 '중국 모델'에 대한 논의의 배경은 무엇입니까? 그것이 갈수록 더 세상의 주목을 받게 되는 것은 무엇 때문입니까? 우리는 '베이징 컨센서스'를 어떻게 이해해야 하는 것입니까?

위 : 레이모의 '베이징 컨센서스'가 발표된 이후 그것에 대한 국내외의 반응은 무척 뜨거웠습니다. 레이모 본인도 그로 인해 주목의 대상이 되었지요. 올해 7월에는 그가 내게 만나자는 편지를 보내왔지만, 당시 내가 해외에 나가있었기 때문에 만나지는 못했습니다. 편지에서 그는 조만간 미국의 브루킹스 연구소(Brookings Institution)에서 중국연구센터를 만들 계획이라고 하더군요. 레이모의 '베이징 컨센서스'가 뜨거운 반응을 불러일으킨 것은 대략 다음의 네 가지 배경 때문이라고 생각합니다. 첫째, 20세기 말에 라틴아메리카의 경제위기와 동아시아 금융위기, 그리고 러시아의 쇼크요법 실패가 있었는데, 이것들은 모두 신자유주의 경제정책과 직접적인 관련이 있는 것입니다. 신자유주의는 '워싱턴 컨센서스'의 기초라고 할 수 있지요. 즉 이것들은 '워싱턴 컨센서스'의 한계와 실패를 보여주는 사건인 셈입니다. 둘째, 이와 확연하게 대비되는 것이 중국의 경우인데, 중국은 자신만의 독특한 현대화 전략과 개혁개방 정책을 추진했습니다. 국민총생산도 지난 20여

년 동안 연평균 9% 이상씩 성장했습니다. 고속 경제성장의 기적을 이룬 것입니다. 중국의 이런 성공적인 발전 전략은 세계의 관심을 집중시켰고, 이론적으로 그것을 정리하고 설명하려는 사람들이 생겨났습니다. 셋째, 세계화라는 추세 속에서 현대화를 실현하는 것은 수많은 개발도상국에게 사실상 새로운 과제였습니다. 그들은 모두 새로운 발전 모델을 찾기 위해 안간힘을 썼습니다. 이른바 '동아시아 모델'이나 '라틴 아메리카 모델'이 실패로 돌아간 마당에, 중국의 성공 경험에 더욱 관심이 집중되는 것은 당연한 일이었습니다. 그들은 거기서 자신들에게 적합한 무엇인가를 찾고자 했던 것입니다. 넷째, 경제 세계화라는 추세 속에서 외형상 대국이었던 중국이 실질적인 강자로 부상하는 상황은, 전 세계 정치 경제 구도와 더 나아가 세계 역사 발전 과정에 큰 영향을 미칠 수밖에 없었습니다. 따라서 중국의 발전 전략과 발전 모델에 대해 서구 선진국이 자연스럽게 지대한 관심을 기울이게 된 것입니다.

장 : '베이징 컨센서스'의 실체와 의의를 무엇이라고 생각하십니까?

위 : 나는 개인적으로는 '중국 모델'이라는 표현을 더 선호합니다. 하지만 이른바 '베이징 컨센서스'라는 표현이 사람들에게 더 잘 받아들여지는 것은, 그것이 일찍이 널리 알려진 '워싱턴 컨센서스'라는 표현과 대비를 이루기 때문입니다. 간단히 말해서 '중국 모델' 또는 '베이징 컨센서스'란, 세계화의 추세 속에서 중국이 개발도상국으로서 사회의 현대화를 추구하기 위한 일종의 전략적 선택이라고 할 수 있습

니다. 즉 중국이 개혁개방 과정 중에 세계화라는 도전에 맞서서 점진적으로 발전시킨 일련의 발전 전략이자 거버넌스 모델인 것이지요. 중국은 1980년대부터 '중국적 특색의 사회주의 현대화' 건설이라는 목표를 내세웠습니다. '중국적 특색의 사회주의 현대화'란 사실상 세계화 추세 속에서 국가의 현대화를 실현하기 위한 일종의 전략적 선택인 셈입니다. 지난 25년의 탐색과 실천 과정 중에 중국 정부는 세계화의 도전에 대응하면서 값진 경험도 얻었고, 심각한 대가도 치렀습니다. 물론 성공의 경험이든 뼈아픈 교훈이든 모두 귀중한 재산입니다. 수많은 개발도상국에게는 이것이 어떻게 세계화의 도전에 대응해야 할지, 그리고 어떻게 자신의 장점을 살려서 국가의 현대화를 이룰지를 알려주는 중요한 귀감이라고 생각합니다.

장 : 오랫동안 국내 정치를 연구해온 저명한 학자로서, '중국 모델'을 어떻게 이해하고 계십니까? 생각하고 계신 '중국 모델'에 대해 말씀해주실 수 있습니까?

위 : 성공적인 경험과 뼈아픈 교훈이라는 두 측면에서 '중국 모델'에 대해 이야기해 보겠습니다. 성공적인 경험으로서의 '중국 모델'은 다음과 같은 특징을 들 수 있습니다.

① 세계화 시대에 국내 개혁과 대외 개방은 동전의 양면이라는 것입니다. 대외 개방을 하지 않는다면, 진정한 국내 개혁이란 불가능합니다. 반대로 철저한 국내 개혁은 곧 전면적인 대외 개방을 필요로 하게 됩니다. 개발도상국에게 필요한 것은 다국적기업 및 외국의 풍부

한 자본과 선진적인 과학기술만이 아닙니다. 더욱 필요한 것은 그들의 선진적인 관리 시스템과 사고방식입니다. 국내의 정치 경제 개혁이란 다름 아니라 선진국의 선진적인 관념과 과학기술, 문화, 제도 등을 배우는 것입니다. 대외 개방이란 자본과 기술을 들여오는 과정인 동시에 선진적인 관념과 제도를 배워오는 과정인 것입니다.

② 개발도상국은 자신의 상황에 근거하여 적극적이면서 능동적으로 세계화 과정에 참여해야 하지만, 동시에 자신의 특색과 자주성을 시종일관 유지해야 한다는 것입니다. 세계화 추세는 민족국가의 발전에 유리한 점과 불리한 점을 모두 가지고 있습니다. 결과적으로 그것이 유리하게 작용할지 불리하게 작용할지는 개발도상국의 전략적 선택에 달려 있습니다. 개발도상국이라고 해서 반드시 세계화의 패자가 되라는 법은 없고, 선진국이라고 반드시 세계화의 승자가 되라는 법도 없습니다. 사실 세계화란 개발도상국에게만 양날의 칼인 것이 아니라, 선진국에게도 마찬가지입니다. 세계화의 도전에 직면해서 자신의 장점을 분명히 발휘하여 제대로 경쟁한다면 개발도상국도 세계화의 승자가 될 수 있습니다. 반면 자신의 단점을 드러내고 제대로 경쟁하지 못한다면 선진국도 세계화의 패자가 될 수 있습니다. 여기서 성공의 관건은 자신의 장점과 세계화가 제공하는 유리한 조건을 잘 결합시키는 것입니다.

③ 개혁과 발전, 그리고 안정의 관계를 정확하게 처리하는 것입니다. 안정은 발전의 전제입니다. 안정이 없다면 발전도 없습니다. 그런데 발전이 있어야만 진정한 안정이 가능해집니다. 그리고 개혁이 있어야 발전이 이루어질 수 있습니다. 결국 개혁, 발전, 안정은 서로 변

증법적 관계를 이룬다고 할 수 있습니다. 어느 하나를 추구하면서 다른 하나를 버릴 수는 없다는 말입니다. 중국과 같은 개발도상국의 경우는 안정을 이룸으로써 발전을 추구하며, 발전을 통해 안정을 모색하고, 개혁으로써 발전을 촉진하는 것이 비교적 실용적인 책략이라고 할 수 있습니다. 즉 개혁과 발전과 안정 사이의 조화와 균형을 이루는 것이 필요하다는 뜻입니다.

④ 시장지향적인 경제 개혁을 견지하되, 정부의 강력한 조정 역량이 뒷받침되는 것입니다. 시장 경제의 객관적인 힘이 자원의 합리적인 배분에 있다는 것은 이미 전 세계적으로 공인된 사실입니다. 따라서 경제 개혁은 시장지향적인 방향을 견지해야 합니다. 그러나 시장이 결코 만능은 아닙니다. 시장이 실패하는 상황은 선진국에서보다 개발도상국에서 훨씬 더 빈번하게 발생합니다. 그러므로 공공부문이 자원의 합리적인 배분을 위해 중요한 역할을 해야만 합니다. 정부의 강력한 거시 조정은 시장의 실패를 극복하기 위해 반드시 필요한 수단입니다. 개발도상국에는 강력한 정부가 필요합니다. 시장경제가 반드시 강력한 정부를 배제하는 것은 아닙니다. 중요한 것은 강한 정부인가 약한 정부인가가 아니라, 언제 어디서 강해져야 하고 또한 언제 어디서 약해져야 하는가입니다.

⑤ 경제 및 정치 개혁을 생산적인 방향으로 추진하려면 점진적인 개혁 위주의 발전 전략이 필요하지만, 더불어서 과감한 공격적 개혁도 병행되어야 한다는 것입니다. 급격한 사회적 혼란을 피하기 위해, 세계화의 도전에 대응하는 개혁은 매우 신중하게 추진할 필요가 있습니다. 우선 단순한 쇼크요법은 개혁의 복잡성 때문에 따를 만한 것이

못 됩니다. 마땅히 점진적인 개혁 전략을 택해야 하고, 경제의 전환과 정치의 발전에서 연착륙이 이루어지도록 노력해야 합니다. 그러나 정치와 경제의 개혁이 그저 완만하게만 진행되어야 하는 것은 아닙니다. 때로는 공격적으로 과감하게 추진할 필요도 있으며, 설령 부분적이나 일시적인 혼란이 벌어지더라도 감수해야 합니다. 경제 개혁이든 정치 개혁이든 기본적인 원칙은 총체적으로 보았을 때 대다수 사람의 경제적 및 정치적 이익을 늘려야 한다는 것이며, 개혁으로부터 다수가 이득을 얻어야 한다는 것입니다.

장 : 앞에서 '중국 모델'이 성공의 경험뿐 아니라 뼈아픈 교훈도 포괄한다고 말씀하셨습니다. '중국 모델' 가운데 다른 나라들이 귀감으로 삼을 만한 교훈이 있다면 어떤 것을 꼽을 수 있겠습니까?

위 : 나는 줄곧 완전한 의미에서 발전 모델이란 성공의 경험뿐 아니라 쓰라린 교훈까지 포함하는 것이라고 여겨왔습니다. 그런 점에서 볼 때, 값비싼 대가를 치르고 교훈을 얻은 '중국 모델'의 다음과 같은 전략적 선택은 주목해볼 필요가 있다고 생각합니다.

① 경제 발전을 핵심으로 하여, 사회와 자연의 조화로운 발전 및 지속가능한 발전을 추구하는 것입니다. 사회 발전은 무엇보다도 경제 발전이 우선입니다. 경제의 신속한 성장이 있어야 비로소 국가의 종합적인 국력을 키울 수 있고, 국민의 생활수준을 향상시킬 수 있습니다. 그러나 경제 발전을 곧 사회 발전과 같은 것으로 볼 수는 없습니다. 또한 발전을 단순히 GDP의 성장과 동일시할 수도 없습니다. 발전

은 종합적인 성격을 갖는 사회적 목표이고, 세계화 추세 속에서 현대화란 사회의 전면적인 발전이자 지속가능한 발전의 과정입니다. 경제 발전은 반드시 환경보호, 생태 균형, 인구 증가, 국민 자질, 사회 안정, 문화 교육 등과 조화를 이루어야 하고, 최종적으로는 인간과 사회와 자연 사이의 조화로운 발전을 촉진해야 합니다.

② 효율과 공정성을 똑같이 중시하고, 인간과 인간, 지역과 지역, 도시와 농촌 사이의 균형적인 발전을 추구하는 것입니다. 효율과 공정성은 모두 발전이 추구해야 할 가치입니다. 양자는 어느 한쪽으로 치우쳐서는 안 됩니다. 개혁의 초기에는 절대평균주의의 전통을 깨뜨릴 필요가 있었기 때문에, '효율을 우선시하고 더불어서 공정성을 중시한다'는 전략이 나름대로 설득력이 있었습니다. 하지만 발전이 일정한 수준에 이른 상황에서는 정부가 적시에 조정 전략을 펼쳐야 하고, 효율과 평등을 동등하게 중시해야 합니다. 취약한 집단과 낙후된 지역에는 정책적인 배려를 함으로써, 사람과 사람 사이에 재산과 권리로 인한 차별이 생기지 않게 하고, 지역 간 및 도농 간에 사회경제 발전의 새로운 불균형이 생겨나지 않도록 해야 합니다.

③ 경제 개혁과 사회 개혁을 전면적으로 추진하는 동시에, 민주적인 거버넌스와 좋은 정치[善政]를 목표로 하는 정부 개혁과 거버넌스 개혁을 적시에 추진하는 것입니다. 세계화 추세 속의 현대화 과정이란 곧 민주화 과정입니다. 민주주의는 인류의 보편적인 가치이고, 발전의 수단이 아니라 목표입니다. 복지가 기본적인 가치인 것과 마찬가지로, 민주주의도 그 자체로 기본적인 가치인 것입니다. 정부는 경제 발전을 이끌 책임뿐 아니라, 민주주의 심화를 핵심으로 하는 정치 발전을 이끌

중책도 맡고 있습니다. 좋은 거버넌스(good governance)가 세계화 시대의 이상적인 정치 발전 목표라면, 좋은 통치(good government)는 좋은 거버넌스에 도달하기 위한 관건입니다. 정부는 한편으로는 법치, 참여, 인권, 투명성, 안정 등을 목표로 하는 전 사회적인 민주적 거버넌스를 추진해야 하고, 동시에 분권, 효율, 책임, 봉사 등을 목표로 하는 그 자신의 민주적 거버넌스도 실행해야 합니다. 정부는 세계화 시대에 현대화를 실현해야 할 무거운 책임을 지고 있습니다. 또한 무엇보다도 먼저 그 자신이 민주주의의 모범이자 혁신의 모범이 되어야 합니다.

④ 시민에 대한 국가의 책임이 더욱 막중해졌다는 것입니다. 어떤 측면에서 세계화는 분명 전통적인 국가 주권을 약화시켰지만, 다른 측면에서는 국가의 권력을 더 강화시키고 있습니다. 세계화 시대에는 시민들의 위험이 감소하지 않고 오히려 더 늘어나고, 권리에 대한 시민들의 요구도 줄어들지 않고 오히려 더 커집니다. 따라서 정부의 역량은 경제 발전을 촉진하는 데만 국한되어서는 안 되고, 시민의 사회정치적 권리를 지키고 확대하는 데로 발휘되어야 합니다. 즉 경제 성장을 지속하는 동시에 안전, 인권, 복지, 참여, 취업 등의 방면에서 시민의 권익을 보호하고 확대할 수 있도록 더욱 강력한 역량을 갖추어야 한다는 것입니다. 개발도상국의 경우 전통적인 국가 주권에 대한 세계화의 엄중한 도전이 현실화되고 있는 상황이지만, 국가의 주권과 국가의 권력은 여전히 시민의 권리를 지키는 가장 중요한 보호막입니다.

⑤ 좋은 통치(good government)는 사실상 정부와 시민사회의 바람직한 협력, 그리고 공공부문과 사적 영역의 바람직한 협력에 달려있다는 것입니다. 시장경제는 필연적으로 시민사회를 탄생시키게 되고, 세계

화와 민주화를 위해서는 건전한 시민사회가 필요합니다. 정부는 시민
사회에 대해 격려하고 협력하는 태도를 취해야지, 적대시하고 경시하
는 태도를 취해서는 안 됩니다. 또한 시민사회 조직을 적극적으로 육
성하고 지원해야 하며, 민간조직의 성장을 위해 바람직한 정치적, 법
률적 환경을 조성해야 합니다. 정부는 민간조직이 사회의 관리에서
주요한 역할을 하고 거버넌스와 자치의 주체가 되게 해야 합니다. 공
공부문과 사적 영역은 모두 법적으로 평등한 주체입니다. 양자는 사
회의 진보에 대해 마찬가지의 책임을 지고 있습니다. 그러므로 공공
부문은 사적 영역과의 협력 및 교류를 강화해야 하고, 사적 영역이 사
회의 거버넌스에서 충분히 제 역할을 하게 해야 합니다. 세계화 시대
에는 민간조직과 사적 영역 역시 세계화 과정의 주체가 되므로, 정부
와 공공부문은 그것이 국제협력과 교류에 더욱 활발하게 참여할 수
있도록 유리한 조건을 만들어야 합니다.

장 : 레이모는 보고서의 세 번째 부분에서 '중국적 특색을 갖춘 세
계화'라는 개념을 제시했습니다. 그 핵심 관점은 중국이 '세계화된 세
계의 미래를 통제하고 관리'하기를 갈망한다는 것입니다. 그는 20세
기 후반 이래로 세계화 과정에 대한 사람들의 우려가 일반화된 것에
주의를 기울였습니다. 즉 이로 인해 세계화와 동시에 지역화
(localization)가 강조되기 시작했고, 현재 세계와 중국의 복잡한 관계는
이 세계화와 지역화로 개괄할 수 있다는 것입니다. '베이징 컨센서스'
는 바로 이런 과정에서 탄생되었습니다. 선생님께서는 일찍이 '세계
화 총서'의 편집 출간을 주도하기도 하셨고, 이 분야에 대한 연구에 조

예가 깊으십니다. 레이모의 이런 관점을 어떻게 생각하십니까?

　위 : 세계화는 우리 시대의 주요한 특징입니다. 이런 상황에서 국가의 현대화를 실현하는 데 성공 여부를 좌우하는 관건은 세계화와 민족화, 보편화와 특수화의 관계를 어떻게 처리하는가입니다. 또한 국가의 능력은 상당 부분 세계화를 통제하고 관리하는 능력으로 표출될 수밖에 없습니다. 세계화에 관한 문제를 논의하다보면 늘 다음과 같은 관점을 듣게 됩니다. 세계화란 동서양이 하나의 방향으로 수렴되고 인류가 대동세계로 나아가는 과정이며, 경제와 사회의 일체화와 동질화를 지향하는 과정이라는 것입니다. 이로부터 세계화에 대한 완전히 상이한 두 가지 대책이 나오게 됩니다. 하나는 모든 것을 버리고 세계적 동일성을 추구해야 한다는 것이고, 다른 하나는 자신의 전통적인 특색으로써 세계가 한 방향으로 수렴되는 경향을 저지해야 한다는 것입니다. 그런데 세계화를 그저 일체화와 동질화 과정으로만 보는 이런 관점은 근본적으로 일면적이고 부적절한 것입니다. 이는 세계화 과정의 변증법적 성격을 이해하지 못한 데 따른 것이고, 따라서 이로부터 도출되는 결론은 오류일 수밖에 없고 심지어는 해롭기까지 합니다. 세계화 과정은 본질적으로 내부에 모순이 가득한 과정입니다. 즉 그것은 모순의 통일체라고 할 수 있습니다. 그것은 일체화 경향과 더불어 분열화 경향을 내포하고 있습니다. 단일화와 함께 다양화를, 집중화와 함께 분산화를, 국제화와 함께 지역화를 내포하고 있다는 말입니다. 세계화는 민족화와 국제화의 통일입니다. 현재 중국의 특정한 발전 배경을 놓고 볼 때, 세계화는 '현대화 더하기 중국화' 또는 현 시대의 중국식 현

대화라고 할 수 있습니다. 그러므로 우리의 민족적 특색을 지키고 우리의 민족문화를 널리 진흥하려면 반드시 세계화 과정에 적극적으로 참여해야 합니다. 그것이 중화(中華)를 진흥하는 필수적인 길입니다. 거꾸로 우리의 고유한 장점과 민족적 특색을 발양한다면 세계화 과정에서 주도권을 장악할 수 있습니다. 이는 듣기에 따라서 모순처럼 들릴 수도 있지만, 세계화 그 자체가 모순이고 패러독스입니다. 다만 합리적이고 현실적인 측면을 동시에 가지고 있기에, 우리는 세계화를 합리적인 패러독스라고 부르는 것입니다.

장: 일반적으로 동아시아 국가에서는 현대화 과정에서 정부가 차지하는 역할이 특히 중요하다고 합니다. 선생님께서는 동아시아 국가의 정부들이 세계화 과정에서 차지하는 역할 역시 마찬가지로 중요하다고 보십니까? 선생님께서는 근래 줄곧 '중국 지방정부의 개혁과 혁신'이라는 대형 연구 프로젝트를 주도해 오셨고, UN의 정부혁신 자문 전문가로 활동하고 계십니다. 중국 정부가 세계화를 관리해가는 측면에 어떤 특수한 점이 있는지 말씀해주실 수 있습니까?

위: 말씀하신 바와 같이 아시아 국가, 특히 동아시아 국가에서는 역사문화적인 원인으로 말미암아 서방의 국가와 비교할 때 정부의 역할이 특히 중요합니다. 일반적으로 동아시아의 시장경제는 정부주도형 시장경제라고 하고, 동아시아의 현대화는 정부주도형 현대화라고 하며, 심지어 동아시아 국가의 시민사회를 정부주도형 시민사회라고 부르기도 합니다. 이런 현상은 중국에서 특히 두드러집니다. 흔히 중

국을 세계화의 최대 승자 가운데 하나라고 합니다. '국가-사회' 또는 '정부-시장'의 시각에서 중국이 세계화의 도전에 성공적으로 대응하게 된 원인을 분석한다면, 형세에 맞춰 정부의 주도적 역할을 잘 발휘한 것을 가장 중요하게 꼽을 수 있습니다. 중국이 세계화의 최대 승자 가운데 하나가 될 수 있었던 데는, 정부가 세계화를 관리할 수 있는 비교적 강력한 능력을 갖춘 것이 결정으로 작용했습니다. 이런 능력은 세계화의 도전에 대응하여 취한 아래와 같은 조치들에 힘입었습니다.

① 세계화의 진전에 대한 명확한 인식과 예측을 통해, 능동적이고 적극적이며 독립적인 세계화 전략을 세웠습니다. 중국의 많은 학자들이 세계화가 피할 수 없는 객관적인 상황인지 아닌지, 그로 인한 이익이 큰지 피해가 큰지, 그것을 서구화나 자본주의화와 동일시해야 하는지 등에 대해 판단을 내리지 못하고 있을 때, 중국의 지도자들은 세계화의 성격과 유불리에 대해 신속하게 독립적인 판단을 내렸습니다. 경제의 세계화를 사회의 생산력과 과학기술 발전에 따라 자연스럽게 요구되는 필연적인 결과이며 거스를 수 없는 대세라고 보았습니다. 각 나라와 각 지역 사이의 경제와 무역 활동이 끊임없이 늘어나고, 지식과 기술이 빠르게 전파되는 것은, 세계적인 범위에서 경제 자원이 효과적으로 배치되고 경제의 효율이 올라가는 데 큰 도움이 됩니다. 그런데 이렇게 객관적인 현실인 경제의 세계화는 이중적인 측면을 가지고 있습니다. 서구의 선진국들은 경제의 세계화를 주도하기 위해 온힘을 기울이지만, 개발도상국들은 전반적으로 보아 불리한 위치에 처할 수밖에 없습니다. 따라서 정확한 대책을 세우지 않는다면 더욱 불리한 지경으로 떨어지게 됩니다. 세계화에 대한 이런 인식과 태도

를 바탕으로 하여 중국 정부는 적극적인 세계화 전략을 펼쳤습니다. WTO에 가입하기 위해 노력하고, 국제적인 협력과 교류를 확대하며, 전 세계적인 거버넌스와 국제적인 반테러 조치에 적극 참여하고, 상하이협력기구(Shanghai Cooperation Organization)를 발족시키며, 한반도 비핵화 6자회담을 조직하고, 평화 발전 전략을 제기하는 것 등을 그 예로 들 수 있습니다. 동시에 중국 정부는 세계화의 도전에 대응하기 위해 인재를 길러내고, 제도를 확립하며, 바람직한 국내적 및 국제적 환경을 조성하고, 사회와 시장에 대한 통제 능력을 강화하는 등 일련의 구체적이면서도 효과적인 조치들을 취했습니다.

② 정부 공무원들의 자질을 높이고, 국제적인 안목과 전략적 마인드를 갖춘 엘리트들을 공공부문의 리더로 선발하며, 지식경제와 세계화를 주요 내용으로 하는 공무원 교육을 광범위하게 시행했습니다. 현재 전국의 현(縣)급 공무원은 672,531명인데, 그중 전문대학 졸업 이상의 학력을 갖춘 이들이 90%를 차지합니다. 1981년에는 이 비율이 16.4%에 불과했습니다. 2003년에 중국 정부는 기존의 전국적인 고급 공무원 양성대학 두 곳 이외에, 상하이[上海]와 장시[江西], 산시[陝西]에 고급공무원 양성대학 세 곳을 추가로 설립했습니다. 지방정부 차원에서는 지방공무원 교육에 주력하여, 현재 전국에 현급 지방정부 이상의 공무원 전문 양성 행정대학 또는 당간부 학교[黨校]가 이미 3,000여 곳 이상 설립되었습니다. 중국 정부의 공무원 교육 계획에 따르면, 2001~2005년에 현급 이상의 공무원 25,000명을 교육할 계획이고, 그중 성부(省部)급 공무원이 2000명이라고 합니다. 그밖에도 중국 정부는 국제기구나 선진국과 협력하여, 고급 공무원들을 대상으로 한 세계화

추세 속의 지식과 기술 교육을 시행하고 있습니다. 예를 들어 중앙조직부(中央組織部)가 국무원(國務院) 발전연구센터[發展硏究中心]와 칭화대학[淸華大學] 및 하버드대학 케네디스쿨(Kennedy School of Government)에 위탁 의뢰하여 합동으로 진행하고 있는 고급공무원 교육 프로젝트가 그 성공적인 사례라고 할 수 있습니다. 현재 2기 연수생에 대한 교육을 진행하고 있는 이 프로젝트는 주로 청(廳)과 국(局)급 이상의 고급공무원을 대상으로 하며, 1기에는 59명의 고급공무원들이 교육을 수료했습니다. 뛰어난 전문 역량을 갖춘 이 참신한 엘리트 간부들은 특히 국제 교류 및 협력에서 능력을 발휘하면서, 중국 정부가 세계화의 전개과정을 이끌어가는 데 주요한 핵심 역량이 되고 있습니다.

③ 일련의 유연하고 융통성 있는 제도와 메커니즘을 발전시켰습니다. 국제적인 게임에 참여하려면 반드시 국제적인 게임의 규칙을 지켜야 합니다. 그런데 문제는 많은 국제 규칙이 국내 규칙과 충돌한다는 것이었습니다. 중국 정부는 국내 규칙과 국제 규칙의 관계를 어떻게 해결할 것인가라는 문제를 직시해야만 했습니다. 거듭해서 이해득실을 따져본 후 중국의 지도자들은 고통스러울 수도 있지만 정확한 선택을 했습니다. 세계와의 접촉을 최대한 확대하여 국내 규칙으로 하여금 국제 규칙에 적응하도록 하고, 국제 규칙과 부합되지 않는 국내 규칙을 고친 것입니다. 결국 중국 정부는 전통의 틀을 과감히 깨고, 정치적 권리, 국제 안보, 세계 무역, 환경 보호 등을 포괄하는 일련의 광범위한 국제 협정에 서명했습니다. 그리고 이런 국제 협정에 의거하여 적시에 국내의 관련 법규들을 수정했습니다. WTO 가입을 예로 들면, 중국의 지도자들은 세계무역기구와 중국이 약속한 바에 일치하

지 않는 것은 개정하여 일치시키고, 경우에 따라서는 폐지하며, 관련 법규가 없는 경우는 상응하는 새로운 법규를 제정하겠다는 뜻을 분명히 밝혔습니다. WTO 가입 협상이 진행 중이던 때와 가입이 이루어진 이후, 중국 정부는 WTO의 요구와 자신의 약속에 의거하여 2002년에만 국무원 30개 부문의 관련 법률 문서 약 2,300건을 정리하고, 그중 거의 절반 가까이 되는 법규와 조례들을 폐지하거나 개정했습니다. 또한 각 성(省)과 시(市)와 자치구가 폐지하거나 개정한 각종 지방법규는 10여 만 건에 이릅니다.

④ 국제 협력을 적극적으로 추구하여 유리한 국제적 환경을 조성했습니다. 중국이 발전하기 위해서는 평화적인 국제 환경이 필요합니다. 세계화 시대에는 특히 더 그렇습니다. 세계화의 도전에 대응하기 위해서 중국 정부는 '평화적 발전'이라는 국제 전략을 내세웠습니다. 이 전략의 요점은, 자주독립과 평화공존이라는 외교적 원칙을 견지하는 바탕 위에서, '화이부동(和而不同)'이라는 지도적 사상에 따라 '상호 신뢰, 상호 이익, 평등, 협력'을 핵심으로 하는 새로운 안보관을 추구하며, 전 세계적인 민주적 거버넌스를 통해 더욱 적극적으로 전방위적인 국제 협력을 발전시키고, 평화와 협력 속에서 자신을 발전시키고 그 혜택이 상대방에게도 똑같이 이르도록 하는 것입니다. 이런 전략적 방침에 따라 중국 정부는 이데올로기적인 장벽을 초월하여 세계 각국과 정치, 경제 및 문화 등의 영역에서 광범위하게 양자 또는 다자 간 관계를 발전시켰습니다. 1998~2002년의 5년 동안에만 상호조약 및 다자간조약 1,056건을 체결했습니다. 동시에 지방정부와 민간의 대외 교류를 장려했습니다. 2002년에는 외국인의 중국 입국이 1,344

만 명에 이르렀고, 중국인의 출국은 1,630만 명에 이르렀습니다. 지난 5년 동안의 출입국 현황을 살펴보면, 매년 평균 10% 이상의 성장세를 보이고 있습니다. 2002년에 이르기까지 중국의 296개 도시가 외국의 847개 도시와 우호적 동반자관계를 맺었습니다.

⑤ 국내의 정치사회적 환경을 상대적으로 안정되게 유지했습니다. 세계화는 국내의 정치 경제적 위험을 증가시킵니다. 세계화 시대는 어떤 의미에서는 사회적 위기의 시대라고 할 수 있습니다. 이런 상황에서, 국내의 정치사회적 안정을 유지하는 것은 소강사회(小康社會)를 구현하고 천년의 발전 목표를 실현하는 데 더없이 중요한 의의를 갖습니다. 이미 여러 차례 국내적인 혼란을 경험한 중국 정부는 이를 누구보다도 잘 인식하고 있고, 뼈저리게 깨닫고 있습니다. 따라서 덩샤오핑[鄧小平]에서 장쩌민[江澤民], 후진타오[胡錦濤]에 이르는 역대 지도자들은 '안정이 무엇보다 우선이다[穩定壓倒一切]'라는 정치적 믿음을 지켜왔습니다. 그리고 정치와 경제의 개혁을 진행할 때, 증량(增量)[1]적이고 점진적인 시행이라는 원칙을 지키면서 정치와 경제 두 영역에서 '연착륙'을 이루기 위해 노력했습니다.

⑥ 정부가 사회와 시장에 대해 강력한 거시 조정 능력을 확보했습니다. 중국의 시장경제는 사실상 정부가 조정하는 시장경제라고 할 수 있고, 정부는 시장에 대해 강력한 조정의 수단과 능력을 가지고 있습니다. 정부는 산업정책, 투자정책, 재정정책, 화폐정책, 조세정책, 은행정책, 토지정책, 출구정책 등을 통해 거시경제를 강력하게 조절해왔습니다. 동시에 강제적인 법률적 수단을 통해 시장경제의 장애물을 제거하고 시장경제의 행위들을 규범화함으로써, 국민경제의 총체적

인 안정을 도모했습니다. 국내적으로 중국 정부는 이미 1980년대와 1990년대에 여러 차례 발생한 경제 과열 현상을 진정시켰고, 금년에도 거시 조정이 뚜렷한 효과를 드러내고 있습니다. 외부의 경제위기와 압력에 직면해서도 중국 정부는 1990년대 아시아 금융위기를 성공적으로 막아냈고, 최근에는 위안화를 평가절상하라는 강력한 외부 압력을 단호하게 거부하고 있습니다. 사회 통제의 측면에서는, 중국 정부가 2003년에 중국 전역을 휩쓸었던 사스(SARS) 대유행에 맞서 이겨낸 것을 좋은 예로 들 수 있습니다. 당시 중국 정부는 사스를 효과적으로 통제했을 뿐 아니라, 동시에 경제의 고속 성장까지 지켜냈습니다.

장: 국제적인 여론은, 중국이 발전해온 길을 이미 보편적인 모델 가운데 하나가 된 것으로 간주하고 있습니다. 중국의 경험 또는 중국 모델은 일종의 소프트 파워(soft power)로 받아들여져, 국제 사회의 주목을 받고 있는 것입니다. '베이징 컨센서스'에 대한 연구를 강화하는 것과 중국의 소프트 파워를 높이는 것 사이의 관계를 어떻게 이해하면 되겠습니까?

위: 종합적인 국력을 강화하고 국제 경쟁력을 올리기 위해 노력하는 것은 강대국이 되기 위한 기본이고, 국가의 주권을 지키는 근본적인 길입니다. 종합적인 국력의 경쟁은 세계화 시대에 국가 간 경쟁의 핵심입니다. 분명 종합적인 국력은 여러 가지 의미를 포괄하는 개념입니다. 단순하게 보면 그것은 두 가지, 즉 이른바 하드 파워(hard power)와 소프트 파워로 나눌 수 있습니다. 하드 파워를 올린다는 것은 경제 발

전을 촉진하고, 국가 경제의 규모를 늘리고, 국민의 생활수준을 향상시키고, 국방력을 확고히 하는 것 등을 의미합니다. 이는 종합적인 국력을 강화하는 기본적인 길입니다. 그런데 세계화 시대에는 국가의 소프트 파워가 갈수록 더 중요해지고 있습니다. 예를 들면 국민의 문화, 교육, 심리, 신체적 자질, 국가의 과학기술 수준, 민족 문화의 우월성과 선진성, 국가의 인재 자원과 전략적 인재 육성 상황, 정부의 합법성과 결집력, 사회의 단결과 안정성 정도, 경제와 사회 발전의 지속가능성 등이 그것입니다. 세계화 시대에 국가의 주권을 지키고 힘을 강화하기 위해서는 경제적·군사적 역량을 확보하는 것만으로는 부족하고, 정치적·문화적·도덕적 역량을 반드시 갖추어야 합니다. 중국의 발전 경험 또는 발전 모델도 이런 유형에 포함됩니다. 이는 인류 발전에 대한 중국의 공헌이라고 할 수 있습니다. 편견을 가지고 보지만 않는다면, '중국 모델'을 '중국 위협론'과 연결시킬 이유는 없을 것입니다.

장: 근래에 세계화가 인류 사회에 미치는 영향이 크게 확대됨에 따라, 국제 정치 및 경제 영역에서 글로벌 거버넌스에 대한 요구가 갈수록 커지고 있습니다. 선생님께서 이해하시는 '중국 모델'에 의거하면, 중국은 이에 관해 어떤 전략을 세워야 하겠습니까?

위: 글로벌 거버넌스에 대해서는 아직 일치되는 분명한 정의가 내려지지 않았습니다. 비슷한 개념으로는 '세계 정치의 거버넌스', '국제 거버넌스', '세계적 범위의 거버넌스', '국제 질서의 거버넌스', 그리고 '글로벌 질서의 거버넌스' 등이 쓰이고 있습니다. 대략적으로 보면 이

른바 글로벌 거버넌스란 구속력 있는 국제 규범(regimes)을 통해 세계적인 충돌, 생태, 인권, 이민, 마약, 미수, 전염병 등의 문제를 해결하고, 정상적인 국제 정치 및 경제 질서를 유지하는 것을 가리킵니다. 글로벌 거버넌스를 구성하는 요소로는 크게 다음과 같은 다섯 가지를 꼽을 수 있습니다. 글로벌 거버넌스의 가치, 글로벌 거버넌스의 규범과 제도, 글로벌 거버넌스의 주체 또는 기본 단위, 글로벌 거버넌스의 대상 또는 객체, 그리고 글로벌 거버넌스의 결과가 그것입니다. 어떤 학자들은 이런 요소들을 다음과 같은 다섯 가지 문제로 바꾸어 표현하기도 합니다. 왜 거버넌스인가? 무엇에 의거해서 거버넌스를 실행할 것인가 또는 어떻게 거버넌스를 실행할 것인가? 누가 거버넌스를 실행하는가? 무엇을 대상으로 하는 거버넌스인가? 거버넌스를 통해 무엇을 이룰 것인가? 내가 생각하는 중국 모델의 중요 내용은 대외 개방을 지속적으로 확대하고, 글로벌 거버넌스에 능동적으로 참여하며, 글로벌 거버넌스 속에서 더욱 중요한 역할을 담당하는 것입니다. 세계화의 도전 아래 국가 주권의 구조와 역할이 변화되는 과정은 사실상 국내 정치권력과 국제 정치권력이 재구성되는 과정이라고 할 수 있습니다. 세계화 과정과 마찬가지로 국가 주권이 재구성되는 과정역시 민족국가에게는 양날의 칼과 같습니다. 그 과정에 제대로 대응하지 못하면 국가 주권에 해가 될 것이고, 제대로 대응한다면 국가 주권은 더욱 공고해질 것입니다. 적극적이고 능동적인 태도로 국제사회와 협력하고, 국제 정치 및 경제 질서 재구성에 참여하며, 특히 국제규범의 제정에 참여하고, 글로벌 거버넌스 속에서 더욱 중요한 역할을 담당하는 것이야말로 국가의 이익을 지키고 국가 주권을 수호하는 정확한 길이라고 할 수 있습니다. 국제사회는 이미 글로벌 거버넌스를 실질적으로 요구하고 있습니다. 현재 일방주의, 패권주의, 신제국주의에 맞설 수 있는 유일한 현실적 선택이 바로 이 글로벌 거버넌스입니다. 국제사회의 도덕과 정의를 모아낼 수 있는 방법은 민주적이고 공정하며 투명하고 평화로운 글로벌 거버넌스를 창도하는 것뿐입니다. 개발도상국이면서 대국인 중국은 글로벌 거버넌스 속에서 마땅히 더욱 큰 도의적 책임을 능동적으로 짊어져야 할 것입니다.

장 : 인도의 사회학자인 람고팔 아가르왈라(Ramgopal Agarwala)는 최근 이렇게 말했습니다. "중국의 성공적인 실험은 인류 역사상 가장 탄복할 만한 것입니다. 여타 국가들은 그것을 높이 평가하고 배워야 합니다. 간혹 중국은, 서구가 선전하듯이 그 성공이 서구의 방식을 따른 결과라고 믿는 듯합니다. 하지만 사실 중국은 자신만의 길을 걸었고, 그것은 연구해볼 가치가 있습니다." 그의 이런 언급은 중국 모델에 대한 우리의 연구가 부족함을 지적하는 것 같습니다. 정말 그렇습니까?

위 : 모든 나라의 학자들이 온 힘을 다해 자국의 발전의 길과 발전 전략을 연구하고 있고, 우리나라도 예외는 아닙니다. 개혁개방 이래의 모든 실천은 '중국적 특색의 사회주의 현대화'를 이루기 위한 매진의 과정이었습니다. 이에 관해 국내 학자들은 이미 많은 연구를 했고, 다량의 중요한 성과를 거두었습니다. 중국적 특색의 사회주의 현대화에 대한 연구란 다름 아니라 중국 모델에 대한 연구입니다. 그런데 솔직히 말해서 이에 대해서는 우리의 연구가 매우 부족하고, 어떤 부분

에서는 심지어 외국의 연구에도 못 미치는 것이 사실입니다. 우리의 분석 틀과 연구 방법과 개념의 범주 등은 혁신될 필요가 있고, 연구의 시야도 확대되어야 합니다. 또한 외국 학자들과 대화도 늘어날 필요가 있습니다. 우리나라의 정치경제적 힘과 국제적 영향력이 늘어남에 따라, 국제 정치 및 경제의 중요한 일들 가운데 어느 것도 중국의 적극적인 참여 없이는 이루어질 수 없게 되었습니다. 이제 중국학자들은 책임감을 가져야 합니다. 중요한 국제적 학술 활동 가운데도 중국학자들의 참여 없이 가능한 일은 없습니다.

『당대 세계와 사회주의[當代世界與社會主義]』, 2005년 제5기에 수록.

---

1   증량개혁(增量改革) : 기존의 계획경제 체제 내에서 시장메커니즘이 자산의 증량에 적극적인 역할을 하도록 배치하여, 증량 부분을 끊임없이 확대함으로써 전체적으로 계획경제의 비중이 점차 축소되게 하는 개혁 방식. (역자 주)

'베이징 컨센서스'를 제기한 이유

조슈아 쿠퍼 레이모

 이 자리에 서게 되어 대단히 기쁩니다. 초청해주시고 자리를 마련해주신 위커핑[兪可平] 교수와 황핑[黃枰] 교수께 진심으로 감사드립니다. 이 자리는 매우 의미 있고 중요한 토론회입니다. 여기서 토론되는 내용은 이론적으로도 가치가 크고 또한 중요합니다. 위커핑 교수께서 말씀하셨듯이, 이 토론회는 세계의 시각으로 중국의 발전을 보는 것에 대해 논의하는 것이 목적입니다. 우선 위커핑 교수와 황핑 교수께서 제 작업을 도와주신 것에 대해 감사드립니다. 또한 이 토론회에 참석한 조셉 퓨스미스(Joseph Fewsmith) 등의 학자들을 만나서 함께 고민할 기회를 얻게 된 점에 대해서도 기쁘게 생각합니다.

 저는 크게 두 가지 문제를 이야기하고자 합니다. 첫째는 '베이징 컨센서스', 즉 중국모델이라는 개념의 유래에 관해서입니다. 둘째는 이 중심적인 문제를 둘러싸고 논쟁이 되고 있는 일련의 주제들에 대해서입니다. 이런 문제들에 대해 저는 친구들의 도움을 얻어서 계속 연구해나갈 것입니다. 제가 근래 여러 분야에 대해 연구를 하고 있는 것도 바로 그 때문입니다. 저는 한 걸음 더 나아가 중국 내부 문제에 대해 살펴보고, '베이징 컨센서스'와 중국 내 관련 연구의 상호 영향에 대해서도 연구할 것입니다.

그러면 우선 첫 번째 문제인 '베이징 컨센서스'의 유래에 대해 이야기하겠습니다. 그것은 두 가지 측면으로 생각할 수 있습니다. 하나는 관찰이고 다른 하나는 사고입니다. 일련의 관찰을 통해 저는 중국에 대한 인상에 내부든 외부든 모두 큰 오해가 있음을 발견했습니다. 서구 정치학자들은 '전장의 안개(The Fog of War)'라는 전형적인 표현을 빌려서, '베이징 컨센서스'를 '변화의 안개'라고 표현하기도 합니다. 중국은 사실상 너무 빨리 변하기 때문에, 그 사회에서 일어나는 변화를 파악하기가 너무 어렵습니다. 중국모델의 기본적인 특징은 발생하는 문제에 대해 즉각적으로 반응하는 것이고, 사람들은 끊임없이 새로운 방법을 발견하여 이전에 접하지 못했던 어려움을 해결하고자 시도합니다. 그 기초가 되는 것이 혁신입니다. 이것은 무척 흥미로운 개념인데, 장쩌민[江澤民]은 중국공산당 제16차 전국대표대회 보고에서 90분 동안 무려 90번이나 '혁신'이라는 말을 언급했습니다. 이는 우리가 혁신이라는 개념을 중시해야 할 필요를 충분히 뒷받침해주는 사례라고 할 수 있습니다. 혁신은 급속한 발전으로 인해 제반 문제에 대한 민감한 감응 능력이 떨어지는 것을 해결할 방법입니다. 저는 이전에 기자였기 때문에 일련의 취재를 통해서, 중국 관방이 인터넷 거버넌스 방면에서 이런 방법을 썼다는 것을 알게 되었습니다. 이것이 바로 '베이징 컨센서스', 즉 중국의 발전을 설명하는 새로운 역학입니다.

중국 외부에도 중국 내부와 마찬가지로 오해가 존재합니다. 저는 이것을 다음의 주요한 논점으로 삼고자 합니다. 중국 바깥에서 중국에 대해 가장 많이 논의하는 화제는 '중국 위협론' 또는 '중국 기회론'입니다. 비록 널리 동의를 얻지는 못했지만, 저는 중국의 굴기와 인터넷의 빠른 발전 사이에 큰 유사성이 있다고 생각합니다. 처음 인터넷이 등장했을 때 그것에 관여해야 하는가 아니면 거리를 두어야 하는가라는 논쟁이 한참 이어졌지만, 인터넷은 결국 자신의 가치를 증명했습니다. 중국 외부에 있는 입장에서 중국에 관여해야 하는가 아니면 고립시켜야 하는가라는 논의도 마찬가지입니다. 저는 동시에 중국 외부의 논의가 대부분 '크레믈린학(Kremlinology)'의 기초 위에서 이루어지고 있는 것을 발견했습니다. '크레믈린학'이란 구소련을 분석할 때 사용되던 방법으로, 고위층 지도자와 그들의 의사결정 과정을 연구하는 데 집중하는 것입니다. 흥미롭게도 현재 외국에서는 중국의 문제를 연구할 때도 이런 방법을 흔히 사용하고 있습니다.

'중국의 위협'이나 '중국의 기회'에 관한 논의는 실사구시에 대한 강조와는 거리가 있는 것이 사실입니다. 지금껏 이렇게 빠른 속도의 발전을 본 적이 없기 때문에, 그런 이론들은 각자의 필요에 따라 제기한 비판에 머물고 있습니다. 따라서 저는 구체적인 내용에 대한 언급보다는 그 틀에 대한 분석이 가장 중요하다고 봅니다. 감정적인 색채를 배제한 설명 틀은 빠른 속도의 발전과 경쟁으로부터 파생된 문제들을 효과적으로 정리해주는 역할을 할 것입니다.

중국 내부에도 마찬가지로 문제가 존재합니다. 일부 학자와 정부 관료들은 '위협'이라는 말을 감정적으로 이해하고 있습니다. 그들은 중국의 굴기를 위협이 아니라고 생각합니다. 그리고 '평화적 굴기'에 대해 관심과 토론을 집중하고자 합니다. 이는 중국의 발전과정을 관찰한 끝에 얻은 발상이자 해답이며, 위협론에 대응하는 사고의 출발점이기도 합니다. 하지만 저는 중국의 발전이 분명 국제질서에 '위협'이 된다고 생각합니다. 다만 여기서 번역의 문제를 따져볼 필요가 있습니다. 중국어 가운데 일부 단어, 예를 들면 '조화(和諧)'나 위커핑 교수가 제기한 '조화사회(和諧社會)' 같은 단어를 봅시다. 영어에서 'harmonious'라는 단어에는 여러 가지 뜻이 있는데, 조화(和諧)는 그 가운데 한 가지일 뿐입니다. '위협'이라는 단어도 마찬가지입니다. 제가 '위협'이라는 단어로 번역할 때는 중국이 무엇인가를 파괴하려 한다는 의미로 쓴 것이 아닙니다. 제 말 뜻은 경제 영역뿐만 아니라 정치 영역에서도 이미 확고하게 세워진 국제질서에 중국의 굴기로 인해 불가피하게 변화가 발생한다는 것입니다. 「베이징 컨센서스」라는 글을 쓰면서 저는 '베이징 컨센서스'라는 발상에 대해 각국에서 연구한 문헌들을 모아서 검토했습니다. 대부분의 연구가, 많은 나라들이 중국모델의 방향으로 발전하고 있고 따라서 중국이 경제적 측면에서 의심할 나위 없이 기존 세계 경제구조에 '위협'이 된다고 판단하고 있었습니다.

'베이징 컨센서스'는 '워싱턴 컨센서스'의 유용한 내용을 일부 흡수한 것입니다. '워싱턴 컨센서스'를 줄곧 관찰해온 저는 워싱턴 컨센서스가 실패했다고 단언합니다. 세계에는 워싱턴 컨센서스를 따르지 않은 두 나라가 제시하는 발전의 길이 있습니다. 하나는 인도이고 다른 하나는 중국입니다. 두 나라는 모두 자신이 보유한 요소들을 가장 중요하게 여겼습니다. '워싱턴 컨센서스'에 대해 논의할 때 우리는 두 가지 점을 명심해야 합니다. 첫째, 사람들이 자기 나라에 가장 적합한 발전의 길을 찾는다는 점입니다. 둘째, '워싱턴 컨센서스'는 해당 사회의 전통 계승을 고려하지 않으며, 각 나라가 스스로 자신의 발전에 대해 결정하도록 하지도 않는다는 점입니다. 바로 이 두 가지 점 때문에 지금 중국의 길이 매우 중요하게 부각되고 있습니다.

경제 발전을 따질 때 과거에는 GDP만 중시했습니다. 이것은 블랙 GDP입니다. 여기에는 전환 시기의 오차나 환경 손실, 구조의 나쁜 영향 등이 모두 포함됩니다. 따라서 GDP만을 기준으로 삼는 '워싱턴 컨센서스'는 중국의 모델과 맞지 않습니다. 어떤 나라든 지속적인 발전을 원한다면 반드시 자신에게 적합한 발전의 길을 찾아야 합니다.

중국에 머무는 동안 저는 이곳의 친구들, 특히 오늘 회의를 주최한 이들에게서 많은 연구 자료를 얻었고 의견을 들었습니다. 이들은 저에게 중국 사회에 대해 더욱 깊게 연구하라고 조언했고, 이곳 사람들이 '모델'을 어떻게 생각하는지와 전통에 얼마나 의지하는지, 그리고 정치적으로 어떤 도전을 하는지 등을 많이 알아보라고 권했습니다. 저는 얼마 되지 않는 시간이나마 투자하여 중국 학자들의 논문을 읽었고, 그들이 세계 각 지역의 경험을 들여와 중국적 특색의 이론을 보완하려 한다는 것도 이해했습니다. 지금까지 대부분의 학술적 사고는 중국적 특색에 대한 연구를 중심에 놓고 있습니다. 예를 들면 '중국적 특색의 현대화 건설'이나 '중국적 특색의 민주주의 건설'처럼 모두 '중국적 특색'을 앞에 놓습니다. 그런데 지금 저는 '포스트 중국적 특색'이라는 문제에 관심을 더 기울이고 있습니다. 그것은 다시 말해, 중국이 아닌 우리가 중국적 모델의 사회로 갈 수 있는가, 중국은 다른 나라들의 발전 모델이 될 수 있는가라는 문제입니다.

'베이징 컨센서스'의 또 다른 중요한 측면은 바로 혁신을 가장 중요하게 여긴다는 것입니다. 사람들은 현재 중국에서 진행되는 이런 점 때문에 크게 고무되어 있습니다. 사회의 어떤 부문에서 혁신을 진행할 때 우리는 매우 흥미로운 변화, 즉 과거 전통사상의 영향으로부터 탈피라는 변화를 겪게 됩니다. 중국 경제에서 가장 혁신적인 특징을 지닌 분야, 즉 인터넷 분야를 살펴보면, 지난 5년 동안 중국에서는 인터넷 기업들이 '중국적 특색'을 지닌 기업을 만들어 왔습니다. 중국 이베이(eBay)와 중국 아마존(Amazon)에 이어서 작년에는 중국 구글(Google)과 중국 바이두(Baidu) 등이 생겨났습니다. 애초에 미국에서 출발한 이런 인터넷 기업이 중국에 등장한 것은 인터넷에서 중국적 특색의 발전 방식이 생겨나고 있음을 입증하는 증거라고 할 수 있습니다. 인터넷 기업의 사고가 '중국화'되면서, 기업들은 지역적 특색을 띠게 되고 또한 지속적인 발전을 할 수 있게 되었습니다. 이는 무척 흥미로운 현상입니다. 또한 중국에서도 유명한 인터넷 기업이 자체적으로 출현하면서, 서구에서 그들에 대해 분석하기 시작했습니다. SNDA(盛大), LTON(靈通), RTG 등 기업이 그들입니다. 이와 같은 인터넷 기업의 출현은 인터넷 정보의 '중국화'를 보여주는 현상이라고 할 수 있습니다. 이런 점을 통해서 여러분은 사회의 다른 부문에도 마찬가지로 이런 혁신의 역량이 존재함을 알 수 있을 것입니다. 또한 오늘날 우리가 사회 각 부문에서 '중국화'라는 현상에 직면했다는 것을 이해할 수 있을 것입니다. 제가 중국 이베이와 중국 아마존을 흥미로울 뿐 아니라 매우 중요하다고 여기는 이유가 바로 이것입니다. 하지만 시각을 중국 전체로 돌려보면, '중국화된 SNDA(盛大)'의 등장이 정치적으로나 경제적으로 그리 특별한 일은 아님을 알 수 있습니다. 중국에서 저는 일전에 어떤 정부 관료를 만났는데, 그녀는 끊임없이 혁신이라는 화제를 거론했지만 현실의 상황 자체에 대해서는 거의 언급하지 않았습니다. 즉 그들의 관심이 혁신이라는 것을 통해 현실의 모순을 해결하는 데 집중되어 있다는 것이지요. 그런 점에서, '워싱턴 컨센서스'의 기본 원칙은 중국에서는 절대 유효하지 않다고 할 수 있습니다. 그런데 이에 대해서는 중국 안팎에 모두 어떤 오해가 있습니다. 그 이유는 적절한 지혜나 사유의 틀로 이 문제를 사고하지 못하기 때문입니다. 중국의 변화는 너무 빠릅니다. 제가 이 분야를 연구한 것은, 인터넷에 관한 기존 틀로는 중국을 설명할 수 없다는 점을 밝히기 위해서였습니다. 중국은 자신의 모델이 있습니다. 지난 20년을 돌아보면, 당시 제기된 중국적 특색은 중국의 발전에 큰 도움이 되었습니다. 즉 중국적 특색은 그 시대를 대표하는 발상이자, 전문가들이 중국의 굴기를 위해 고안한 발상이었습니다. 하지만 지금은 '포스트 중국적 특색'에 대해 사고해야 합니다. '베이징 컨센서스'는 그것이 어떤 형태가 될지를 논의하기 위한 구조적 틀이라고 할 수 있습니다. 즉 우리가 지금 살고 있는 중국에 어떤 일이 일어나고 있는지를 사고하기 위해 만든 생각의 틀입니다. 감사합니다.